本书系2016年度教育部人文社会科学研究项目
"西部乡村教师专业学习优化研究——基于行动学习理论的视角"
（编号：16YJC880010）资助成果

国家出版基金项目
NATIONAL PUBLICATION FOUNDATION

儿童学研究丛书

张华 主编

儿童自传课程论

冯加渔 著

山东教育出版社

图书在版编目（CIP）数据

儿童自传课程论 / 冯加渔著. —济南：山东教育出版社，2018.10

（儿童学研究丛书 / 张华主编）

ISBN 978-7-5701-0450-5

Ⅰ.①儿…　Ⅱ.①冯…　Ⅲ.①儿童教育–自传–课程–研究　Ⅳ.①G61

中国版本图书馆CIP数据核字（2018）第266548号

ERTONG XUE YANJIU CONGSHU
ERTONG ZIZHUAN KECHENGLUN

儿童学研究丛书　　　　　　　　　　　　　张　华　主编
儿童自传课程论　　　　　　　　　　　　冯加渔　著

主管单位：山东出版传媒股份有限公司
出版发行：山东教育出版社
　　　　　地址：济南市纬一路321号　邮编：250001
　　　　　电话：（0531）82092660　　网址：www.sjs.com.cn
印　　刷：山东泰安新华印务有限责任公司
版　　次：2018年10月第1版
印　　次：2018年10月第1次印刷
开　　本：710毫米×1000毫米　1/16
印　　张：17.5
印　　数：1–2000
字　　数：223千
定　　价：36.00元

（如印装质量有问题，请与印刷厂联系调换）印厂电话：0538-6119313

迈向"儿童学"

——"儿童学研究丛书"主编寄语

"儿童学"或"儿童研究"（child study）诞生于19世纪末欧美国家的"进步教育运动"与"新教育运动"。美国"儿童研究运动"的发起人霍尔（G. Stanley Hall）说："通过儿童生长的过程去评判一种文明，通过适应个人自然生长的方法去评判一种学校制度。"这既揭示了儿童学的价值追求，又阐明了现代民主教育与古代专制教育的重要分水岭——是否建基于儿童研究之上。我国民国时期的"新教育改革运动"是世界教育民主化运动的有机构成。因当时确立了"以儿童为中心""谋个性之发展""发挥平民教育精神"等理念，儿童学研究获得重要发展，并由此为我国教育现代化与民主化奠定早期基础。

历史在曲折中前进。1936年7月4日，联共（布）中央颁布《关于教育人民委员部系统中儿童学曲解的决定》，宣布儿童学是"资产阶级伪科学"，立即取缔并彻底批判。有的儿童学者被判处死刑，许多儿童学者被撤职或逮捕，著名儿童学者维果茨基和布隆斯基的著作被禁止出版。"儿童""个性发展"等术语成为苏联讳莫能深的词汇，"无儿童的教育学"——凯洛夫《教育学》自此登场，苏联教育一度陷入僵化与停滞。直至20世纪五六十年代，维果茨基等人的儿童学著作才重新出版。70年代，维果茨基的著作译成英文传入西方世界以后，震惊欧美教育界，他创造的"社会建构主义"思想成为引领世界教育发展的支柱性理论之一。

中华人民共和国成立以后，由于国家采用了"一边倒"的政策而全面师法苏联，"取缔儿童学"的政策事实上被隐秘地输入了。一方面，民国时期的儿童研究被打上"资产阶级学说"的意识形态烙印而被迫中止；另一方面，凯洛夫《教育学》于20世纪50年代引进中国，并被视为唯一合法和政治正确的"马克思主义教育学"在中国推广。凯洛夫《教育学》在苏联仅存在了十年，但在中国已存在了近七十年。它把教育的本质理解为通过外部知识的灌输而改造人的心灵。在这里，儿童不过是一个任人摆布的玩偶、会移动的容器而已。这种"见物不见人"的教育学至今仍盘踞我国教育界，成为迎合"应试教育"需要、阻碍我国教育现代化和民主化的最大思想障碍之一。自2001年开始，伴随基础教育新课程改革的实施，儿童学研究获得长足发展。新课程提出了"为了每一个学生发展"的理念，尊重个性、崇尚自由、促进每一个儿童主动发展等进步教育理念，自新中国成立以后第一次被如此系统、广泛和彻底地倡导。儿童学研究成为实施新课程改革、践行素质教育理念的必然要求。

何谓儿童学？儿童学是一种时代精神，即尊重儿童独特价值、追求儿童解放的教育民主精神，简称"儿童学精神"。儿童学是一个研究领域，即对儿童的发展与学习、儿童文化与儿童个性诸方面的跨学科的整体性研究。宏观言之，儿童心理学、儿童教育学、儿童医学、儿童社会学、儿童文化学、儿童哲学、儿童文学、儿童史学等，均属广义的儿童学的有机构成部分。儿童学是一门具体学科，即一门基于某种范式、整合不同视角对儿童及其发展进行整体研究的学科。这是狭义的儿童学，可称为"儿童学学科"。儿童学学科既建基于"儿童学精神"，又源自"儿童学领域"，是二者的具体化与专门化。

我国儿童学的任务和未来方向是什么？将儿童发展视为一个专门研究领域，运用跨学科视野和多元化方法对儿童发展进行深入研究、获得深刻理解，基于理解儿童而促进儿童发展，最终实现我国儿童解放和教育民主化。这是我国儿童学发展的根本任务与使命。我国儿童学发展的未来方向应聚焦如下三个方面：

第一，捍卫儿童权利。儿童是完全的权利主体。儿童阶段、儿童文化、儿童生活具有独特价值，成人有责任让儿童过好今天的生活——独特的儿童生活。每一个儿童个体具有独特价值，尊重儿童个性、发展儿童个性特长是成人社会特别是广大教育者的神圣职责。我国需要通过包括立法在内的各种途径保护儿童权利，而不应延续占代专制社会将儿童置于被压迫者底层的做法，也不应将成人社会的竞争法则通过"应试教育"体制强加于儿童并使儿童日益工具化。我国社会迫切需要践行"新儿童观"，即让儿童成为社会一切福祉的最先享用者、一切灾祸的最后罹难者。"新儿童观"的实现是我国进入现代文明社会的基本标志。

第二，理解儿童认识。人的认识具有发生性与发展性。儿童既有独特的认识世界的方式，又有对世界的独特理解。尊重儿童的核心是尊重儿童的理解。正是由于20世纪初杜威、皮亚杰开创了尊重儿童经验、研究儿童认识的伟大传统，才有了波澜壮阔的世界教育民主化运动。汇集儿童哲学、儿童心理学、儿童教育学等学科，研究信息文明时期儿童认识的新特点、新变化和新需求，是创造21世纪信息时代新教育的基础与前提。

第三，探究儿童方法。儿童是世界的探索者、发明者、创造者。杜威说儿童具有与生俱来的探究、建造、表现与社会交往的本能。儿童不是成人知识的被动接受者，而是主动的创造者。但儿童有自己的探究世界的方法。儿童学应致力于发现儿童的方法，并找到途径将成人的方法转化成儿童的方法，以帮助儿童不断发展探究世界的能力。

教育学即儿童学。只有当广大教师乃至全社会学会捍卫儿童权利、理解儿童认识并探究儿童方法的时候，中国社会才有希望。

2016年9月10日教师节写于沪上三乐楼

目录 ■

导　论

一、理解儿童：课程研究的原点

"如果教育学希望全面地去教育人，那么它就必须首先全面地理解人。"①俄国教育家乌申斯基的教诲揭示了教育的"人学"立场。儿童受教"成人"是"人"的一般发展路向，因此，全面理解"人"亦即意味着全面理解"儿童"。

每个人都曾经是儿童，但界定"何为儿童"却是一件非常复杂的事情，因为"有关儿童的概念受到具体时间、具体地域的社会、经济和政治的影响"②。如果用今天的观点审视人类历史，人类社会曾长期处于没有"儿童"的状态。"要使一个社会具有关于儿童的意识，这个社会需要明确划分生命的各个阶段，并创造一系列准确的术语描述各个阶段的情况"③。尽管自人类诞生以来，每一个成人都曾是儿童、历经童年而发展成熟，但儿童的发现却是人类文化高度发展的结果。确切地说，儿童虽然有生物形体，但却是一种社会产物，属于社会文化学的范畴，而不属于自然生物学

---

① 任钟印. 西方近代教育论著选. 北京：人民教育出版社，2001：420.

② ［英］鲁道夫·谢弗. 儿童心理学. 王莉，译. 北京：电子工业出版社，2003：28.

③ ［法］让-皮埃尔·内罗杜. 古罗马的儿童. 张鸿，等译. 桂林：广西师范大学出版社，2005：38.

范畴。"至于谁是或不是儿童，我们的基因里并不包含明确的指令。"①因此，在某种程度上，"儿童"的生物意义存在有一悠久的过去，"儿童"的社会意义存在却只有一短暂的历史。

据不完全考证，"儿童"一词至少在我国战国时期就已经出现，道家经典《列子·仲尼》曾记载："尧乃微服游于康衢，闻儿童谣曰：'立我蒸民，莫匪尔极，不识不知，顺帝之则。'"而在西方，古希腊时期也出现了对儿童的相关称谓用语，例如柏拉图在其著作《理想国》中写道："一个儿童从小受了好的教育，节奏与和谐浸入了他的心灵深处，在那里牢牢地生了根，他就会变得温文有礼；如果受了坏的教育，结果就会相反。"然而，当时的人们对儿童的认识尚为浅显，无法把握其根本内涵。"在希腊文化中，'儿童'和'青少年'这两个词至少可以说是含混不清的，几乎能包括从婴儿期到老年的任何人。"②

启蒙运动之后，自卢梭宣告历史上第一份"儿童权利宣言"——"在人生的秩序中，童年有它的地位，应当把成人看作成人，把孩子看作孩子"，教育迈入新的发展阶段，拉开了发现儿童的帷幕。此后，越来越多的教育学者行走在发现儿童、理解儿童、解放儿童的教育大道上。无论是被归为传统旧教育的代表人物赫尔巴特，还是被誉为新教育的集大成者杜威，抑或皮亚杰、维果茨基、布鲁纳等人，他们的教育理论与实践无不从"理解儿童"开始。及至1989年联合国通过的《儿童权利公约》对"儿童"的概念做出了明确界定——儿童系指18岁以下的任何人，并对公约成员国管辖范围内的每一位"儿童"的系列权利给予国际范围内的法律保障，瑞典教育家爱伦·凯在1900年预言的"儿童的世纪"——成人研究儿童而后在此基础上进行教育的世纪才正式得以确立，"理解儿童"亦成为主

---

① [美]尼尔·波兹曼. 娱乐至死·童年的消逝. 章艳，译. 桂林：广西师范大学出版社，2010：162.
② [美]尼尔·波兹曼. 娱乐至死·童年的消逝. 章艳，译. 桂林：广西师范大学出版社，2010：168.

流的教育哲学。①

　　然而，当前课程研究领域中的"理解儿童"尚存在着诸多不足，主要的误区表现有二：其一，研究者基于教师或父母的成人立场来理解儿童，从外在的视角观察儿童，将儿童物化为客观的研究对象。尽管这种"对"儿童的理解而非"有"儿童的理解在某种程度上促进了儿童形象与地位的改观，但其实质仍是将儿童视为成人的附庸，儿童由此获得的主体身份不过是成人的赋权——儿童始终不能摆脱成人的掌控和束缚而独立存在。其二，课程中的"儿童"往往被当作抽象的概念对象来对待——教师更习惯于"儿童"的集体教学和共性特征，课程研究"仍未摆脱对'策略'、'模式'、'原则'等'技术兴趣'的迷恋"②，而疏于对"具体的人"的研究，乃至漠视课程中"具体的儿童"的生存境遇和内心体验。恰如有的学者所言："课程领域忘了实实在在的个体。单单关注于公共世界、可见的世界、设计、序列化、实施、评价以及课程材料，课程领域忽视了个体对这些材料的体验。"③当课程领域忽略"具体的儿童"以及他们具体的课程体验，不可避免地给课程研究及课程实践带来弊端。

　　正是因为"理解儿童"的视域偏差，传统课程研究极为关注那些被认为能够以某种独立于特定个体的方式来进行研究和阐明的现象，致力于探寻一般性原理和普适性规律，以致演变为"探究'价值中立的'课程开发的理性化的程序"④，由此导致课程研究陷入技术的窠臼，课程工作者随之蜕变为"课程技师"，进而加剧了人的抽象化和工具化。"技术学课程探究以'知识'为中心，关注'要素'、'结构'、'序列'、'组织'等极具技术理性色彩的话语谱系，人被淹没在'知识'里、消解在'序列'中。"⑤

① 百度百科. 爱伦・凯. https://baike.baidu.com/item/%E7%88%B7%E5%87%AF/4852323? fr=aladdin.
② 苏鸿. 课程探究的人学之维. 湖南师范大学教育科学学报，2007（2）：42.
③ [美] 威廉・派纳. 理解课程（下）. 张华，等译. 北京：教育科学出版社，2003：541.
④ 张华. 走向课程理解：西方课程理论新进展. 全球教育展望，2001（7）：40.
⑤ 苏鸿. 课程探究的人学之维. 湖南师范大学教育科学学报，2007（2）：42.

事实上，学校课程之于儿童的价值和意义融贯于儿童真切的课程学习境遇与体验之中，当儿童个体境遇和体验被视为无足轻重的驳杂，儿童也就无法有效构建自身与课程的内在联系，而将课程视为外在于己的"身外之物"。在多种因素的影响下，这些外在于人的学校课程有可能进一步转化为"不能承受的生命之重"，成为宰制儿童命运的冰冷裁决。儿童因此饱受精神折磨乃至愤懑轻生的各类报道屡见不鲜：

1

1985年，日本横滨市某小学五年级学生杉本治跳楼自杀，留下一篇猛烈抨击学校教育的遗书。他在遗书中写道：

> 学校将要破产，大家都讨厌做作业，到了星期天就会想到，哎，明天又要上学啦。学校破产是绝无道理的。××大概也明白这一点。结果只能生气。……因为学校是人建成的，人们需要学校。但是，去上学就会幸福吗？必须一步步升入高一级的学校。进入最好的公司当了社长又会怎么样呢？……从前没有学校，当时人们反而能自由地生活。①

2

1999年，英国曼彻斯特市一位名叫维杰·辛格的13岁中学生自杀身亡。维杰在结束自己的生命时，留下一段关于学校生活情况的遗言：

> 我应该永远记住这些，永远都不能忘记。
> 星期一：我的钱被人拿走了。
> 星期二：有人给我起绰号。

---

① [日]尾关周二.共生的理想.卞崇道，等译.北京：中央编译出版社，1996：12.

星期三：我的校服被撕破了。

星期四：我的身上流血了。

星期五：所有这一切都结束了。

星期六：自由了。①

3

2008年10月4日，山西省朔州市一名中学老师被任课班级的学生连刺数刀惨遭杀害。警方在调查惨剧经过时，找到了一篇当事学生写在活页纸上的"死亡笔记"。这篇笔记上注明的写作日期是2008年9月18日，活页纸最上方写着"死亡笔记"四个字。在寥寥三百余字的"死亡笔记"中，这名16岁的学生写道：

我已经对生活失去了信心，我活着像一个死人，世界是黑暗的，我只是一个毫不起眼的'细胞'……不光是老师，父母也不尊重我，同学也是，他们歧视我……我也不会去尊重他们，我的心灵渐渐扭曲。我采用了这种最极（端）的方法。我不会去后悔，从我这个想法一出，我就知道了我选择了一条不归路，一条通向死亡的道路，我希望我用这种方式可以唤醒人们对学生的态度，认识社会，认识国家，认识到老师的混蛋，让教育也可以改变。……

我就是个坏学生，还坏到家了……我恨老师，更恨学校、国家、社会……我要发泄，我要复仇，我要杀老师。②

---

① [英]凯瑟琳·波克. 我喜欢的学校——通过孩子们的心声反思当今教育. 祝丽莉，等译. 北京：中国轻工业出版社，2006：120.

② 张海鹰. 山西一高中生捅杀老师 称让人意识到老师的混蛋. http://news.163.com/08/1021/04/4OOIC8TH00011229.html

4

2010年5月19日，吉林省双辽市一名年仅13岁的六年级女生在家中服农药自杀。家属在善后时发现了她写在新日记本上的遗言。新日记本的第一页上只写有几个大字：

是老师她逼我的！

日记本的后页上则写有她留给父母的绝笔信：

爸、妈，当你们看见我的时候，可能我在路上了。我其实早就想离开了，我只是没有这个勇气。我不知道老师为什么总是盯着我！总是像看不上我似的。每当她说我的时候，我总是觉得特别没有面子。终于，我忍耐不住了！①

单从统计数据上看，这些极端性悲剧事件无疑是"小概率事件"。然而，如果从教育学的角度看，这些事件无一不让人深思：学校本应是儿童的精神家园和生命牧场，但为何成了摧残生命的集中营？为什么在事前没有人关注到当事人的心理动向，倾听他们的真实心声，以至于他们只能用绝笔遗言的形式直抒胸臆？这些追问促使课程研究从"物"转向"人"、转向"儿童研究"。每一个儿童都是非常具体的人。"他有他自己的历史，这个历史是不能和任何别人的历史混淆的。他有他自己的个性，这种个性随着年龄的增长而越来越被一个由许多因素组成的复合体所决定。这个复合体是由生物的、生理的、地理的、社会的、经济的、文化的和职业的因

---

① 网易新闻. 小学女生喝药自杀遗书称是老师她逼我的. http://news.163.com/10/0529/01/67QKURO700014AED.html

素所组成的，而这些方面对于每一个人来说，都是各不相同的"。①这意味着课程研究必须超越对普遍性、抽象性和客观性的偏好，关注课程中具体存在着的儿童个体的生活体验和生命历程，关注"生物的、生理的、地理的、社会的、经济的、文化的和职业的因素"置于某一个具体存在着的个体的特定生活情境中而导致的个体差异。

二、儿童自传：儿童课程经验的解码

如果说"理解儿童"是课程研究的原点，那么理解儿童的课程经验则是课程研究者理解儿童的基础，因为"课程本质上是每一个人的自我经验"②。换言之，课程经验研究是课程研究的应有之义。然而，"课程领域一直强调'个人'，但往往流于口号，没有落实于实际生活，课程领域忘记了具体存在的个人，偏重公共的和可见的，如课程的设计、顺序、实施、评鉴和具体的内容，忽视了这些内容中的个人经验。"③有鉴于此，课程研究者需暂时悬置外在的课程事务，"从内部着手"，探寻儿童个体内在的课程经验，化抽象为具体，由此彰显儿童的主体性。

在杜威看来，经验是有机体与环境之间的相互作用，不仅包括经验的结果，还包括经验的过程。教育即是在经验中、由于经验和为着经验的一种发展过程，课程则是儿童在教师指导下构建的各自经验。在学校场域中，个体与自身寓居其中的教育环境产生种种互动作用，从而获得丰富的课程经验。"经验表达可以通过多种方式，诸如仪式、神话、故事、表演、电影、歌声、论文或者自传"④。其中，自传无疑是表达经验的有效方式，这是由自传独特的内涵及特性确定的。

① 联合国教科文组织. 学会生存. 华东师范大学比较教育研究所，译. 北京：教育科学出版社，2009：195-196.
② 张华. 论课程领导. 教育发展研究，2014（2）：2.
③ 欧用生. 课程理论与实践. 台北：学富文化事业有限公司，2006：35.
④ ［美］诺曼·K. 邓金. 解释性交往行动主义. 周勇，译. 重庆：重庆大学出版社，2004：14.

从词源学上分析，汉语语境中的"自传"是合成词，由"自"与"传"组合而成；其中，"自"指代"自我"，"传"在古汉语中特指记述人物生平经历的文字。因此，"自传"的原初含义为"自我作传"，即作者记述自我的生平经历。在英语语境中，"自传"所对应的原词是"autobiography"，它由"auto-""bio-""graphy"三个拉丁词根构成；其中，词根"auto-"的含义是"self（自我）"，"bio-"的含义是"life（生活、生命、生平）"，"graphy"的含义是"write（写作）"。因此，英语"autobiography"的原初含义是"自我生活（生命、生平）的写作"。"自传"一词在汉语中很早就被使用，如我国唐代文学家刘禹锡就用"自传"命名其作品，即《子刘子自传》。然而，在英语中，术语"autobiography"直到18世纪晚期才出现，如1771年，美国著名政治家、科学家本杰明·富兰克林开始撰写*Autobiography*。纵观世界，自传作品的出现要早于"自传"术语的使用。在我国，司马迁在《史记》中所作的关于家学渊源及个人成长经历的自序即《太史公自序》"具有自传的性质，被认为是自传之始"[①]。此外，王充的《论衡·自纪篇》、曹操的《让县自明本志令》、陶渊明的《五柳先生传》、刘知几的《自叙》、白居易的《醉吟先生传》等作品实际上都是作者的自传。在西方，古罗马基督教神学家奥古斯丁（Augustine）撰写的反映自我心路历程的著作《忏悔录》（*Confessions*）被公认为是"西方第一部自传名著"。[②]自传作品并非是突然显现出来的，而是从其他叙述形式演变而成。简言之，自传是人个体意识觉醒的产物。考察自传作品，不难发现作者在其中表现出的浓郁的自我身份意识。《太史公自序》正是司马迁"遭李陵之祸，幽于缧绁……意有所郁结，不得通其道也，故述往事，思来者"的结果。司马迁在为历史人

---

① 王力.中国古代文学词典（第三卷）.南宁：广西教育出版社，1989：1184.

② 一般认为，奥古斯丁的《忏悔录》是西方历史上第一部自传作品，卢梭的《忏悔录》是第一部现代自传作品。

物立传的同时，毅然打破"生不立传"和"盖棺定论"的信条，开创性地为自己"自述立传"，这种勇于明志的举措正是根源于他个人身份意识的觉醒。而就奥古斯丁的《忏悔录》而言，它实质上是"一个自我反思的人在追问'我是谁'和'过去的我是如何变成现在的我'"①。显然，正是源于自我身份意识的觉知，自传作者才提笔记述自己的生平事迹与内心感想体验，借此表现自我的存在，从为他人写作转向为自己写作。总的来说，自传的实质在东西方文化背景下皆是个体生活经验的自我叙述，既反映了个体的所见所闻，也反映了个体的所思所想。

在此基础上，儿童自传无疑是儿童课程经验的解码。概言之，儿童自传即指一切反映儿童本人生命经验的叙述材料，包括儿童创作的日记（学习日志）、作文、心得体会、诗歌、小说、信件、回忆录、口述纪录等叙述材料。②值得注意的是，不管叙述性质真伪，儿童本人的一切叙述都可谓是儿童自传。无论儿童记述真实的生活经历，还是虚构想象的作品，都或明或暗地反映儿童本人的内心感想，是儿童心声的外在呈现。通过借助语言学、社会学、心理学等研究视角及方法，对儿童创作的作品进行深入剖析，从而发掘出潜藏其中的儿童个体的生命体验。例如，作家韩寒在16岁时创作的长篇小说《三重门》讲述了中学生林雨翔关于学业、爱情的青春成长故事。"林雨翔正是韩寒本人学生生活的真实写照，只不过稍加改变其性格罢了"③。小说《三重门》虽然角色虚拟，但反映作者的生命体验，也归属于儿童自传。究其实质，儿童自传是一种个人化叙述，是儿童基于个人的视角、对个人生活经验的自我叙事。"在经验中，所探询的是个

---

① Linda Anderson. *Autobiography*. London: Routledge press, 2007: 19.

② 国内传记文学研究者杨正润先生在著作《众生自画像——中国现代自传与国民性研究》指出：自传包括两种形式，一种形式是正式自传及回忆录；另一种形式是私人文献，如书信、日记、笔记、游记、言行录、访谈录、简历、检查、申诉、报告、口述史等材料。

③ http://baike.baidu.com/view/75281.htm 韩寒在博客日志《一次告别》中提到他现实生活中的经历是《三重门》故事情节的模板，"只是在《三重门》里，我意淫了一下，把这感情写成了女主人公最后为了爱情故意考砸去了区重点，而男主人公阴差阳错却进了市重点的琼瑶桥段。这也是小说作者唯一能滥用的职权了。"

体性；当获得了某些个体性时，更多的个体性又需要探询；只有获得了具有无限个体性的观念，才会获得完满状态。"①每一个儿童都是独一无二的生命存在，有着独特的人格特性与个性化的成长体验。当儿童在创作自传时，他们独特的生活经历及内在体验得以呈现，他们的生命个体性也随之反映在自传的叙述中。因此，更进一步说，儿童自传不仅是儿童生活经历的自我叙事，还是儿童生命主体性的自我彰显与自我赋形。

鉴于有许多成人作者或在亲撰的自传中提及本人童年时期的课程学习境况，或在创作的自传体小说中再现了主人公童年时期的课程学习情景，为了详细考察儿童自传记忆对其生命成长的意义，本研究将上述两种自传材料纳为研究素材。这意味着，本研究所谓的儿童自传不仅包括由当下的儿童创作的记述个人学校教育生平的叙述材料，还包括"过去的"儿童创作的记述个人学校教育生平的叙述材料。简言之，儿童自传（children's autobiography）即童年自传（autobiography of childhood）——任何由作者本人创作并反映自身童年时期学校教育经历的叙述材料都属于儿童自传。通过解读儿童自传，借着儿童课程经验的自我言说，直面儿童际遇课程时的独特经历，进而揭示课程之于儿童个体的意义。

三、自传课程：当代课程研究的创见

在诸多理解和研究课程经验的课程理论当中，最富有启发意义的莫过于自传课程（Autobiographical Curriculum）理论。自传课程理论创始人和主要建构者为美国当代课程理论家威廉·派纳（William Pinar）。针对传统课程研究的弊端，派纳在20世纪70年代概念重建运动中创造性提出用自传方法研究课程的主张，并在此基础上提出将"curriculum"概念重建为"currere"，构建了"将课程理解为自传文本"的自传课程理论新范式。

①［英］迈克尔·奥克肖特.经验及其模式.吴玉军，译.北京：文津出版社，2005：44.

将自传研究方法发展为课程研究方法无疑是一大创见，正如有学者所说："自传研究方法为教育研究提供了一种描绘无法量化的复杂经验并进而寻找经验之意义的方法。教育面对的是活生生的个体，教育研究是由活生生的个体所实施的对活生生的个体的研究。我们不能为了便于操作、便于量化而简化或忽视那些复杂的不能被合并的心理过程。"①

随着威廉·派纳及其追随者玛德琳·格鲁梅特（Madeleine Grumet）、珍妮特·米勒（Janet Miller）等人相继出版《走向贫困的课程》（*Toward a Poor Curriculum*）、《苦涩的牛奶：女性与教学》（*Bitter Milk: Women and Teaching*）、《创造空间与寻找声音》（*Creating Spaces and Finding Voices*）等多本著作及发表一系列相关论文来予以推广，他们的创见逐渐引起西方教育界的注意，并业已发展成为一种重要的研究主题。如1985年由瑞典教育家托斯顿·胡森（Torsten Husen）和德国教育家T. N. 波斯尔斯韦特（T. N. Postlethwaite）合作主编出版的《国际教育百科全书》（*The International Encyclopedia of Education*）"课程"卷中就列有关于学生经验传记和自传研究的介绍。1990年，英国核心教育研究学术期刊《剑桥教育杂志》（Cambridge Journal of Education）20卷第3期出版题为"教育中的传记和生活史"的特刊（Special issue: Biography and Life History in Education）。1998年，英国学者迈克尔·厄本（Michael Erben）主编出版《传记与教育》（*Biography and Education*）一书，专门论述教育中的传记和生命过程研究。同一年，美国教育史研究者克莱格·克里德尔（Craig Kridel）主编出版了《书写教育传记》（*Writing Educational Biography*），该书汇集了美国教育研究协会档案与传记研究特别兴趣小组（the Archival and Biographical Special Interest Group, AERA）围绕教育自传及传记研究展开主题会谈的

011

---

① 陈雨亭. 教师研究中的自传研究方法. 上海：华东师范大学博士学位论文，2006：158.

学术论文，其中包括用自传方法研究课程经验的论文。[①]2010年国际著名学术出版机构SAGE出版集团（Sage Publications）出版的《课程研究百科全书》（*Encyclopedia of Curriculum Studies*）中收录有"自传课程理论"（Autobiographical Curriculum Theory）的单列词条。

从ProQuest学位论文全文数据库检索中可以发现，与自传课程理论主题相关的最具代表性的学位论文是由威廉·派纳和珍妮特·米勒指导完成的。在1985～2005年任职于路易斯安那州立大学（Louisiana State University）期间，派纳共指导完成16篇博士学位论文，每篇论文都提到了自传课程，并且其中有7篇的研究主题即是自传课程相关议题。例如，1992年指导完稿的论文《自传性失忆：记忆·神话·课程》（*Autobiographical Amnesia: Memory, Myth, Curriculum*），1997年指导完稿的论文《想象的自传：性别、呈现与课程理论的交汇》（*Visualizing Autobiography: Intersections of Gender, Representation, Curriculum Theory*）和2005年指导完稿的论文《地方的语言与政治：美国南方的自传课程探究》（*The Language and Politics of Place: Autobiographical Curriculum Inquiry in the American South*）等。米勒任教于哥伦比亚大学师范学院，她指导的多篇博士学位论文都是关于自传课程理论的研究主题，如2009年指导完稿的论文《台湾/大陆亚裔美籍女性教师的身份建构：一项复杂的自传/传记式研究》（*Constructions of Taiwanese/Chinese Asian American women teacher identities: A complicated and complicating auto/biographical study*），2010年指导完稿的论文《"分崩离析"的女性后结构主义自传/传记式审问：挑战非洲经验的主流叙事》（*A feminist poststructuralist auto/biographical interrogation of "Things Fall Apart": Challenging dominant narratives of African*

---

① 美国教育研究协会档案与传记研究特别兴趣小组（the Archival and Biographical Special Interest Group, AERA）后改组为传记与文档研究特别兴趣小组（Biographical and Documentary Research Special Interest Group, AERA）。

experience）和2011年指导完稿的论文《多元文化教育的自传式审问：课程研究中的复杂会话》（*Autobiographical Interrogations of Multicultural Education: Complicating Conversations in Curriculum Studies*）。①

　　总的来说，自传课程是以一种以"具体的人"为起点、以生命个体自我解放为旨归的新型课程，契合了人的发展的时代内涵和要求。自传课程理论即是一种通过关注具体存在着的生命个体，探究个体生活体验和生命历程来彰显人的具体性和生成人的主体性的课程范式。②如前所述，儿童自传是儿童个体课程经验的解码。在自传课程理论视域下，儿童自传具有教育学的意义：儿童自传不仅反映儿童个体的学习经验，而且借着自传的完成，儿童个体形成存在体验、建构个人知识、生成主体性。自传课程理论着眼于"儿童生活的色彩缤纷的世界，企图从'冰冷的纸堆中找出生命的温暖'，能接触到我们的心灵，这种接触是柔软的、私密的，而且是深入的、扣人心弦的；接触到被忽视的学生的生活和生命，使生活经验得以呈现和表达，以多元的方式将公共领域和私人领域连接起来，成为生活空间的一部分。我们从事教育或教育研究不是为了冰冷的事实，而是为了人，将'活生生的生命的温暖'视为课程、教学慎思和落实的核心"③。换言之，在自传课程理论视域下，宏大抽象的概念不再具有优先地位，与具体存在着的个体生存、生活和生命密切相关的经验成为研究的焦点，研究的目的不再局限于获致关于人的知识与规律，更是为了揭示人的生存论意义，促使每一个具体存在着的个体获得生命的解放。

　　自传课程理论从20世纪70年代创生之日起，发展历时四十余年，其赞

---

① 文献来源于ProQuest 学位论文全文数据库检索平台 http://pqdt.lib.sjtu.edu.cn/SearchResults.aspx
② William H. Schubert. *Curriculum: Perspective, Paradigm and Possibility*. New York: Macmillan CollegePublishing Company, 1986:33.
③ 欧用生. 课程理论与实践. 台北：学富文化事业有限公司，2006：36.

成者与质疑者各执一词，迄今仍可算是当代西方先锋课程理论。①本研究广泛吸收、借鉴国内外最新研究成果，试图对自传课程理论做更进一步地深入研究，具体阐释自传课程理论的历史源起、实质内涵、价值意蕴和发展流变等学理议题，以期使理论研究更加全面和系统。在此基础上，本研究致力于探查"课程之于儿童的意义何在"这一根本问题，并开展相关实践研究——用自传的方法研究儿童个体的课程经验，详细分析儿童在课程学习中形成存在体验、建构个人知识、生成主体性的过程境遇，揭示儿童"通过课程获得解放"的"课程解放之路"的现实困境与挺进路向。

---

① 当前西方课程学界对自传课程理论的评价不一，一部分课程研究者高度评价自传课程理论及其实践价值，认为自传课程理论具有开创性意义，如创造性提出"教育鉴赏与教育批评"评价方式的著名课程理论家埃利奥特·W. 艾斯纳、秉持"后现代课程观"的著名课程理论家小威廉姆·E. 多尔、倡导教育叙事研究的著名课程理论家康奈利和克兰迪宁。与之相反，也有一部分研究者认为自传课程理论有待商榷，如著名课程理论家丹尼尔·坦纳和劳雷尔·坦纳认为自传课程理论"提倡一种'神秘的炼丹术'——转向'自传'式的反省和凝思，通过一种'超越—存在的漂浮'以保证哈贝马斯所指出的'解放兴趣'。这是一种'糟糕的学问'，是'反研究'。"又如著名批判课程论学者阿普尔认为自传课程理论只具有"美学的意义"，因为它忽略了个体存在的政治、经济和社会基础。派纳曾就批评——作了回应，进一步阐释了自传课程理论的内涵。

第一章
课程的危机：课程与自传的疏离

"自传是最高和最富有教益的形式，其中达成生命理解"①。由此，德国哲学家狄尔泰揭示了"自传"之于个体的生命价值及其所蕴含的教育意义。狄尔泰认为，哲学的中心问题是生命，对生命的研究不同于对自然的研究，如他所言："我们说明自然，我们理解生命"②。在狄尔泰看来，自传是人对自身生命最完美的理解，"在自传中，自我能把握自身的生命历程，以致自我能意识到人的基础和他生活于其中的历史关系"③。通过自传，人能更明确地认识自我和理解生命的意义，而这正是教育的原有之义。如狄尔泰所说，"教育的目的只能从生命的目的推演出来"，人只有在理解生命及其历史亦即在理解自传中才能恰当地认识到教育的目的和意义。④

在西方课程思想史上，美国课程学者威廉·派纳因率先倡导"将课程理解为自传文本（understanding curriculum as autobiographical text）"而被誉为

015

---

① [德]狄尔泰.历史理性批判手稿.陈锋，译.上海：上海译文出版社，2012：12.

② 转引自 石中英.教育学的文化性格.太原：山西教育出版社，2007：44.

③ 转引自 洪汉鼎.诠释学——它的历史和当代发展.北京：人民出版社，2001：114.

④ 彭正梅.德国教育学概观.北京：北京大学出版社，2011：175.

自传课程理论（autobiographical curriculum theory）的创始人。然而，与其说派纳提出了"课程即自传"的主张，毋宁说派纳重新发现了"课程即自传"的历史；派纳并非从无到有式地构建了自传课程理论，而是承上启下式地延续了被遮蔽了的"课程即自传"的理智传统。之所以如此论断，是因为"课程"（curriculum）一词在其诞生之日起就与"自传"语义相通。

据课程史学家大卫·汉密尔顿（David Hamilton）考证，"curriculum"一词的原意是"跑道"或"马车在跑道上奔跑"。"curriculum"作为教育术语"课程"被使用源于16世纪欧洲宗教改革时期的法国思想家约翰·加尔文（John Calvin）和彼得·拉莫斯（Peter Ramus）。①加尔文在著作《教义注释》（*Commentaries*，1540-1556）中频繁讨论"生命即'旅程'或'跑道'"（life as a 'race' or 'racecourse'）的主题。1559年，加尔文出版了恢宏巨著《基督教要义》（*Institutio Christianae Religionis*）的身前最终修订版。短语"vitae curriculum"和"vitae curricular"就出现在《基督教要义》最终修正版的著述中，加尔文用其指代基督徒通过虔信自省从而皈依上帝的生命历程或生活履历，由此，"curriculum"一词获得了新的含义。与加尔文同时代的法国人文主义者彼得·拉莫斯（Peter Ramus）在著作《修道戒律》（*Professio Regia*）中绘制了一份描述古罗马思想家西塞罗整个学术发展生涯的图示，在该图示中他用"curriculum"指代一种值得学

016

---

① David Hamilton. *On the Origins of the Educational Terms Class and Curriculum*. Bernadette Baker. New Curriculum History. Rotterdam: Sense Publisher, 2009:10.

现代英语和法语中的"课程"一词同为curriculum，curriculum一词原意是指跑道或四轮马车在跑道上奔跑。现有史料表明，法语中的"curriculum"一词在16世纪后半期经由加尔文和拉莫斯的改造后具有教育学的意义，即指代教育术语"课程"；而后，它在17世纪经由加尔文主义者传入英国。因此，所谓斯宾塞在1859年发表的《什么知识最有价值》中最早使用"curriculum（课程）"一词的论述并不准确。据《牛津英语词典》（Oxford English Dictionary）记载，英语中"课程（curriculum）"一词最早出现在英国格拉斯哥大学（University of Glasgow）1633年授予一名学生的毕业证明文件中。

第一章
课程的危机：课程与自传的疏离

习和效仿的西塞罗式生命历程或生活履历（curriculum vitae）。[①] 1562年，拉莫斯声明放弃天主教的信仰，改宗成为加尔文主义者。而后，拉莫斯将"curriculum"一词引入教育领域，指代"课程"，并率先应用在加尔文教派主导的大学中，例如1582年荷兰的莱顿大学和1633年英国的格拉斯哥大学。简言之，在加尔文和拉莫斯的共同推动下，自"课程"（curriculum）作为教育术语诞生之日起，它就与自传际遇，二者原初都包含着个体生命历程或生活履历的意思。"加尔文的课程观念包含了个人的整个生命"[②]。正因为如此，派纳在追溯自传课程理论的历史渊源时，援引汉密尔顿的考据来论证课程与自传在课程诞生的加尔文时代是语义相通的，二者具有紧密的内在联系，"（加尔文主义者）他们'喜欢用课程来表达生命历程或生活履历'"[③]。

可以说，"自传属性"（nature of autobiography）是课程的内在属性，对生命体验的强调是课程的原有之义。然而，伴随着拉莫斯"知识地图"、夸美纽斯"班级授课制"、斯宾塞科学课程观、赫尔巴特学派"五步教学法"、泰勒等人科学化课程开发理论的相继问世及其在学校教育中发挥主导作用，课程内在蕴涵的"自传属性"逐渐被遮蔽，最终导致自传被完全剥离出课程、在形式上成为与课程并列的两种范畴。由此，它造成了儿童与课程的疏离、教师与课程的疏离、儿童与教师的疏离，最终引发课程研究领域乃至学校教育的危机。

一、课程与自传疏离的原因

"19世纪中后期大众公共教育的制度化导致了自传话语（*curriculum*

---

① Stephen S. Triche. *Reconceiving Curriculum: An Historical Approach. Baton Rouge*: Louisiana State University, 2002:91. 彼得·拉莫斯出生于1515年，逝世于1572年。拉莫斯的著作*Professio Regia: h.e. septem artes liberales*在其逝世4年后的1576年出版。在国内出版的译著《课程愿景》中，*Professio Regia*被误译为《知识地图》。

② William M. Reynolds. *Expanding Curriculum Theory*. Mahwah: Lawrence Erlbaum Associates, 2004:119.

③ William F. Pinar. *Understanding Curriculum*. New York: Peter Lang Publishing, 2002:517.

vitae language）的崩溃，这一崩溃所遗留的空白进而被一种技术性的课程话语所填充。这种技术性的课程话语将个体视为经济资源，即便是秉信普世主义和实用主义的殖民地清教徒也不认为它是合理的。学生和教师沦为令人摆布的材料以满足社会/经济的效用。"① 追根究底，控制取向的课程价值观、客观主义的课程知识观和程序主义的课程方法论是导致课程与自传疏离，即课程与个体生命体验疏离的根本原因。

（一）控制取向的课程价值观

如前文所述，"课程"（curriculum）成为专门的教育术语并付诸实践得益于法国思想家加尔文和拉莫斯。加尔文和拉莫斯作为杰出的人文主义者、宗教改革家以及教育改革家，旗帜鲜明地反对中世纪经院哲学和宗教教条主义对人的桎梏和戕害，致力于通过宗教改革和教育改革彰显人性及创造完美的人性世界。因此，加尔文和拉莫斯的教育思想都带有人文主义的色彩，都强调"对人的关切"，这也正是他们所创造的"课程"（curriculum）与"自传"即人的生命历程相关联的原因。② 然而，由于自身所崇信的宗教神学意识形态的束缚，加尔文和拉莫斯的思想中不可避免地带有"预定论"的质地。"所谓预定，乃是上帝永恒旨意，就是神自己决定，他对世界的每一个人所要成就的"③。受"预定论"神学观影响，加尔文和拉莫斯强调自上而下地控制学生、以确定的方式向所有学生传递预先设计好的内容，"这种方法为信仰秩序和纪律的加尔文教提供了引导满腔热情的年轻人走出混乱的、无序的、无法控制的世界的途径"④。事实上，

---

① William M. Reynolds. *Expanding Curriculum Theory*. Mahwah: Lawrence Erlbaum Associates, 2004:107.

② 对加尔文来说，"对人的关切"才是"真敬虔的知识"。加尔文在其巨著《基督教要义》的开篇就指出："我们所拥有的几乎一切智慧，就是那真实与可靠的智慧，都包含了两个部分，就是认识神和认识自己。"在他看来，教育的作用即是获取"认识神和认识自己"的智慧，教育的内容即是有助于世人"认识神和认识自己"的内容。因此，加尔文的教育观除了神学虔信的一面，还包含有指向个人自身的一面。参见［法］约翰·加尔文.基督教要义（上）.钱曜诚，等译.北京：三联书店，2010：中译本导言1-28.

③ ［法］加尔文.基督教要义（第三卷）.http://book.edzx.com/html/book/0336/681.html

④ ［美］小威廉姆E.多尔.课程愿景.张文军，等译.北京：教育科学出版社，2008：37.

加尔文和拉莫斯生活的16世纪正是由前现代向现代过渡的转型期。"现代主义的时代精神遍布社会方方面面。世界观的转变开始于15世纪并贯穿于15～18世纪。……总而言之15～18世纪政治、科学、哲学、宗教和技术上的进步塑造了20世纪的各种观念"①。现代主义的基本原则是技术理性，基础逻辑则是控制逻辑，"控制逻辑是现代观所固有的，并成为现代观区别于前现代观的标志。控制逻辑表现了现代时期的特点，它是这一特定时期的基本意义结构"②因此，受时代精神的影响，加尔文和拉莫斯的教育思想不可避免地带有"控制"的特征，当他们赋予"课程"（curriculum）一词教育的含义时，"课程"（curriculum）也随之浸渍在"控制"之中，最终导致控制取向的课程价值观。正是在此意义上，多尔写道："控制作为一个操作性的概念，在'课程'这个词一开始被当做一个教育词汇使用时就已经根植于课程当中。用一个现代的、机械论的比喻来说，控制不仅仅是课程时钟里面的机械幽灵，也还是使这个时钟从一种意识形态向另一种意识形态、从一种时间走向另一种的发条和钟摆。"③

019

在加尔文和拉莫斯之后，捷克教育家夸美纽斯继承了二者的基本思想并加以发展，在"泛智论"（Pansophism）基础上创办泛智学校并为此设计了百科全书式课程。④所谓泛智论，简言之即是探索将有关一切事物的一切知识教给一切人的方法。为了使于将知识有效地教给一切人，夸美纽斯延续了拉莫斯将知识教科书化的做法，并将课程视为有待传授给学生的学科教材，主张教师用同一种方法教所有的教材、用同一种教材教所有的学生。夸美纽斯在设计泛智学校的课程制度时，采取了严格的控制性实行措施。"首先，在刚开始一个年级的课程时，应让学生习惯于必读的作家和必

① ［美］杰恩·弗利纳. 课程动态学——再造心灵. 吕联芳，等译. 北京：教育科学出版社，2013：10-11.
② ［美］杰恩·弗利纳. 课程动态学——再造心灵. 吕联芳，等译. 北京：教育科学出版社，2013：35.
③ ［美］威廉·派纳. 课程：走向新的身份. 陈时见，等译. 北京：教育科学出版社，2008：38-39.
④ 历史文献表明，夸美纽斯受到了加尔文思想的影响。1611年3月30日，夸美纽斯被新教派"捷克兄弟会"选送到德国的赫尔伯恩大学学习哲学和神学，而赫尔伯恩大学是一所由加尔文教派主导的大学。

须的功课，而不应允许他们学通常范围以外的内容，并让这些东西装满头脑；只有过了一个月、两个月或三个月后，才能允许这样做。其次，不应让一个学生读各个作家的作品；而让一个学生总读一个作家的作品，另一学生读另一个作家的作品，以免造成混乱。"①因此，夸美纽斯的课程观与他所发展的"班级授课制"内涵一致，都十分强调对教师和学生的控制。在他看来，教师不必自行设计教材和教法，只需按部就班地将事先预设好的教材知识传授给学生。就当时而言，夸美纽斯构思的百科全书式课程有助于促进落后的中世纪经院教育制度向近现代教育制度转型，提高教育效率进而普及教育、启迪民智，由此具有极其重要的现实意义，并确立了学科课程论的基本观点。借着"班级授课制"的推广，夸美纽斯的课程思想得以传承后世。同时，随着科学革命的日益深入、技术理性的日益强化，在经由赫尔巴特学派的改造后，学校课程的控制取向愈发严重且形式更加隐蔽。课程与其说是经验的、个人的行为，不说是逻辑的、统一的行为。从16世纪到20世纪初，所有的课程理论都有这样的小前提，即课程统属于教学，课程作为教学内容而存在，"我们教学的逻辑性和统一性、陈述的方法，以及课程设置都是由此决定"②。

及至1911年，美国工程师弗雷德里克. W. 泰罗（Frederick W. Taylor）出版著作《科学管理原理》（*The Principles of Scientific Management*），构建了以科学的手段、科学的工具、科学的方法提高工作效率的"科学管理原理"。泰罗基于工厂生产实践创立的科学管理原理的核心是标准化、规范化和制度化管理，以控制为手段、以提升效率为目的。它适应了当时大工业生产的发展需要，提高了社会生产效率，因此得以广为传播，进而演变为指导"科学管理运动"和"社会效率运动"并影响社会日常生活的"泰罗主义"。在教育领域，富兰克林·博比特率先将科学管理原理推

①［捷］夸美纽斯. 夸美纽斯教育论著选. 任钟印，等译. 北京：人民教育出版社，1991：260.
②［美］威廉·派纳. 课程：走向新的身份. 陈时见，等译. 北京：教育科学出版社，2008：277.

衍应用于课程的编制与开发，并于1918年出版《课程》（*The Curriculum*）一书，从而宣告了课程作为独立研究领域的诞生。而后，课程领域出现了一系列有关课程编制与开发问题的著作，如1923年威瑞特·查特斯出版著作《课程编制》（*Curriculum Construction*）、1924年博比特继续出版著作《如何编制课程》（*How to Make A Curriculum*）、1932年哈拉普出版著作《课程编制的技术》（*The Technique of Curriculum Making*）、1935年卡斯威尔与坎贝尔合作出版著作《课程开发》（*Curriculum Development*）和1949年拉尔夫·泰勒出版著作《课程与教学的基本原理》（*Basic Principles of Curriculum and Instruction*）等。"在这些人的著作中，控制是第一位的：它总是先于或外在于学习活动本身"[1]。尽管20世纪初也出现了一些反控制取向的课程论著作，如1902年杜威出版的《儿童与课程》（*The Child and the Curriculum*），1936年克伯屈出版的《变革课程》（*Remaking the Curriculum*），但控制取向课程价值观仍牢牢植根于学校教育当中。"即使是在20世纪30年代进步教育的高峰期，由进步教育提出的理念也只占美国教育景观的一小部分。他们的风采更频繁地出现在教育杂志上而不是课堂中"[2]。以"泰勒原理"为代表的控制取向传统课程论将课程视为静态跑道，造成了课程理论和教学实践的种种危机，招致了施瓦布、休伯纳、克利巴德、派纳等人的猛烈批判。经过20世纪60～70年代课程领域的概念重建，课程领域发生了由课程开发到课程理解的范式转型。然而，即便如此，"作为幽灵的控制"仍然在课程领域游荡。[3]

控制取向的课程价值观受技术理性的支配。"在人类行为中使用技术理性的危险在于——我们渴望获得控制、理解和预测时，我们可能（也许

---

① ［美］小威廉姆E·多尔. 课程愿景. 张文军，等译. 北京：教育科学出版社，2008：39.
② ［美］埃利奥特·W. 艾斯纳. 教育想象. 李雁冰，等译. 北京：教育科学出版社，2008：15.
③ ［美］威廉·派纳. 课程：走向新的身份. 陈时见，等译. 北京：教育科学出版社，2008：277.

是已经）把我们自己看做是对自己目的有用的客体或这些客体的表征"。①
反观课程与教学实践，不难发现控制取向的课程价值观确实造成了主客二
分：教师和学生处于对立分离的状态——教师教，学生被教；教师位居中
心，学生处于边缘；教师是主导，学生是从属。从拉莫斯到夸美纽斯再到
赫尔巴特学派及至博比特、泰勒等人，他们无一不受主客二分思维影响，
主张教师的中心作用。即便进步主义教育家批判传统教育忽视儿童的主体
地位，主张"儿童中心"，这不过是课程钟摆从一极偏转到另一极，本质
上仍是主客二分思维。"主客二元对立性格和控制取向非但不能够使学生乃
至教育摆脱受压抑、受奴役和被摧残的状况，反而成了种种压抑、奴役和
摧残的认识根源"②。在将师生主体间的交往关系异化为主体与客体之间
的对象关系的同时，控制取向的课程价值观还导致了学生发展的失衡。课
程价值观理应是课程工具价值和内在价值的有机统一，但控制取向的课程
价值观突显了课程的工具价值，却忽视了课程的内在价值。一方面，各门
科目被人为赋值并在此基础上建立了一个价值的等级体系，各门科目按价
值大小依次排序，结果导致自然科学学科地位被普遍认为高于人文社会学
科地位、某些科目的价值重要性被认为高于另外一些科目，进而造成学校
教育中主课与副课之分，学生在这种层次分明的课程架构中难以实现全面
发展。然而，就课程的内在价值而言，任何科目的内在价值都是不可比较
的"无价之宝"，"在经验中都具有一个独特的或无法替代的功能，都标志
着生活所特有的丰富的内容"。③另一方面，课程对于促进学生认知发展的
工具价值被过分强调，而课程对于促进学生生命发展的本体价值被遮蔽，
过程当中也存在过于注重知识传授、"只见知识不见人"的倾向。具体表
现为，课程目标过于强调对客观知识的传递，忽视了认知维度以外的多种

---

① [美] 威廉·派纳. 理解课程. 张华，等译. 北京：教育科学出版社，2003：173.

② 张华. 对话教学：涵义与价值. 全球教育展望，2008（6）：10.

③ [美] 约翰·杜威. 民主主义与教育. 王承绪，译. 北京：人民教育出版社，2008：256-258.

目标；课程内容脱离了与人的生活世界，课程知识是固化的真理和确定无疑的结论，因摈弃人的主体建构而缺乏"人气"；课程实施过程忽略了人的丰富多彩的生命内涵，以致缺乏情感与灵性的自然流露。实际上，课程的价值绝不仅仅是促进学生获得新知，"它尊重生命、关怀生命、拓展生命、提升生命，蕴涵着高度的生命价值与意义"。[①]课程价值不仅包括认知的发展，还包括观念的冒险、思维的创新、过程的体验、自我的反思等，这些方面的综合才推动学生生命的整体发展，学生由此成为个性成长和全面发展的人。然而，控制取向的课程价值观由于将课程视为终极真理和客观知识的载体，将人视为单纯的认知性存在，试图通过预先设计确定性目标和严格依循标准化路径来促进人的认知心智发展，却忽视了课程之于人的生命发展的价值，忽视了人是一个完整而独特的生命体，最终导致了课程与人的生命的分离。

023

（二）客观主义的课程知识观

客观主义知识观是将知识的客观性绝对化的结果。所谓客观性，即是指关于客观事物的特性。"以岩石为例，岩石是一个独立并且坚硬的物体。即便在宇宙之中没有人或者其他物体存在，岩石仍然是独立的物体，并且仍然保持坚硬"[②]。伴随着科学革命的开展，人们对自然万物的认识逐渐摆脱了旧时的蒙昧，从形而上学的概念思辨和宗教神学的终极信仰转向自然科学的观察探究。与此同时，人们对知识客观性的理解也发生了转变，由古代哲学家所提出的把握了世界本体认识的"形而上学客观性"和中世纪神学家所确立的体现了上帝精神意志和终极存在的"神学客观性"发展到近代认识论学者所开启的反映了客观事物本质的"科学客观性"。"随着体现客观性理想的科学知识在社会生活特别是社会经济生活中的作用日益明显和增大，人们对这种知识的客观性产生了一种内在的、逃脱理性批判的

---

① 辛继湘. 新课程与教学价值观的重建. 课程·教材·教法，2003（4）：18.

② George Lakoff, Mark Johnson. *Metaphors We Live By*. Chicago: The university of Chicago Press, 2003:187.

信仰。对这种知识客观性的广泛信仰和追求，便产生了知识问题上的'客观主义'。"①客观主义认为，在人的意识之外存在一个由客观实在构成的预先给定的客观世界，它同人的精神世界和主观解释的意义世界相隔绝。在客观主义者看来，知识是对客观事物本质的表征，人的心理意识具有随意性和主观性，这些"非理性"的因素必然导致认识偏见和误解，从而影响了人对客观事物本质的揭示；为了确保知识的客观性、精确性、普遍性和价值中立性，人们在认识客观事物时必须摒弃全部的个体性直觉、情感、体验、主张、前见等主观感性因素。"客观主义以绝对的客观性为知识之理想，强调科学的'超然'品格（scientific detachment），标举科学的'非个体的'（impersonal）特征。人类认识、科学研究过程中的所有个体性的成份都被视为有悖于客观主义知识理想的否定性因素，即使难以彻底根绝的话，也应该尽量克服、减少。"②由于极力主张将个人因素从认识事物中排除出去，客观主义知识观在事实上导致了一种"没有认知主体的知识观"，正如推崇"客观知识"的英国哲学家卡尔·波普尔所说："客观意义的知识完全同任何人声称他知道无关；也同任何人的信仰、不同意的意向或坚持、行动的意向无关。客观意义的知识是没有认识者的知识，也即没有认识主体的知识（knowledge without a knowing subject）。"③

简言之，客观主义知识观是一种基于二元论的知识观，其割裂了认知主体和认识对象的内在联系，认为知识不以人的意志为转移，不受各种情境和个人因素的制约，是对客观事物的如实反映、与客观事物的本质相符合，可以通过特殊的命题符号加以明确表述，其本身具有不言而喻的普遍意义。"在客观主义的面前，所有传统的知识、地方性的知识、个体的知识以及不能明确用语言来加以表述的知识都不是真正的知识，因而也都不是

---

① 石中英.知识转型与教育改革.北京：教育科学出版社，2001：136.

② 郁振华.克服客观主义——波兰尼的个体知识论.自然辩证法通讯，2002（1）：9.

③ ［英］卡尔·波普尔.客观知识——一个进化论的研究.舒炜光，译.上海：上海译文出版社，1987：117.

很有价值的。"① 然而，客观主义知识观不过是一种认识错觉、一种虚假的理想，其结果只能给人们的知识观带来混乱和恶果，最终导致了认识论的危机。事实上，任何一项认知活动都不是独立于人的主观意识之外，而是必然包含有认知主体的个人参与；任何一项认知活动都不是纯粹外在的如实反映过程，而是包含着认知主体内在的理解过程。"即使在诸精密科学中，甚至在个人成分量少的经典力学这一所谓最接近于完全超脱的自然科学的领域，知识的获得也要求科学家的热情参与，要依赖科学家的技能和个人判断，更不要说在生物学、医学、生理学、心理学这样的'主观性'显然强得多的科学领域了。"②

客观主义知识观进入课程领域始于拉莫斯。"由于含有隐性控制的线性顺序和范畴顺序的自然性的影响，在拉莫斯提出方法之前，知识（我们所教授的知识）的确跟课程没有关联，这在今天看来也许不能理解。在那时，知识不是呈固定的连续形式，人们也没有对知识进行综合处理"③。拉莫斯绘制了一幅"知识地图"，明确了学校课程的任务是传授确定无疑的客观知识。"拉莫斯方法强调世界是可以预测和控制的，知识可以成为克服内心狂野的工具，其结果是，这些地图中所提及的'知识'成了静态的'物品而不是智慧'"④。将拉莫斯的主张在学校教育中落实推广的是捷克教育家夸美纽斯。夸美纽斯提出了"大教学论"——将一切事物教给一切人类的艺术，但在他那里，"所有的事物按照自己的基础说是彼此相同的，只是形式上不同，因为上帝是它们的原型，自然是它们的反映，艺术是它们的反面形象"⑤。夸美纽斯认为，基督教学校的目的不是造就人间俗世的公民、而是造就上帝天国的公民，学校中一切知识都必须与神相关，与神无关的内容是没有教育价

---

① 石中英.知识转型与教育改革.北京：教育科学出版社，2001：136.

② ［英］迈克尔·波兰尼.个人知识——迈向后批判哲学.许泽民，译.贵阳：贵州人民出版社，2000：5.

③ ［美］威廉·派纳.课程：走向新的身份.陈时见，等译.北京：教育科学出版社，2008：276.

④ ［美］威廉·M.雷诺兹.课程理论新突破.张文军，译.杭州：浙江教育出版社，2008：137.

⑤ ［苏］阿·克拉斯诺夫斯基.夸美纽斯的生平和教育学说.陈侠，译.北京：人民教育出版社，1957：129.

值的。在这一目的的指引下，夸美纽斯所设计的涵盖"百科全书式的知识"的"全部课程"都遵循天启的神的话语。①因此，夸美纽斯时代的课程知识作为"上帝的智慧"的体现是一种神学知识，具有终极性、神圣性和"大写的客观性"（Objectivity），可视为客观主义知识的前奏。

"随着科学知识的出现和发展，人们开始批判传统的课程内容和结构，要求将广泛的科学知识纳入到学校课程内容和结构中去，减少或取消古典学科和宗教课程的学习，从而引起了近代以来最激烈的有关课程问题的辩论"②。由此，科学知识成了课程的核心议题。在此背景下，斯宾塞提出了划时代的教育问题——"什么知识最有价值"，并呼应时代需要对此做出旗帜鲜明的回答："什么知识最有价值，一致的答案就是科学。这是从所有各方面得来的结论"③。在斯宾塞看来，科学知识能够告诉我们所能知道的一切以我们自己的认识限度，科学知识的学习过程即是从低级真理追寻高级真理乃至最终发现最高真理的过程，因此，他主张以科学知识为核心建构广泛的学校课程体系。与此同时，随着科学主义的推波助澜，人们对客观主义知识已经视为必然，"客观主义的科学观和知识观已经成为人们看待科学知识的主导性观点"④。当全部学校课程以科学为核心、围绕科学知识来编制和设计，课程知识日益窄化为客观主义的科学知识。这在以布鲁纳为主要代表的结构课程学派编制的"学术中心课程"中达到顶峰。学术中心课程是指以专门学术领域为核心开发的课程，由于对课程知识结构的重视，也称为结构主义课程。学术中心课程主张，课程内容的唯一来源是学术知识，非学术知识不能成为课程内容，学习者的兴趣、经验等心理因素只对课程中学术知识的组织和分配起作用，其本身不能成为课程的来

---

① [捷] 夸美纽斯. 大教学论·教学法解析. 任钟印, 译. 北京: 人民出版社, 2011: 250
② 石中英. 知识转型与教育改革. 北京: 教育科学出版社, 2001: 105.
③ [英] 赫·斯宾塞. 斯宾塞教育论著选. 胡毅, 等译. 北京: 人民教育出版社, 1997: 91.
④ 郁振华. 克服客观主义——波兰尼的个体知识论. 自然辩证法通讯, 2002（1）: 9.

源。因此，学术中心课程具有学术性、专门性和结构性的特征，"归根结底是复活'学科中心课程'，成为新的'科学主义课程'。它忽略了儿童的'人性'"①。例如，学术中心课程的倡导者布鲁纳认为，知识是关于某种不变的外在现实的认知，任何学科中的知识都具有基本结构，课程的设计应基于学科的知识结构，掌握了学科的知识结构就可掌握课程的实质。所谓学科的知识结构，即是指学科的基本概念、原理、定律、法则及其相互之间的内在联系。"他把'结构'视为先于学习的、具有普遍性的事实存在，而不强调学习者对此'结构'主观的解释意义。在一定意义上说，课程研究的全部意义在于揭示这些知识结构，并将其以一定方式呈现出来，至于是否与学习者相适应，则未尝顾及。"②

总的来说，客观主义的课程知识观是一种主体与客体、内在心灵与外在世界、过程与结果分离的二元论知识观，"在课程与知识之间人为地建构了一种二元化的结构关系，使知识中本有的、充满生机和活力的部分从主体的课程生活中被剥离出来，使其成为死知识。人的文化中所包含的智慧、情感、意志等非理性成分被疏落，致使课程变得冷漠、枯燥，缺乏人性"③。由于客观主义知识没有认知主体，当其进入课程领域，必然导致教师和学生被剥夺课程主体的地位，教师和学生降身为课程的旁观者而非参与者。在客观主义知识观的规约下，课程知识是科学知识的简化，由学科专家将科学家发现的科学知识择其要素加以组织而来，具有客观、普遍和价值中立的特性，本质上是对客观世界的如实反映。一线教师和学生由于认识水平受限，既不参与科学知识的发现，也不参与课程知识的筛选，其课程身份分别是预先选定的课程知识的传递者和接受者。因为知识被视为

---

① Harold .B. Alberty. *Reorganizing the High-School Curriculum*. New York: Macmillan, 1962:188. 转引自 张华，石伟平，马庆发. 课程流派研究. 济南：山东教育出版社，2000：118.

② 汪霞. 课程研究：现代与后现代. 上海：上海科技教育出版社，2005：35.

③ 熊和平. 课程、知识与认识论. 教育理论与实践，2005（7）：32-33.

对客观事物本质的如实反映，是关于世界的客观真理，课程知识必然不涵括教师和学生的个人经验、情感、心绪等因素，教学过程尽量排除个人的干扰因素，教师致力于将知识如其所是地传授给学生，学生则致力于准确无误地习得知识。"教育力求把语言变成不带一点个人因素的东西，并且获得了某种程度上的成功。'雨'不再是大家都熟悉的那种现象，而成了'从云块落到地面的水点'，'水'不再是把你弄湿的那种东西，而成了H_2O。关于氢和氧，我们必须牢牢记住它们的文字的定义；至于你是否理解这些定义倒无关紧要。"[1]不仅如此，教学的基本形式、原则和方法都是为了确保知识被有效地传递，教学的评价主要考核学生对知识的记忆、理解及应用的熟练程度。这种以传递客观的、普遍的、价值中立的科学知识为基本任务的教学实质上是一种反教育的灌输行为，它将教学化约为知识授受，最终造成课程与生活、教师和学生的分离。[2]一方面，以客观主义知识为核心内容的课程拒斥了教师和学生的日常生活经验，导致由客观主义知识所构成的学科世界与充满鲜活经验的日常生活世界的对立。因为客观主义知识观认为唯有对客观事物本质的如实反映和精确表征的知识才是客观知识，"认识之所以能够获得客观知识恰恰是由于它在生活之外，可以排除生活的干扰。在生活之外，人心才能作为一面洁净的镜子，不走样地映照出对象的本质和规律"[3]。另一方面，以客观主义知识授受为基本形式的教学活动造成了师生关系的冷漠与隔阂。"在灌输式教育中，知识是那些自以为知识渊博的人赐予在他们看来一无所知的人的一种恩赐。把他人想象成绝对的无知者，这是压迫意识的一个特征，它否认了教育与知识是探究的过

①［英］罗素. 人类的知识. 张金言，译. 北京：商务印书馆，2010：12.

②石中英教授曾列举了学校教学在客观主义知识观的支配下所形成的若干基本特征，如教学的核心任务或基本任务是正确、有效地传递和掌握课程知识，基本形式是班级授课制，基本原则包括"循序渐进原则""直观性原则""巩固性原则"等，教学方法包括"讲述法""演示法""讨论法"等，师生关系的基本性质是知识的传递者与学习者之间的关系。参见石中英教授著作《知识转型与教育改革》第168页。

③李文阁. 回归现实生活世界. 北京：中国社会科学出版社，2002：267.

程。教师在学生的面前是以必要的对立面出现的。教师认为学生的无知是绝对的，教师以此来证实自身存在的合理性。"① 综上所述，客观主义课程知识观造成教师和学生的主体地位被"没有认知主体的知识"所剥夺、生活经验被"如实反映客观事物本质"的认知标准所摒弃、生命意义被客观知识表征的本质意义所遮蔽，学校课程由此成为"无人的（personless）课程"。

（三）程序主义的课程方法论

从词源学来看，"方法"（method）一词源自拉丁语 methodus，它是由希腊语中的 meta（意指探索、追寻、遵循）与 odos（意指道路、方式）两个词组合而成，因此，方法的原初含义是指沿着某条道路或遵循某种方式，引申义是指为达到某种目的而采取的行为方式和途径。② 在西方课程思想史上，最早探讨课程方法论问题的学者是拉莫斯，正是拉莫斯开启了课程的"方法化运动"（the methodization movement），进而为程序主义课程方法论的形成埋下伏笔。

1. 程序主义课程方法论的发展源起

在拉莫斯之前，一些学者虽然涉猎学校教育的课程与教学问题，列举了他们所认为的重要学习科目，然而就如何学习这些科目以及判定这些科目是否构成某一领域的全部课程，他们并没有做出确定的论述；他们所开展的教育实践活动也常常是个人化的行为，带有一定的自发性和随意性。随着文艺复兴和宗教改革运动引发的社会动荡不安，拉莫斯所处的16世纪是一个日常生活混乱无序的时代，也是一个各种思想交锋碰撞的时代。"在这个失去'关联'的时代，在这个科学和社会寻找'光明'的时代，方法及程序成为人们迫切的普遍需要。在一个混乱的时代，统一的程序不仅是商业界的需要，科学研究以及几乎所有与思想慰藉相关的领域也都需要这

---

① [巴] 保罗·弗莱雷. 被压迫者教育学. 顾建清，等译. 上海：华东师范大学出版社，2007：25.

② William E. Doll. *Chaos, Complexity, Curriculum, and Culture*. New York: Peter Lang Publishing, 2006:22.

样的程序。"①在此时代大背景下，拉莫斯试图将秩序和纪律引入学校教育中，为学生提供一条快速学习知识的捷径和简便方式。他依循加尔文教派新教徒的准则框架，将知识进行分门别类，并按照从一般到特殊的顺序绘制了一份包含所有学科在内的知识地图。知识地图首先对知识排序的原则进行说明，然后依照原则对知识进行严格排序，明确规定何种科目在前、何种科目居中、何种科目在后，直到所有学科领域的知识都被涵括在内为止，最终形成一个延续不断的科目分类体系。教师按照知识地图可以将知识教科书化，进而快速、有效、便捷和准确地将知识传递给学生。这种对知识进行分类和呈现的方式就是拉莫斯的"方法"②。

拉莫斯地图

本书所涵盖的人文艺术列表

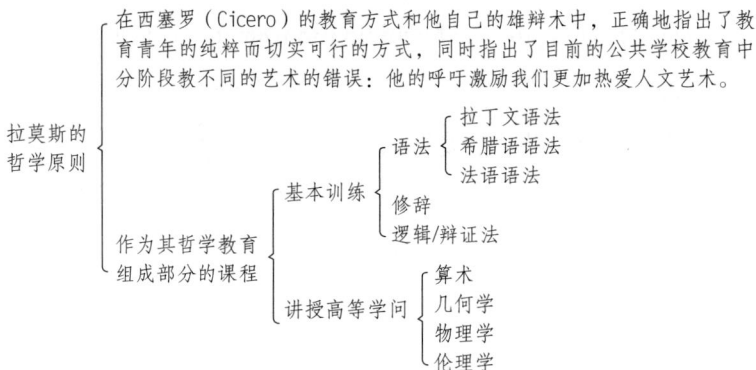

在西塞罗（Cicero）的教育方式和他自己的雄辩术中，正确地指出了教育青年的纯粹而切实可行的方式，同时指出了目前的公共学校教育中分阶段教不同的艺术的错误；他的呼吁激励我们更加热爱人文艺术。

拉莫斯的哲学原则

作为其哲学教育组成部分的课程

基本训练
- 语法
  - 拉丁文语法
  - 希腊语语法
  - 法语语法
- 修辞
- 逻辑/辩证法

讲授高等学问
- 算术
- 几何学
- 物理学
- 伦理学

（出自：拉莫斯，《知识地图》，巴塞尔，1576）

如拉莫斯所说："方法就是排列分布……将在知识绝对顺序中排列第一位的放在所要阐明的第一位，排序第二的放在阐明的第二位，以此类推，从而形成了一个从一般到特殊的持续系列。通过这种方法，并且是唯一的这种方法，我们得以不断发展"③。拉莫斯地图和拉莫斯方法因其简

---

① [美] 威廉·派纳. 课程：走向新的身份. 陈时见，等译. 北京：教育科学出版社，2008：272.

② [美] 小威廉姆E·多尔. 课程愿景. 张文军，等译. 北京：教育科学出版社，2008：35.

③ William E. Doll. *Chaos, Complexity, Curriculum, and Culture.* New York: Peter Lang Publishing, 2006:26.

洁、清晰和明了的特质契合了时代精神，吸引了众多的教育改革者，尤其是新教徒和人文主义者，并迅速在17世纪风靡北欧新教徒和英国清教徒及其北美各处殖民地。"这种对有效性的强调当然强烈地吸引了新崛起的中产阶层商人和自成一格的新教徒（Protestant），这些人极为注重实用性、简单性和有效性，而清教徒（Puritans）更是对拉莫斯主义（Ramism）无比崇拜"①。总的来看，拉莫斯的课程方法是一种为了有效组织和教授课程，在线性的不容打断的进程中按照从一般到特殊的顺序对知识进行分门别类和等级排序的处理方式。它认为知识可以通过细分、排列组合等方式简化成学习科目，知识的传授和阐明必须严格依照排列序位进行，每门科目涵盖的知识各不相同但阐述知识的方式必须相同，由此表现出鲜明的简单性、程序性和普遍性特征。

拉莫斯提出"方法"之时任职于大学，他只是在大学的课堂中运用"方法"，并没有亲自在初等和中等学校开展相关教育实践活动。拉莫斯方法在初等和中等学校的付诸实施归功于夸美纽斯。夸美纽斯属于新教改革派，其思想深受加尔文和拉莫斯的影响。"依循拉莫斯主义强调效率性的传统与自身关注基督徒虔信的改革意愿，他撰写了《大教学论》"②。夸美纽斯在《大教学论》一书的扉页上直接写明了主旨：为了促使"全体男女年轻人无一例外地迅捷、愉快、透彻地成长为精通科学、道德纯正、在虔信上教养有素"，提出了一种能实现目标的"平易而可靠的方法"③。夸美纽斯深信，"他可以向出身于各种社会阶层、拥有不同天分的所有学生传授一切知识，对此只需使用一种脱胎于自然界构造方案的通用方法，这种方法可以适用于所有的科目和学科"④。为此，夸美纽斯构想了"百科全

031

① William E. Doll. *Chaos, Complexity, Curriculum, and Culture.* New York: Peter Lang Publishing, 2006:27.
② William E. Doll. *Chaos, Complexity, Curriculum, and Culture.* New York: Peter Lang Publishing, 2006:29.
③［捷］夸美纽斯. 大教学论·教学法解析. 任钟印，译. 北京：人民出版社，2011：5.
④［德］希尔伯特·迈尔. 课堂教学方法（理论篇）. 尤岚岚，译. 上海：华东师范大学出版社，2011：131.

书式的课程",然后根据学生年龄将课程分段,将要施行的教学工作编排在每个年级段中,并将拉莫斯的"方法"改造为一种更加具体的"新的教学法"。他从印刷术(typography)的类比中汲取灵感,将这种"新的教学法"称为"教学术"(didachography)。夸美纽斯认为通过采用"教学术","知识可以印刻在脑中,用同样方法知识的具体形式可以印在纸上"①。从根本上说,夸美纽斯"教学术"与拉莫斯"方法"的实质相同,都是一种致力于设计一种适用于所有时间、情境和学科的普遍性方法,具有浓厚的简单性、程序性、普遍性特征。例如,夸美纽斯在其著作《大教学论》中写道:"(1)必须在一切科学、一切人文学科、一切语文中运用同样的教学方法。(2)每一所学校中应当对一切学科进行同样的安排和处理。(3)每一门学科的教科书应尽可能是同样的版本"②。同时,他主张将全部教学内容仔细地分门别类,精心划分时间安排,严格遵守学科和时间的划分,不遗漏、不颠倒任何事项,并采用"班级授课制"教学组织形式。夸美纽斯认为这种普遍化方法不仅切实可行而且极为必要,可以避免师生间的知识传授出现错误。"无疑地夸美纽斯在论证方法的最初以及在说明方法的发展时所采取的这些观点,使教育学起了深刻的革命的转变。他给了已相当早地丧失名誉的经院哲学和经院式的教学以坚决的打击"③。夸美纽斯曾将自己构建的方法称为"机械的方法",他写道:"希望人类的教育成为机械式的,一切都是确定无疑地规定了的,从而使所要教、学和做的一切都能有成效,犹如在制作精良的手表、马车、船、磨和其他用于运动的机器中的情况一样"④。在夸美纽斯所处的由中世纪向近代资本主义过渡的17世纪甚至19世纪初期,"机械的"这个术语极具有积极意义,为大多数人所承认

---

① [捷]夸美纽斯.大教学论·教学法解析.任钟印,译.北京:人民教育出版社,2011:262.
② [捷]夸美纽斯.大教学论·教学法解析.任钟印,译.北京:人民教育出版社,2011:131.
③ [苏]阿·克拉斯诺夫斯基.夸美纽斯的生平和教育学说.陈侠,译.北京:人民教育出版社,1957:335.
④ [捷]夸美纽斯.夸美纽斯教育论著选.任钟印,译.北京:人民教育出版社,1991:427-428.

并被赋予很高的评价。夸美纽斯十分迷恋机械的技艺，以至于他在著作中经常使用模型制作、烤制面包、印数书籍等技艺来比拟教学，主张教师只需根据事先设计好的程序就可按部就班地将知识灌注给学生，最终导致教学异化为"教学机器"。"对教学机器而言，应寻找：（1）坚定的方向，（2）达到目的的手段，（3）用这些手段达到目的的稳妥原则"①。在夸美纽斯看来，目的、手段与原则之间具有严密的内在联系，必须严格按照顺序来实施，否则"教学机器"有可能失效或在运行时出现紊乱。由此可见，夸美纽斯的方法具有浓重的机械主义和程序主义特征，忽略了人的主体作用，因而具有根本性缺陷。正如有学者指出，"教学方法的普遍化过程，就是把教师和学生排斥在教学之外的过程。夸美纽斯的教学论开启了现代课程和教学排斥教师、排斥学生的先河"②。

2. 程序主义课程方法论的发展高潮

在夸美纽斯之后，课程方法的简单性、程序性和普遍性问题在自然主义教育家卢梭和裴斯泰洛齐那里依然如故。卢梭开启了提倡进步主义和开放教育的浪漫主义传统。然而，即便在浪漫主义运动中，发展仍然被视为预设的、线性的、有序的和分阶段的。"所以，即使是在浪漫主义和自然主义教育思想中，外部控制和标准化的方法论依然存在，只不过是加上了'自然'的风味而已"③。自然主义之后，课程方法的程序化问题在秉持主知主义立场的赫尔巴特学派那里得到强化，具体表现为赫尔巴特学派提出的"五步教学法"。赫尔巴特学派的"五步教学法"源于赫尔巴特的"教学四阶段"。赫尔巴特认为儿童在学习活动中主要有"专心"与"审思"两种思维状态，其中"专心"指心智专注某一事物，"审思"指把对事物的认识及反思后的经验统一整合起来。"我们所要求的专心活动不能同时发

---

① [捷]夸美纽斯. 夸美纽斯教育论著选. 任钟印, 译. 北京：人民教育出版社, 1991：428.
② 张华. 研究性教学论. 上海：华东师范大学出版社, 2010：44.
③ [美]小威廉姆E·多尔. 课程愿景. 张文军, 等译. 北京：教育科学出版社, 2008：46.

生，它们必须逐个产生。首先是一种专心活动，接着再有一种专心活动，然后它们才在审思中汇合起来！"① 教学过程即是"专心"和"审思"的交替作用。"专心"和"审思"各有静态和动态两个阶段，最终使教学分为明了、联想、系统、方法四个阶段。"首先应静态地、集中地专心于应学事物的细微处，明了地意识到它；然后把这种新表象与旧表象联合，这种联合不应以偶然无序的结合告终，而应形成严谨的逻辑关系。最后，检验并完成这种逻辑系统，再运用于各种不同的场合。"② 根据赫尔巴特的观点，从单个观念的明了，到新旧观念的联合，再到众多联合观念的系统化，最后到观念系统在情境中的应用既是教学的顺序，也是知识习得的顺序，合理的课程内容编排理应按照这种顺序进行。

赫尔巴特的教学四阶段理论在他身前没有引起太多人的关注，在他去世多年后，他的追随者齐勒和赖因将"教学四阶段"改造成著名的"五步教学法"并在实践中大肆推广。"专心和审思之间开放式的区分被赫尔巴特学派的学者发展成固定不变的划分标准，即广受诟病的形式阶段论——这是在普鲁士公立学校教师培训课程中设计出的课堂教学过程程序化理念"③。所谓"五步教学法"或"形式阶段论"是指课堂教学过程包括预备、提示、联合、总结和应用五个阶段步骤。在预备阶段，教师将学生已经熟悉的知识作为教学的起点；在提示阶段，教师引入新的教学材料；在联合阶段，教师通过比较前两步所涉及的材料，将新旧知识联结起来；在总结阶段，教师将已经传授的新知识系统化；在应用阶段，教师训练学生熟练地应用已学知识。④ 齐勒和赖因等人的改造为赫尔巴特的课程思想添加了新的内容，但是却改变了赫尔巴特的初衷，他们"把教学的分阶段同

① [德] 赫尔巴特. 普通教育学·教育学讲授纲要. 李其龙，译. 北京：人民教育出版社，1989：51.

② [日] 佐藤正夫. 教学原理. 钟启泉，译. 北京：教育科学出版社，2002：251.

③ [德] 希尔伯特·迈尔. 课堂教学方法（理论篇）. 尤岚岚，等译. 上海：华东师范大学出版社，2011：138.

④ [美] 约翰·S. 布鲁巴克. 教育问题史. 单中惠，等译. 济南：山东教育出版社，2012：228.

'材料'及材料的传授联系在了一起，而不像是赫尔巴特那样从学生的思想范围出发来理解、提出根据和付诸实践"①。这正如德国著名教学论专家希尔伯特·迈尔所说："赫尔巴特学派将赫尔巴特的学习逻辑偷换成了教学逻辑"②。齐勒和赖因的改造致使赫尔巴特学派的课程方法思想变得僵化起来，埋没在技术和纯粹的陈规俗套之中，由此招致许多激烈的批判。例如，另一主要的赫尔巴特主义学者斯托伊就十分不满于齐勒对赫尔巴特课程思想的肆意改造："齐勒对课程设置的改新是'非常有害的，是对赫尔巴特学说的极大歪曲'……'齐勒的课程改革总体来说是不好的，即使有好的成分也不是他最先发明的'"③。总的来说，赫尔巴特学派的"五步教学法"明确揭示了教学过程的阶段并阐释了教学方法的原理，有助于教师有步骤、有计划和有条理地教授知识，从而大大提高教学质量，这在当时具有重要的历史意义。然而，"五步教学法"也存在非常突出的问题：一方面，教学片面地以学生认知发展为导向，知识全凭教师以口述讲解的形式加以传授，导致课堂教学高度以教师为中心，学生的主动性被忽略。另一方面，"五步教学法"认为"一切的课业均以同一的阶段顺序展开，这就导致严重的教学形式化、机械化及僵硬化"④。如果说拉莫斯的"方法"和夸美纽斯的"教学术"只是课程方法化运动的萌芽状态，那么，赫尔巴特学派的"五步教学法"则是课程方法化运动的高潮。止是在赫尔巴特学派那里，"方法"进一步简化为井然有序的步骤，几乎所有课程要素都受其制约。如派纳所指出的那样："赫尔巴特学派关注的是方法的概念，而不是课程的概念。然而，方法的概念已被大大延伸，甚至几乎与课程的概念同义"⑤。

035

---

① [德] F.W.克罗恩. 教学论基础. 李其龙，等译. 北京：教育科学出版社，2006：81.

② [德] 希尔伯特·迈尔. 课堂教学方法（理论篇）. 尤岚岚，等译. 上海：华东师范大学出版社，2011：145.

③ 吴式颖，任钟印. 外国教育思想通史（第八卷）. 长沙：湖南教育出版社，2002：376.

④ [日] 佐藤正夫. 教学原理. 钟启泉，译. 北京：教育科学出版社，2002：252.

⑤ [美] 威廉·派纳. 理解课程（上）. 张华，等译. 北京：教育科学出版社，2006：80.

3. 程序主义课程方法论的发展顶峰

进入20世纪，程序主义课程方法论经由富兰克林·博比特、威瑞特·查特斯、希达·塔巴和拉尔夫·泰勒等人的改造而臻至顶峰，突出表现为"泰勒原理"的诞生。在课程论发展史上，博比特率先将课程开发视为一个专门的学术研究领域，并进而开启了课程开发科学化的历程。博比特采用"活动分析"方法即将人的活动分析为具体的、特定的行为单元的过程的方法来开发课程，具体包括分析人类经验、分析具体活动、导出课程目标、选择课程目标和规划活动程序五个步骤。博比特的同事查特斯则采用与其类似"工作分析"的方法来开发课程，即通过分析人类的职业领域确立课程目标、然后分析教学工作单元、筛选适宜理想和活动、编排教学顺序，最终形成编制课程的步骤体系。受此影响，早期课程研究者纷纷探寻课程开发的科学方法，由此掀起了科学化课程开发运动。及至1949年，拉尔夫·泰勒作为科学化课程开发理论的集大成者，在吸收前人成果的基础上出版了课程方法化运动的顶峰之作《课程与教学的基本原理》，标志着经典性科学化课程开发原理——"泰勒原理"的问世。

泰勒在其著作《课程与教学的基本原理》的导言中开宗明义地指出，开发任何课程与教学计划都必须回答四个基本问题：（1）学校应当试图达到何种教育目标？（2）提供何种教育经验最有可能达到这些教育目标？（3）如何有效组织这些教育经验？（4）我们如何才能确定这些目标正在得以实现？[1] 这四个问题可以进一步归纳为确定教育目标、选择教育经验、组织教育经验、评价教育目标四个环节，由此构成了泰勒原理的基本内容。对于上述四个问题，泰勒在书中并没有明确正面回答，"却阐明了回答这些问题的程序，由此构成一种基本原理，借此来考察课程与教学中的问题。"[2] 泰勒详实地阐释了确定目标、选择经验、组织经验、评价结果

---

① R. W. Tyler. *Basic Principles of Curriculum and Instruction*. Chicago: The University of Chicago Press, 1949:1.

②R. W. Tyler. *Basic Principles of Curriculum and Instruction*. Chicago: The University of Chicago Press, 1949:1.

每一个环节的原则和步骤，构建了一套简便易行的科学化课程开发方法。
值得注意的是，泰勒极为重视目标，认为目标是课程的灵魂，目标的选择
不仅是课程开发的出发点而且还是整个过程的关键。因此，泰勒原理也被
称为目标模式课程开发方法的典范。"泰勒原理"从效率观念出发，通过
有效划分课程开发环节，促使课程开发过程成为一种理性化、科学化的过
程，进而演变为一种普适性、划一性的模式，其背后的主导思维是技术理
性。"泰勒原理"的直接基础是"泰罗主义"，但其课程方法论源头可以追
溯到拉莫斯主义，特别是笛卡尔的理性主义方法论。笛卡尔在论著《谈谈
方法》（*Discourse on Method*）中提出了指导人的理性追寻真理的四条方
法论原则：（1）只接受那些"十分清晰和明显地"呈现在心灵之中不言自
明的真理；（2）将每一困难之处"划分为尽可能多的部分"以便更好地解
决问题；（3）有序地推进思考，从最简单容易的认知到最复杂的知识，为
那些本来没有先后关系的事物设定次序；（4）尽量全面地考察和尽量普遍
地复查前面的内容，以确保没有任何遗漏。①细细分析比较笛卡尔的方法
论四条原则和"泰勒原理"的四个环节，不难发现它们之间存在极大的相
似性：首先，二者都强调从毋庸置疑的确定性开始，笛卡尔的出发点是十
分清晰和明显的真理，泰勒的出发点是确定的目标；其次，二者都反映了
拉莫斯主义、化约主义的分割与线性组织观，笛卡尔主张将困难划分为尽
可能多的部分，泰勒主张对教育经验进行分类筛选；复次，二者都强调次
序，笛卡尔主张有序的思考，泰勒主张有序的组织教育经验；最后，二者
都强调全面的核查，笛卡尔主张全面检查以确保没有任何遗漏，泰勒主张
全面评价以确保教育目标得到实现。正是发现了泰勒构建的科学化课程开
发方法与笛卡尔"正确引导理性及在科学中探寻真理的方法"存在着极大
的相似性，倡导"后现代课程观"的美国课程学者小威廉姆·多尔才指

037

———————
① Rene Descartes. *Discourse on Method.* Indianapolis: Hackett Publishing Company, 1998:11.

出：当代课程研究领域对"科学效率"的嗜好实际上是16世纪开始的以效率和简单易控为显著标志的"方法化运动"的衍生物。多尔在《后现代课程观》写道："倡导清晰的定义、简化的方法论和细致的评价，笛卡尔为今日学校所运用的课程方法论提供了纲要性基础"。[①]

综上所述，程序主义的课程方法论始于彼得·拉莫斯的"方法"。当前的课程与教学观、所运用的方法及这些在整套课程中的设置都无疑是由彼得·拉莫斯关于"方法"和课程组织的观点直接演变而来。拉莫斯主义历经几个世纪的发展，融合了其他多种程序步骤，与科学方法交织一起并混合了对普遍方法的强烈热情，最终演化为程序主义的课程方法论。[②] 程序主义的课程方法论是技术理性作用的结果，它将方法简单化为标准程序，试图通过严格控制执行步骤排除人为的无序状态，进而构建一套适用于任何情境的普遍性课程组织和教学实施模式，其最终结果导致了课程与教学的异化。具体言之，在程序主义的控制下，传统学校建立在"学校即工厂"的假设之上，按照工业化生产模式对学校课程进行管理。例如博比特、查特斯等人就采用类比方法，将学校比作工厂、将儿童比作原料、将教师比作技师、将课程比作实用工业技术、将儿童学习课程的过程比作原料经过加工变成产品的过程。课程组织过程就像工厂的流水作业，作为工厂厂长的校长只要对作为生产机器和原料的课程加以控制，将作为工人的教师分配到工作岗位，进行系统化的管理就能生产出作为合格产品的标准化学生表现。同时，在程序主义的控制下，教学过程被化约为传授固化客观知识的过程。"这一过程具有客观性和规律性，其结果完全是可预测和可重复的。因此，教学应遵循客观规律，遵循固定的程序和步骤。由于复杂知识可以还原、分解为简单知识，因此可以对知识教学进行缜密的程序设

---

① William E. Doll. *A Post-Modern Perspective on Curriculum*. New York: Teachers College Press, 1993:30.

② William E. Doll. *Chaos, Complexity, Curriculum, and Culture*. New York: Peter Lang Publishing, 2006:22.

计"①。从根本上说，程序主义课程方法论具有反历史（a-historical）和反理论（a-theoretical）的性格，当课程方法论屈从于技术理性，试图创建放之四海而皆准的普适性课程开发规则时，它必然是反历史的，因为历史的本性是情境性；当课程方法论完全着眼于改良学校实际工作而不对现实进行反思批判时，它必然是反理论的，因为理论的本性是反思性。②随着时代的进步，程序主义课程方法论越来越有碍于课程理论的多元发展和师生生命的自由成长。一方面，正如派纳等人所批判的，程序主义课程方法论"将方法的信度独立于追求学习、成长及个性解放的学习者个体之外，而建立在权威、神启、科学及其他知识来源之上，这无疑有悖于课程的根本宗旨"③。另一方面，它将具有生命灵性的师生由"人"降格为"物"，将动态的、非线性的、开放的真实学校情境转变为静态的、线性的、封闭的结构化课程与教学设计情境，将人的发展框束在一定控制范围内、要求遵循既定步骤来有效达成预设目标，由此束缚了师生主体的生命发展。

二、课程与自传疏离的结果

课程与自传的疏离的直接后果是课程的自传属性以及将课程理解为自传的思想在现代课程话语中消逝了，"技术性课程话语"占据了主导地位。④这意味着个体的生命历程和内在体验被剥离出课程。由此，教师和儿童成为课程的"旁观者"乃至沦为"被压迫者"，课程因为人的"缺位"而出现本体定位偏差，最终导致"以生命为原点"的学校教育背离了原旨。

---

① 钟志贤. 面向知识时代的教学设计框架. 上海：华东师范大学博士论文，2004：10.

② William F. Pinar. *What is Curriculum Theory?*（*second edition*）.New York: Routledge, 2012:28.

③ 张华. 经验课程论. 上海：上海教育出版社，2004：129.

④ William M. Reynolds. *Expanding Curriculum Theory*. Mahwah: Lawrence Erlbaum Associates, 2004:107.

（一）教师和儿童沦为"被压迫者"

课程与人的生活体验和生命历程疏离，必然导致教师和儿童外在于课程并由此丧失了课程主体身份——课程是由学校之外的学科专家和课程开发专家开发而来，是不容置疑的"圣经"；教师是既定课程的传递者，其任务在于将课程准确无误地传授给儿童；儿童是既定课程的接受者，其任务在于准确无误地掌握教师传递而来的课程。简言之，教师和儿童严格受制于既定课程，为教科书和官方知识所控制，从而沦为"被压迫者"。

一方面，在传统课程框架中，课程目标、内容、组织和评价等因素已被预先决定，并且它们之间的关系也被预先决定，因此，教师对课程的影响作用减至最小。课程开发几与教师无关，教师在课程事务中的角色被限定为设法达成预定目标的技术工作者。换而言之，教师仅作为课程的执行者和传递者，而非阐释者和创生者，教师自身对课程的领悟和体验被排除出课程实施之外。因此，传统课程是一种"防教师"（teacher-proof）的课程。课程对教师的严加防范导致教学演变为一门应用学科。"在防教师课程中，教学的目标（为何）、内容（是何）和方法（如何）都已经向教师做出明确规定"[1]。在此情形下，教师的教学任务旨在通过执行教学方法将作为既定教学内容的知识原封不动地传递给儿童以实现预定目标。并且，由于所授知识被看作是一种普遍的、客观的、价值中立的、没有认识主体的知识，这就导致教师无需对所授知识进行个人化阐释，只需保证知识授受的准确性。在此过程中，教师不是作为知识的建构者而存在，而是沦为知识的传声筒。如夸美纽斯所形容的，"教师的嘴是一个泉源，从那里流出知识的溪流"[2]。此外，程序主义教学法进一步抑制了教师的主动性。严格的教学方法及其应用步骤被视为应对课堂教学复杂性的有效策略，"即使是对教学没有天生爱好的老师，也能够有益地利用它，因为他们不需要自己

---

① Craig Kridel. *Encyclopedia of Curriculum Studies*. New York: SAGE Publications, 2010:865.

②［捷］夸美纽斯. 大教学论·教学法解析. 任钟印，译. 北京：人民出版社，2011：153.

选择教材、拟定自己的方法，只需要知道已经作好安排的教材和已经提供的适合的教具，将它们灌注给他的学生"①。由于教师的个人禀赋、兴趣、情感、体验被剥离于教学工作，因此，对教师而言，教学很大程度上是一种技术操练。大量琐碎的技术性事务占据了教师的日常工作时间，教师被捆绑在"教学机器"上以致分身乏术。如一名英国教师写道：

> 我认为教师是有创造性的，但是这种创造性已经被官僚性的齿轮给压没了。
>
> 如：每一节课教师都要对前一节课进行讲评；他们必须对一些问题进行反思；他们必须根据大纲作出长期、中期和短期的课程教学计划；课后，他们要写一个针对课程进展的评估报告，然后再评估每一个学生的进展情况。每个孩子的个别记录、阅读记录和郊游费用，所有这些事情会使你怀疑自己还有没有时间把大衣穿上。②

041

美国课程学者古德莱德曾指出不同的课程实施主体会促使产生不同的层次课程。其中，当教师作为实施主体时，会产生领悟的课程（perceived curriculum）即教师对正式的课程（formal curriculum）加以个人领会后所构想的课程，和运作的课程（operational curriculum）即教师根据学生情状对领悟课程进行调整后在课堂中实际实施的课程。然而，传统课程理论剥夺了教师的主体地位，教师的领悟课程和运作课程随之丧失了存在的合法性，教师从应然的主体身份降身为被压迫者。法定的正式课程的科层制结构大大压缩了教师自由发挥的空间，教师个体行为被法定的正式课程严加限定。无论是在课前准备还是在课中实施抑或在课后评价，都有严格的考核标准，教师难以获得专业发展和身份认

---

① ［捷］夸美纽斯.大教学论·教学法解析.任钟印，译.北京：人民出版社，2011：262.
② ［英］艾弗 F·古德森.专业知识与教师专业生涯.刘丽丽，译.北京：北京师范大学出版社，2007：89.

同。帕克·帕尔默曾指出："对一项非我倾心的工作，无论从外部代表的抽象标准看多有价值，它都是侵犯我——准确地说，为了符合一些抽象的原则而侵犯我的自身认同和自我完整。当我侵犯了我自己，不可避免地，我最终会侵犯与我共同工作的人们。到底有多少教师会将他们的痛苦加诸学生？这种痛苦就是来自于：他们正在做的事从来不是，或不再是他们真正倾心的工作。"①

　　另一方面，在传统课程观的规约下，儿童也有可能承受教师有意或无意施加的压迫。之所以如此，是因为教师和儿童主体间的交往关系被异化为主体与客体之间的对象关系。教师的主要任务是将课程所承载的知识和真理如实地传授给儿童，为此，教师不得不采用某种控制性手段来保障传递过程的"准确无误"以及学生的"积极配合"，如弗莱雷所列举的那样："教师制订纪律，学生遵守纪律；教师做出选择并将选择强加给学生，学生惟命是从；教师作出行动，学生则幻想通过教师的行动而行动；教师选择学习内容，学生（没有征求意见）适应学习内容；教师把自己作为学生自由的对立而建立起来的专业权威与知识权威混为一谈；教师是学习过程的主体，而学生只纯粹是客体。"②教师对儿童的压迫绝不是理论分析的假设，而是真切地存在于学校教育当中。国内一位小学教师在个人博客中直接以《上行下效——领导怎么压迫我们，我们就怎么压迫学生》为题描述了自己及同事通过"转嫁压力"来"压迫学生"的景象：

　　　　写这个牢骚十足的标题，实在并不是想发牢骚。随着压力的加大，发现了减压的最好办法：一是上有政策下有对策，二就是转嫁压力。其实我也知道，我们校领导日子也不好过，上面那么多级头头脑脑的，那么多事务压到领导头上，领导长三头六臂也完不成，只好转

042

---

① [美] 帕克·帕尔默. 教学勇气. 吴国珍，等译. 上海：华东师范大学出版社，2011：31.
② [巴] 保罗·弗莱雷. 被压迫者教育学. 顾建清，等译. 上海：华东师范大学出版社，2007：25—26.

嫁到我们头上。我等生活在学校最底层的平凡教师们，没有下属可以压迫——且慢，似乎还有学生诶！

于是，我们只好上行下效了。

若要举例，简直举不胜举。上级布置学生去给某先进投票，我们便把这作为一项作业布置下去；上级布置学生写些歌功颂德文章，我们便安排学生或编或造写歌功颂德文章；上级要求检查卫生一尘不染，我们便安排学生趴在地上用钢丝球擦地板；上级要求每年学校上报若干政绩工程，我们便加班加点创造台账资料，一晚上可以造出近百本……太多太多，竟不胜枚举。写到这里，心脏忽有点抽痛，不知道家长们知道我们是这样利用孩子的，心里会把我们骂到何种程度？可是……

我对自己的道德底线要求就是关爱学生，没有底线的人，基本可以与无耻挂钩了。然而，面对现实，哪怕是我愿意多加班干一点，也无法替代所有学生完成那些上级布置下来的浩浩工程。其实教育本身很简单，一个愿意动脑筋的教师也可以把它变得很精彩；甚至我也不否认一些领导干部的想法也没有错，只是用官僚的方式推行下去，那就是问题。①

当教师由于种种原因压迫学生的时候，师生之间不再是民主平等的关系，而异化为一种统治者和被统治者的关系，"这种统治与被统治的关系，由于一方在年龄、知识和无上权威等方面的有利条件和另一方的低下与顺从的地位而变得根深蒂固了"②。教师对儿童的压迫加剧了儿童在学校教育中的不利处境，激化了教师和儿童的对立，造成教师和儿童的分离。

不仅如此，儿童在课程中还受制于科层制的正式课程。在传统课程观

---

① 上行下效——领导怎么压迫我们，我们就怎么压迫学生. http://wosicun.blog.sohu.com/16173788.html.
② 联合国教科文组织. 学会生存. 华东师范大学比较教育研究所，译. 北京：教育科学出版社，2009：107.

视域下，儿童"只不过是未成熟而有待于成熟的人；是知识浅薄而有待于加深的人；他的经验狭窄而有待于扩大。他的本分是被动的容纳或接受。当他是驯良和服从的时候，他的职责便完成了"①。在这种儿童观的影响下，儿童身心发展的未完成性往往被当作具有负面影响作用的心智有欠成熟的表现、"是尽快和尽可能要送走的东西"，而非具有积极意义的、预示人的多种发展可能的"变化的、在形成中的、有生命力的东西"②；儿童的"可塑性"也往往被理解为将不成熟的儿童按照成人的标准形塑为"小大人"。与此同时，儿童个人的日常生活经验、动机、情感被视为与理性针锋相对的"混乱、模糊和不稳定"的消极因素，以致不利于他们专心致志地系统掌握课程所承载的科学事实和客观真理，因此应当尽可能地被隔绝在课堂教学之外。当儿童的生活世界剥离于课程所表征的科学世界，课程就成了儿童的"身外之物"。无论课程是否契合儿童个人的兴趣、需要和身心发展阶段特征，儿童都必须按照既定的学习进程安排来，否则他们无法通过基于既定课程所设计的标准化测验及取得预期的学业成就。在某种意义上，课程成为儿童实现个性成长和自由发展所必须克服的额外负担，成为儿童"不能承受的生命之重"。一名六年级在读小学生曾描述了课业给自己带来"烦恼"和"倒霉"的情形：

> 我是一名小学六年级的学生，自从我升入六年级后，烦恼就像林中飘零的落叶，数不胜数。这时，你们肯定会惊讶，小小年纪就有这么多烦恼？说到我的烦恼，我可真是哑巴吃黄连——有苦说不出。
>
> 每天早晨，我迎着刺骨的寒风走向学校。我的心情顿时由多云转阴，因为一大早6：45分就要起床，再加上刺骨的寒风，我的心情就变得很糟糕。来到学校，六年级班级大部分已经来了，一天的倒霉生

① [美]约翰·杜威.学校与社会·明日之学校.赵祥麟，等译.北京：人民教育出版社，2008：114.
② [美]约翰·杜威.学校与社会·明日之学校.赵祥麟，等译.北京：人民教育出版社，2008：116.

活即将上演。

尽管国家规定小学生8点到校，但我们班7：40就视为迟到。我们学校规定星期三晨会课听广播，星期五看电视，可这样的好事怎么会落在我们头上？老师经常占用那宝贵的时间，课间老师能不拖堂，就是我们最大的奢侈。我们一个星期有副课（除语数英、班队）一共是16节，其中被语数英老师占的有9节，占课率是56.3%。开学到现在有18周，劳动课只上了半节（那半节老师讲作业），可怜呀！

现在的我们，惨的只能用一句话来形容："三天一小考，五天一大考。"星期二刚做过一份练习，星期五老师又捧来一堆练习，说，我们好久没做练习了，今天做一份吧！顿时，我晕了，只有一个词语才能形容她，那就是脸皮比城墙还厚。这些老师嘴上说一个学期只考一次试，可发的练习纸已经有厚厚一大堆。[1]

045

课程成为儿童的重负进而压迫儿童成长的现象并不少见，儿童的课业负担通常会随着年级的递升而增加。一位中学生用激烈的笔触描述了"奴隶般"的学习状态：

我们被学习禁锢着。我们成了学习的奴隶。

为了学习，我们没时间到外面玩，我们没法拥有美丽的天空和阳光。我们这些祖国的花朵就快凋谢在书桌前了。一个根本不接触外界的人当然不会对外界产生感情。为什么学校就不能多组织一些出外春游的活动呢？让我们接触大自然，接触社会。我们不需要口号，我们想要的是实践！是尝试！是触摸新生的事物！我们也是求知的，也是会在学习中得到乐趣的。

---

① 佚名.给教育部部长的一封信. http://www.zww.cn/zuowen/html/155/569450.htm.

可是我们学习的是什么？是陈旧的课本，陈旧的知识。教育应该永远走在时代的前列，而为什么我们的课本还是几年前的老版本呢？（譬如说劳技课，我真的很不明白为什么还要学焊接这些与我们以后的生活毫不相干的技术。如果换作学习安装电脑，我们一定会喜欢得多。）

奴隶般的学习使学生变得浮躁。他们太脆弱，一触即发。我们学会的不是面对困难，而是逃避困难；在教育的恐惧下，我们麻木了，对周围的事物和人冷漠，不尊重别人甚至他们的生命。对于"真、善、美"，我们甚至没有基本的认识！而如果基本的辨别善恶是非的能力都没有，我们上美术课、语文课乃至政治课，根本就是形式！所谓的素质教育，也成了纸上谈兵……

我们的想象力，早在小学的时候就被扼杀了。那些属于花季的纯真快乐，在哪儿呢？难道牢牢地压在书本的下面了吗？我们拥有快乐的权利！[①]

课程何以成为儿童"不能承受的生命之重"？课程何以给儿童带来"数不胜数的烦恼"？儿童何以自我体认为"学习的奴隶"？根源就在于课程与儿童的分离，即课程与儿童不是"一个单一的过程的两极"，课程脱离了儿童的生活体验和生命历程，课程的目的不在于促进儿童的生命成长而偏向于促进儿童的认知发展。正因为如此，"学习"在儿童心中变成"苦役"的同义语，一堂课、一门科目即是一种苦役，儿童自然失去学习的兴趣和动力。"缺乏生活意义的课程迫使学生在课程实施中戴着面具做痛苦表演，学生没有真实生活的愉悦体验，教材中充斥着单调、枯燥、乏味甚至无聊的刺激，没有喜怒哀乐，更没有生活的激情，丧失对可能生活的憧

①转引自张荣伟.我们需要怎样的教育.北京：教育科学出版社，2012：114.

憬，缺乏整体性、现实性和理想性……对理论知识的顶礼、对科学世界的独尊以及对儿童生活的冷漠，使学生沉浸在各种符号的逻辑演算之中，课程设计不能关照学生的生活世界，缺乏生活意义和生命价值"①。

（二）课程本体定位的偏差

"课程本体指的是在本体论视野中课程存在的本质、特点和演化发展等，简言之，课程本体指的是课程存在，即课程的客观现实存在和超现实性存在"②。课程本体的问题主要包括"课程是什么"和"课程何以存在"两个方面，即确认"存在者"和思考"存在者"之"存在"③。由于课程本体涉及课程最基本的框架，课程本体定位的偏差必然使得整个课程体系缺乏稳固的根基，具体表现为理论层面上对课程本源和本质缺乏清晰的认识，以及实践层面上课程开发、设计、实施和评价等事务上乱象丛生。当人的生活体验和生命历程被隔离在外，对课程本体的界定先后出现了"课程即学科""课程即目标""课程即计划"等三种主要观点。这三种界定大体上均侧重课程的公共性、预设性和显在性，而忽略了课程的个体性、生成性和潜在性，因此都存有一定的定位偏差。

1."课程即学科"的定位偏差

"课程即学科"是最古老、最普遍的课程定义。在这种课程定义下，"课程"或被视为一门具体的学习科目即狭义的课程，或被视为所有科目的总和即广义的课程。例如美国课程学者亚瑟·贝斯特（Arthur Bestor）将课程限定为学术科目："课程必须包括基本的五大领域中的学科的学习，这五大领域是（1）掌握母语，系统地学习语法、文学和写作；（2）数学；（3）科学；（4）历史；（5）外语"④。又如《中国大百科全书·教育》认为课程广义是指所有学科的总和，狭义指一门学科。由于学科通常被认为

---

① 郭元祥.课程设计与学生生活的重建.教育科学研究，2000（5）：50.

② 王牧华.课程研究的生态主义向度.重庆：西南大学博士学位论文，2004：38.

③ 傅敏.课程本体论：概念、意义与构建.西北师范大学学报：社会科学版，2004（3）：96.

④ ［美］亚瑟·K.埃利斯.课程理论及其实践范式.张文军，译.北京：教育科学出版社，2007：15.

是由知识系统精选汇编而成，因此，课程的范围往往指学科的知识结构和知识内容，"课程即学科"进而化约为"课程即知识"。由于教科书被视为知识的载体，因此，教科书往往被等同于"圣经"，具有不可动摇的权威地位。"特别是一般人往往将教师准备于课堂教学的科目单元主题与内容纲要，视同'课程'的同义词，或将学校开授的科目表或学生的功课表视为'课程'的全部，甚至将教科书当成唯一的'课程'"①。

纵观课程史，拉莫斯将"课程"（curriculum）引入教育领域并赋予其教育学意义时，就是将课程化约为知识，他所编制的"知识地图"直观地反映了这一点。夸美纽斯延续了拉莫斯的思想，他所构建的"百科全书式课程"同样是指向学科及学科知识的编排。其后，"课程即学科"的主张在19世纪英国教育家斯宾塞那里基本成型，最终在20世纪中叶的学科结构运动中达到顶峰。斯宾塞针对古典教育的弊端，划时代地提出了"科学知识最有价值"的卓越见解，阐明了科学知识在学校教育中的重要性，并制定了以科学知识为核心的学科课程体系；而布鲁纳等人领导的学科结构运动催生了学术中心课程，主张课程的内核是学术知识，认为唯有学术知识才能成为课程的内容。尽管"课程即科目"的界定在不同的时代背景和历史情境中表现出不同的样态，但总的来说，它是一种学科本位课程和知识中心课程，始终强调学科知识的优先性，认同"学科知识就是力量"，其基本假设在于学科可以训练人的心智，所关注的主要课程问题包括：什么知识最有价值？如何陈述学科知识？如何编排学科知识？如何有效传递学科知识？各学科的地位和功能是什么？哪些科目是必修科目，哪些科目是选修科目？哪些科目是通识科目，哪些科目是专业科目？学校课程应当包含多少门学科？诸如此类。

"课程即学科"的界定具有深远的历史意义，但也存有诸多不足之

---

① 黄光雄，蔡清田.课程发展与设计.台北：五南图书出版公司，2009：19.

处。"这种观点从一开始便存在着隐患：课程所关注的是学到、掌握了多
少知识，怎样使受教育者尽可能快、尽可能多地记住知识，等等。几乎必
然地，学习者掌握知识的数量和质量往往成为教师甚至整个教育所追求的
目标"①。当知识成为课程的中心，课程随之外在于人的生活，是人的"身
外之物"并凌驾于个人之上，从而导致学校教育"只见知识不见人"。具
体来说，当课程被界定为学科及知识，其忽略了教师和学生对于课程与教
学的主观性认知、创生能力和个体体验，教师和学生沦为被动的知识旁观
者，进而无缘于课程开发、课程设计、课程决策等事务，只得进行课程实
施。并且，按部就班地课程实施过程容易蜕变为以课堂为中心、以教材为
中心和以教师为中心的学科知识单向灌输，教师对课程的领悟、学生对课
程的体验及师生在课程实施中的互动交往被忽略。由于对知识授受的强调，
"课程即学科"表征的学科课程是一种典型的"教程"。

2."课程即目标"的定位偏差

所谓"课程即目标"，是指将课程视为学习者试图达到的目标或预期
的学习结果。例如美国课程学者彼得·奥利弗（Peter Oliva）将课程界定
为一系列行为目标。坦纳夫妇（Danniel Tanner.& Laurel Tanner）认为课程
是"为了使学生借助学校的帮助而在个人与社会能力上获得不断的、有意
义的发展，通过知识与经验的系统重建而形成的有计划、有指导的学习经
验和预期的学习结果"②。莫里兹·约翰逊（Mauritz Johnson）则认为课程
是一种预期学习结果的结构序列。"课程即目标"的课程本质观源起于20世
纪初课程研究领域诞生之际。

如前所述，博比特率先将泰罗的科学管理原理引入课程领域，开启
了课程开发科学化运动的序幕。在博比特看来，课程目标是课程开发的首
要依据，课程内容的选择和组织都要依据课程目标来定。尽管博比特曾指

① 从立新. 知识、经验、活动与课程的本质. 北京师范大学学报：社会科学版, 1998（4）：26-27.
② 转引自丁念金. 课程论. 福州：福建教育出版社, 2007：22.

出课程是儿童和青年获得目标所具有的经验，但博比特"注重的是如何发现、选择和组织那些从事成人事务必须具备经验的目标，而非儿童本身已有的经验"①。其后，拉尔夫·泰勒继承了博比特及其他早期课程研究者的思想，将课程开发的目标模式发展到新的阶段，提出了课程与教学的基本原理——泰勒原理。泰勒认为，目标在课程中占据核心地位，是进行课程与教学工作必须明确的首要事项。总的来说，"课程即目标"的基本假设是课程是一系列目标的组合，教学活动就是为了达到这些目标而进行的，"这些目标将成为选择教学材料、勾勒教学内容、形成教学步骤以及准备测验和考试的标准"②。它关注的主要课程问题包括：课程目标的来源是什么？如何以有利于教学的形式陈述目标？课程目标有哪些类型？如何将课程目标具体化和标准化？如何选择有助于实现课程目标的课程内容？如何确定课程目标正在得以实现？诸如此类。

"目标是一种意图，它阐述了发生在学习者身上预期的变化——说明了当学习者成功地完成学习经历后，他会变成什么样子"③。"课程即目标"的课程本质观重视目标的导向作用，并凭借明确的目标驱动使课程与教学实践活动有章可循，避免了盲目和无序的乱象，大大提升了学校教育工作的规范性、科学性和效率性。然而，在技术理性的支配下，这种课程本质观表现出浓重的控制性特征。精细化和标准化的目标无疑束缚了教师和儿童的主观能动性，所有一切行为都必须以目标为标准，结果优劣也以达成目标程度来判定，这大大压缩了教师和学生自由发挥的空间。同时，由于对模糊性的排斥和对精准化的推崇，目标日益窄化为可观察、可测量的行为目标，促使课程实施建基于行为科学之上，不仅忽略了人类行为的复杂性，也忽略了生成性目标和表现性目标。事实上，目标并非绝然清晰

① 李子健，黄显华. 课程：范式、取向、设计. 香港：香港中文大学出版社，2002：5.

② ［美］拉尔夫·泰勒. 课程与教学的基本原理. 罗康，等译. 北京：中国轻工业出版社，2008：3.

③ ［美］埃利奥特·艾斯纳. 教育想象. 李雁冰，主译. 北京：教育科学出版社，2008：114-115.

可见，有时是缄默隐晦而不可明述的；目标也未必先于活动，它们可以在行动自身的过程中生成。过于强调预设目标的达成，必然导致目标与情境的分离，目标外在于人，人在行动过程中的体验也得不到应有的重视。正如台湾地区课程学者黄光雄教授所说："课程往往被定位为一组有意图的预定学习结果与标准，容易导致过度重视预期的学习结果，而漠视非正式的学习以及学习的方法和活动，甚至忽略了教学内容与过程"[①]。

3."课程即计划"的定位偏差

所谓"课程即计划"，是指将课程视为一种行动计划，包括国家层面的课程标准、省市地方层面的地方课程实施方案、学校层面的校本课程开发计划、教师结合班级学情制定的教学计划及学生自己制定的学习计划等。计划的类型多种多样，既可以是很具体的策略和正式书面文献，也可以是纲领性的和非书面的，存于教育者的脑海中。

自20世纪50年代以来，"课程即计划"成为一种广泛流行的定义。例如，课程学者廖哲勋先生曾指出"当代新课程是在一定培养目标指引下，由系列化的课程目标、课程内容及学习活动方式组成的，具有复杂结构与运行活力的，用以促进学生各项基本素质主动发展的指南"[②]。英国课程学者赫斯特（Hirst）将课程界定为经由审议而成的活动计划，学生通过学习可以获得一定的教育目的或目标。美国课程学者希尔达·塔巴（Hilda Taba）将课程界定为学习计划，唐纳德·凯（Donald Cay）则认为课程是"由教育专家和社区、州或国家的其他成年人为了满足他们自己的需要及他们所认为的孩子的需要而制定的总体性计划"[③]。"课程即计划"的基本假设是课程是可以预期的，并可以转化为一套行动指南或活动方案，计划的达成即是课程的完成。它关注的主要课程问题包括：一项完整的课程计

051

---

① 黄光雄，蔡清田. 课程发展与设计. 台北：五南图书出版公司，2009：33.

② 廖哲勋. 我对当代课程本质的看法（上）. 课程·教材·教法，2006（7）：10.

③ [美] 亚瑟·K. 埃利斯. 课程理论及其实践范式. 张文军，译. 北京：教育科学出版社，2007：11.

划包含哪些要素和步骤？如何制定课程计划？如何实施课程计划？如何评价课程计划？如何改进课程计划？如何协调不同层面的课程计划之间的关系？诸如此类。

因为预设了具体的行动计划，相关人员可以依照计划进行操作，课程与教学实践活动得以高效运行。这无疑是"课程即计划"的课程本质观的优点。如廖哲勋先生所说，行动指南"把具有指针作用的教育目标变成了可操作的教师教与学生学的总体计划、基本标准和多种资源，使教育目标具体化、系统化、规范化。同时，当代课程又为学校的教学活动、课外活动、教育评价活动等提供了基本标准，指引了运行的方向和途径"①。然而，这种课程本质观也具有十分突出的缺陷。由于课程计划的基本步骤都是预先按照一定的顺序设计好的，有行动起点，有行动终点，并预设了相关手段保障计划的顺利推进，因此，它整体上呈现出预设重于生成的态势，极为重视预期性和计划性，重视正式的显性课程规划及官方的课程文件和规定，是一种行为主义的课程观。台湾地区课程学者黄光雄教授指出："'课程即计划'的课程观念，强调'事前规划'与'预先计划'的观点，主张课程是预期的，而且其程序是可以事前加以规划的，其中包含了学习目标、内容、活动以及评价的工具和程序等周密的思考，作为教育工作的准则，以便控制掌握学习结果"②。如他所说，"课程即计划"容易导致科层制课程管理和控制手段，教师和学生往往被要求忠实地执行计划，以致未能兼顾具体课堂教学情境中可能随时出现的变化和契机，并忽略了学生的个体经验差异和师生互动的复杂过程。同时，"课程即计划"容易导致课程与教学分割的二元论，它将课程视为教学过程之前的东西，将课程目标或计划与课程过程或手段割裂开来，并偏重前者，导致课程与教学之间的内在联系不复存在。此外，"课程即计划"的课程本质观并不完整，无

---

① 廖哲勋. 我对当代课程本质的看法（下）. 课程·教材·教法，2006（8）：5.

② 黄光雄，蔡清田. 课程发展与设计. 台北：五南图书出版公司，2009：25.

法将所有课程因素都纳入计划中，不免挂一漏万。"课程必须考虑到课堂里的气味和声音、教师的直觉判断和预感、学生的需要和兴趣，而学生、教师或课程专家并非总能对这些因素都加以计划"①。

（三）学校教育的异化

"教育活动的展开当以生命为原点，任何偏离原点的教育，都不是真正的教育或是对教育的异化"②。课程是学校教育的核心，当课程与自传疏离亦即课程与个体生活体验和生命历程疏离，学校教育必然发生异化。要而言之，学校教育的价值取向、目标和途径、内容和方法、过程和结果都在不同程度上偏离了教育的本真面目。"教育是直面人的生命、通过人的生命、为了人的生命质量的提高而进行的社会活动，是以人为本的社会中最体现生命关怀的一种事业。"③然而，控制取向的课程价值观忽略了课程之于人的生命意义，采用诸多控制性措施来抑制教师和儿童的主体发展，导致学校教育缺乏对生命和生活的关怀。

奥地利著名文学家斯蒂芬·茨威格在自传《昨日的世界》一书中描述了19世纪"经院式"学校教育情形，批判了"当时那种单调枯燥、缺乏温暖、毫无生气的学校生活"对儿童身心的摧残：

老实说，我对从小学到中学的整个生活始终感到无聊和厌倦，一年比一年感到不耐烦，盼望尽早摆脱那种枯燥乏味的求学生活。我记不得在当时那种单调枯燥、缺乏温暖、毫无生气的学校生活中曾有过什么愉快和幸福。学校生活彻底破坏了我们一生中最美好、最无拘无束的时代。……

在我们那个时候，当我们还未踏进那幢可憎的学校大楼以前，我

① ［美］艾伦·C.奥恩斯坦. 课程：基础、原理和问题. 柯森，译. 南京：江苏教育出版社，2004：14.

② 冯建军. 论教育学的生命立场. 教育研究，2006（3）：30.

③ 叶澜，郑金洲. 教育理论与学校实践. 北京：高等教育出版社，2001：136.

们就得全身紧缩，免得撞上那无形的架轭。学校对我们来说，意味着强迫、荒漠、无聊，是一处不得不在那里死记硬背那些仔细划分好了的'毫无知识价值的科学'的场所。我们从那些经院式或者装成经院式的内容中感觉到，它们和现实、和我们个人兴趣毫无关系。那是一种无精打采、百无聊赖的学习，不是为生活而学习，而是为学习而学习，是旧教育强加于我们身上的学习。而唯一真正令人欢欣鼓舞的幸福时刻，就是我永远离开学校的那一天——我得为它感谢学校。

这倒并不是我们奥地利的学校本身不好。恰恰相反，所谓教学计划是根据近一百年的经验认真制订的，倘若教学方法生动活泼，也确实能够奠定一个富有成效的相当广博的学习基础。但是正因为刻板的计划性和干巴巴的教条，使得我们的课死气沉沉和枯燥透顶。上课成了一种冷冰冰的学习器械，从来不依靠个人进行调节，而仅仅像一具标有'良好、及格、不及格'刻度的自动装置，以此来表示学生适应教学计划的"要求"达到了什么程度。然而，恰恰是这种索然无味、缺乏个性、对人漠不关心、兵营似的生活，无意之中使我们痛苦不堪。我们必须学习规定的课程，而且凡是学过的东西都要考试。在八年之中没有一个教师问过我们一次，我们自己希望学些什么，更没有鼓励的意思，而这正是每个年轻人所悄悄盼望的。①

进入20世纪，社会生产力和科学技术迅猛发展，文化思想较之于19世纪也大为进步，但旧式抑制生命自由发展的"经院式教育"并没有得到根除，而是继续盘踞在学校之中。德国哲学家雅斯贝尔斯在其著作《什么是教育》中归纳了"经院式教育"的特征：

①［奥］斯蒂芬·茨威格.昨日的世界：一个欧洲人的回忆.舒昌善，译.桂林：广西师范大学出版社，2004：24—25.

这种教育仅仅局限于'传授'知识，教师只是照本宣科，而自己毫无创新精神。教材已形成一套固定的体系。人们崇拜权威作家及其书籍。教师本人无足轻重，只是一个代理人而已，可以任意替换。教材内容已成为固定的型式。在中古时期，人们采用听写和讲解的方式教学。听写的方式现已不再采用，因为可以由书本取代。但是听写的意义还是保留下来。①

可以说，自拉莫斯时代"控制"进入课程领域之日起，"控制的幽灵"始终盘旋于学校教育当中，并随着科技的日益发展对人产生越来越消极的影响。"无论是教师还是儿童，在学校教育中，往往居于一种压抑、被动的生存状态，他们过多地被知识、制度、计划、程序所限制和控制，个体生命的活力被忽视、被压抑，个体生命的向往被轻视、被忽略，个体生命的时间和空间被浪费、被剥夺"②。在控制取向的规约下，学校教育的出发点和落脚点都偏离了"人"，学校教育蜕变为一种弗莱雷所说的"非人化"（dehumanization）教育。教师和儿童丧失了作为"人"而存在所具有的主体性，他们的独特个性、自主性和灵动性都在不同程度上被异化了的学校教育所禁锢。最终，学校背离了促进生命成长的初衷，沦为"心灵的屠宰场"和奴役生命的"集中营"。

控制取向的学校教育深受技术理性的宰制，缺乏对生命存在的关怀，更为强调知识的传递和知性的培养。在客观主义知识观的影响下，个体的情感、体验、想象、判断、声辩等均被视为与知识相对的主观性妨碍因素，学校教育中精选的知识即是一种将这些主观性妨碍因素排除在外的绝对客观知识。"由于生命性的被剥离、被过滤，传统课程中的知识愈发'居庙堂之高'，'非知识'愈发'处江湖之远'，学校课堂越来越成为'有书

055

① [德]雅斯贝尔斯.什么是教育.邹进，译.北京：三联书店，1991：7.
② 李家成.关怀生命：当代中国学校教育价值取向探.北京：教育科学出版社，2006：116.

无人'、'有知识无生命'的文本'复制'场所。"① 当课程被认为是普遍的、客观的、价值中立的知识的载体，学校教育的目标则日益偏向于谋求儿童的智力发展，关注如何促使儿童准确无误地掌握知识。随着没有认知主体的客观主义知识观的积重难返，学校教育日益被窄化为智育，进而窄化为知识教育，乃至被窄化为知识授受。鲁洁先生曾深刻剖析了当代学校教育被"塑造知识人"的信条所束缚进而窄化为知识授受的情形："导致学校教育出现种种危机的原因绝非是它肩负着发展智育的使命，而是试图通过智育塑造一种极其理性化以致忽视内在生命意义的知识人；在传统的学校场域当中，知识被不假思索的视为确定无疑的真理和人的终极追求……由此，塑造知识人早已成为教育的一个根深蒂固的信条"②。

致力于塑造"知识人"的学校教育扭曲了以人为鹄的、以生命为原点的教育本真原义，"为知识而知识"，忽略了知识的生命之维和"通过知识获得解放"的价值意蕴，凭借由外向内灌注的方式如同填鸭一般将外在于人的、客观的科学知识充塞于人的心灵，导致学校当中的人富有知识而丧失了人的灵性。这是一种保罗·弗莱雷所谓的"储蓄式教育"，也是一种卡尔·罗杰斯所谓的"壶杯教育"："教育者（壶）拥有智力和实际知识，而学生则是被动接受者（杯），知识从壶里倾倒在杯中"③。当教师和儿童都异化为装载知识的器皿，知识授受过程即是规训的过程。一方面，知识成为一种教条，教师和儿童理所当然地将其奉为圭臬，在不加质疑地授受时也全盘接纳了它所隐含的意识形态，由此丧失了批判性反思的能力。另一方面，作为普遍法则的客观知识导致了标准化和程序化教育方式，大一统的课程和结构化的教学及过度量化评价不仅束缚了教师和儿童的身体机能，也禁锢了教师和儿童的心灵发展。一旦知识与个体的心灵觉醒无关，

---

① 杨小微.课程：学生个体精神生命成长的资源.华中师范大学学报：人文社科版，2006（5）：108.

② 鲁洁.一个值得反思的教育信条：塑造知识人.教育研究，2004（6）：3.

③ ［美］卡尔·R.罗杰斯.罗杰斯著作精粹.刘毅，等译.北京：中国人民大学出版社，2006：279.

以获取客观知识为主要任务的教育就会让人变得越来越不堪重负，身处其中的教师难以成长为"反思性实践者"和"转化性知识分子"，儿童难以成长为具有独特个性和自由精神的生命个体，由此，"学校对于我们来说就是强制、单调、无聊的代名词，人们在这个场所里获得并无价值并且被严格划分好的知识"①。一言以蔽之，学校蜕变为塑造"知识人"的"知识工厂"。事实上，知识并非存在于书本之中，而是存在于人的心灵之中。教育的首要任务在于通过知识促进个体生命的解放，因此，学校应当成为个体生命成长和自由发展的精神家园。"像填鸭般地用那些诸如形而下之'器'的东西，塞满学生的头脑，而对本真存在之'道'却一再失落而不顾，这无疑阻挡了学生通向自由精神之通道"②。

小结

"curriculum"一词原意是指"跑道"或"马车在跑道上奔跑"。16世纪欧洲宗教改革运动时期，法国人文主义思想家约翰·加尔文和彼得·拉莫斯在其著述中用"curriculum"指代人的生命历程或生活履历，从而赋予了"curriculum"一词新的含义。随后，加尔文主义者拉莫斯将"curriculum"一词引入教育领域，用它来指代"课程"。因此，在西方课程史上，自"课程"（curriculum）作为教育术语诞生之日起，它就与自传语义相通，二者原初都包含有个体生命历程或生活履历的意思。可以说，"自传属性"是"课程"的内在属性，对生命体验的强调是课程的原有之义。

加尔文和拉莫斯所处的年代恰逢由前现代主义向现代主义过渡的历史转折时期，战乱冲突频发，思想观念激烈交锋，整个社会处于一种混乱无序的状态。确定的方法和统一的秩序成为当时人们迫切的需要。拉莫斯顺应时代潮流，开启了方法化运动的序幕，创造性编制了"知识地图"，阐

---

① [德]安德烈亚斯·萨尔塞多.父母全能.彭逸，译.南京：江苏人民出版社，2012：11.
② [德]雅斯贝尔斯.什么是教育.邹进，译.北京：三联书店，1991：33.

述了如何用控制性手段和程序性方法来组织及传授确定性知识，进而编制了一种指代循序渐进的学业进程的"课程"，为学校教育提供了可供借鉴的普适性教育模式。这在当时具有划时代的历史进步意义。与此同时，"控制"也由此扎根于西方课程思想当中。

经由夸美纽斯、赫尔巴特学派、斯宾塞、博比特、查特斯以及泰勒等人的改造，课程领域最终形成了控制取向价值观、客观主义知识观和程序主义方法论，并为其所主导。由此，课程控制性的一面越来越明显，而课程的自传属性逐渐被遮蔽，最终导致自传被完全剥离出课程、在形式上成为与课程并列的两种范畴。如果说"控制"在16～17世纪课程诞生的时代更多的是具有历史的进步意义，那么，随着时代的发展，它对人产生越来越消极的作用。在当今时代，程度越来越深的"控制"剥夺了教师和儿童的主体地位，抑制了生命成长的灵动性，教师和儿童沦为"被压迫者"。由于意味着个体生命体验的自传属性被剥离出课程，课程之于人的生命意义被忽略，课程领域出现了种种危机并导致学校教育发生异化。有鉴于此，必须对课程进行概念重建，复归课程的人文主义传统，彰显课程的自传属性并发掘课程的自传性意义，以期救治课程领域的危机、推动学校教育发生根本性变革，促进教师和儿童获得精神自由和生命解放。

第二章
课程的概念重建：将课程理解为自传文本

自传课程与将课程视为学科、目标和计划的传统"跑道式课程"（curriculum as course）相对。如第一章所述，"curriculum"作为教育术语"课程"的问世是加尔文主义与拉莫斯主义共同作用的结果。"加尔文认为所有基督徒应当在生活中谨守纪律、秩序和控制的观点和拉莫斯的教育观念密切相关。正因为如此，加尔文教派的莱顿大学和格拉斯哥大学会自然而然地建立一种全新的学习秩序，这种学习秩序建立在将课程视为一系列必须遵守并完成的学程的观念基础之上。"[1]这实际上是一种将"课程"视为"静态跑道"的跑道式课程观。因其简单性、实用性和效率性，这种跑道式课程一直流传后世，经由欧洲传入美国后对美国的学校教育产生了深远影响。跑道式课程片面强调从预设的目标、内容或材料即"跑道"的角度出发来界定课程，而不注重从过程的角度即发展、对话、探究、转化的过程即"跑的过程"的角度界定课程，以致忽略了个体的生命体验，忽略了课程之于个体的生命意义，导致课程外在于人、课程与教学分离、人与

---

① Doll William. Jr., Gough, Noel. *CurriculumVisions*. New York: Peter Lang, 2002:31.

人对立。

针对跑道式课程的弊端，派纳开创性地建构了自传课程理论。顾名思义，自传课程指从自传的视角理解课程，将课程理解为自传文本，"是师生将他们的经验、文化、历史、故事和声音等带进教室，一起来寻找现实的意义，从追溯过去的历史和经验中，想象未来可能的方向；师生共享这种自传的解释，经由共同的再概念，觉醒自己的观点和想法，更了解自己和他人，更了解社会和世界"[①]。自传课程理论家认为，课程不是由教科书、教学计划等构成的"正式课程"，而是被教师和学生通过自我反思、自我建构并实实在在体验到的"体验课程"。"课程理论家通过自传提供了新的课程理解，强调师生的生命体验"[②]。具体言之，课程是每一个独一无二的生命个体创生的生命体验，并且是在某一特定情境中生成的生命体验。如美国课程学者玛德琳·格鲁梅特（Madeline Grumet）所说，自传课程希望理解每个特定的奔跑者在某个特定的日子里、某条特定的跑道上、某阵特定的清风中奔跑的体验。[③]并且，个体在建构生命体验的过程中也建构了自我，因此，自传课程也是一个动态的过程，是个体自我建构的过程。

一、自传课程的基本内涵

自传课程理论的创始人派纳首先是从词源学入手来探寻自传课程的含义。"curriculum"一词源生于拉丁语，其拉丁语词根是"currere"。Currere有两重意思：作为名词性的"跑道"（course）和作为动词性的"在跑道上跑"或"跑的过程"（running of course）。"从拉莫斯和夸美纽斯开始，我们一直将课程视为跑道，而非个人奔跑的经验。这恐怕是科学化效率运动在学校教育运动中如此盛行的原因：它把我们意识中固有的课程概念正规

---

① 欧用生. 课程理论与实践. 台北：学富文化事业有限公司，2006：34-35.

② Craig Kridel. *Writing Educational Biography*. New York: Routledge Press, 1998:72.

③ William F. Pinar, M.R.Grumet. *Toward a Poor Curriculum*. Dubuque: Kendall-Hunt Publishing, 1976:36.

化了。"① 在概念重建运动中，派纳指出课程的概念必须重建，"课程"必须从现有的名词性"跑道式课程"恢复到原有的动词性"自传课程"。"自传课程是提供知觉、情感和思考的生命经验，而不是一种模仿或机械性的活动。也就是说，自传课程是必须透过自身生命体验与自觉的生命历程，此经验的学习不是被事先预定好的，而是个人在周遭世界中所感、所思的具体行动。"② 由此，派纳明确界定了自传课程的内涵：课程既非静态的学科科目和活动计划，也非僵化的学习进程安排，而是建构主体性、检视和转化生活体验的动态过程，同时也是个体在课程中发现自我、形成自我的过程。派纳曾撰文详细比较了自传课程观与以"泰勒原理"为主要代表的传统跑道式课程观之间的差别：

自传课程的问题不同于泰勒原理式的；它们是类似于这样的一些问题：为什么我认同达洛维夫人（Mrs. Dalloway）而不是布朗夫人？心灵阴暗的一面对光明的一面做了什么，"阴暗面"和"光明面"的实质是什么？为什么我要阅读莱辛（Lessing）的著作而不是默多克（Murdoch）的著作？我又是为了什么而阅读这些书的？为什么不是读生物学或生态学的书呢？为什么有人对文学感兴趣，有人醉心于物理学，还有人沉迷于法学呢？类似于"心智结构"（structures of mind）这类词语究竟有没有实际意义？如果有，那么这些结构是怎样的？它与智识兴趣（intellectual interests）有什么关系？或者说缺少了智识兴趣，它会怎样？是什么组成了这种结构？它们的根源是什么？

为什么我会多年来沉迷于萨特，接着又沉迷于马克思主义，然后是沉迷于禅宗？是什么样的心理境况或环境境况，抑或是二者的结合，产生了这种结果以及为兴趣的转移提供可能的解释？

---

① ［美］小威廉姆E·多尔. 课程愿景. 张文军，等译. 北京：教育科学出版社，2008：48.
② 庄启文. 学校本位课程发展中的课程领导与课程再概念化. http://www.docin.com/p-840335295.html.

哪些老师吸引了我？并且，对于我和对他们而言，这种"吸引"意味着什么？它的实质是什么？理智的、情感的、还是性别的？我为什么会成为一名老师？我的动机是什么？我对教学和研究倍感兴趣的实质是什么？它们与我的精神生活有什么联系？

这些问题意味着自传课程的研究。我们的探查所带来的结果就是自传课程的知识。[①]

总的来说，自传课程理论是对传统课程观的救治。传统课程着眼于外在的学科科目和课程内容，忽略了个体内在经验与外在环境相互作用导致的意义建构；自传课程着眼于个体内在体验与置身于其中的环境的交互作用，关注个体与自我、他人及社会之间的协商对话。"这样，儿童与课程、学习者与教师、自我与文本、个人与文化都舞动在一起，构成了一个复杂的模式——有着永恒的变化、稳定和生机"[②]。同时，自传课程也是一种用自传方式来反思自我和理解他人的课程研究方法。一方面，"自传的方法是一种自我反思的策略，它能使个体更加全面清晰地面对自己的经验，就像是在创作一部高度个人化的自传"[③]。对此，派纳创造性地构建了"回溯—前瞻—分析—综合"亦即回顾过往、想象未来、分析现在、采取行动的自我反思策略。另一方面，作为理解他者的方法，自传研究方法主张通过分析他者的自传式写作（autobiographical writing）或与他者展开自传式访谈（autobiographical interview），引导他者反思过去经历及其对现在的影响并展望未来，在与他者的深入互动对话中理解他者内在的生命体验、体悟他者的生命历程，进而促进他者的主体意识觉醒，帮助他者重建主体性。从根本上

① William F. Pinar. *Curriculum Theorizing: The Reconceptualists*. Berkeley: McCutchan Publishing Corporation, 1975:401-402.

② William E. Doll. *Chaos, Complexity, Curriculum, and Culture*. New York: Peter Lang Publishing, 2006:55.

③ Colin J. Marsh. *Key Concepts for Understanding Curriculum*. London: Routledge, 2004:210.

说，自传课程是一种课程哲学。受精神分析心理学以及现象学和存在主义等哲学思潮的影响，自传课程秉持人本主义立场，极其重视对人的精神世界的深入探索，尊重人的价值和尊严、发扬人的个性、促进人的自我实现，将人的问题视为课程的出发点、中心主题和落脚点。具体言之，自传课程的课程目标指向人的发展，课程内容向自我开发、鼓励人的自主建构、肯定人的个人知识，课程实施倡导人与人的交往对话。"在这种课程氛围中，一个人首先实实在在地感觉到了自我的存在价值，感觉到了自我理智的力量、情感的满足、意志的独立与自由"[①]。

二、自传课程的多重面向

自传课程具有多重面向，既是自我所感所思的存在体验，也是关于自我的自我知识；既是个体的个人生活史，也是个体与他者的复杂会话。简言之，自传课程既融合了感性与理性因素，也蕴含了个体性与社会性维度，是一种"立体化课程"（The Cubic Curriculum）[②]。

（一）课程与经验：课程即存在体验

课程即存在体验（curriculum as existential experience）是自传课程理论的基本命题。作为自传课程理论的创始人，派纳在分析课程与经验关系时吸收了杜威经验课程论的基本理念，并通过引入现象学和存在主义哲学观对其加以改造完善，进而提出了课程即存在体验的基本主张。"存在体验或指向个体的自由选择、危急状态、潜意识经验、挫折感等属于自我知识、自我履历范围的内容，或指向海德格尔所描绘的主体与客体浑然一体、物我两忘的存在境界"[③]。

作为"当代人本主义经验课程范式"核心构成的自传课程理论直接脱

063

① 张华. 经验课程论. 上海：上海教育出版社，2004：253.

② E. C. Wragg. *The Cubic Curriculum*. New York: Routledge, 1997:23.

③ 张华. 经验课程论. 上海：上海教育出版社，2004：245.

胎于杜威的经验课程论，是在杜威"经验自然主义经验课程范式"的基础上发展而来。自传课程关注课程中个人经验的核心，将课程理解为个人的存在体验，这种主张源生于杜威的"课程即经验""课程必须始于个体"思想。因此，在课程领域，杜威的"课程即经验"的理念最贴近于自传课程的理论主张。杜威强调课程不应由事先决定了目标和学习结果的活动组成，这种理念为将课程构想为持续建构和重建的过程、为着自我的实现而积极反思个人自我经验的自传课程理论尝试扫清了道路。[①] 秉持后现代课程观的课程理论家小威廉姆·E. 多尔通过分析也指出杜威的经验课程论孕育着自传课程理论的内核。他认为，在将人视为旁观者的知识观中，存在着泰勒原理所勾画的课程观；杜威的经验认识论所生成的课程概念强调currere，将课程比拟为在跑道上跑的过程（running of course），"currere导向的课程视自我反思、想象和公共讨论我核心，并视之为转变的实质"[②]。

尽管自传课程理论与杜威的经验课程论统属于经验课程范式，但二者存在显著的差异。自传课程主张自我对环境的渐进式超越，杜威的经验课程则主张自我对环境的适应。同时，自传课程对"课程即经验"的理解不同于杜威对"课程即经验"的理解。在杜威那里，"课程即经验"是指学生在教师指导下所获得的学习经验；而在派纳那里，正如他所说，多年以来，课程这个词已经有了详尽的意思，但就整体而言，课程通常被用以指代材料、预期的学习结果，以及经验——但是是从课程开发者和设计者等外在他人观点而来的经验。派纳认为，经验是一个人的所感、所觉和所思：一言以蔽之，经验是人在经历自己的生活。它包括身体的感知（physical sensation），如个人的后背对座椅的感觉、面部感觉到室内温度；情感的感知（emotional sensation），如个人对邻座、对他人的感觉；

---

① Robert J. Graham. *Currere and Reconceptualism: the Progress of the Pilgrimage 1975-1990*. Journal of Curriculum Studies, 1992（1）:27-29.

②［美］小威廉姆·E. 多尔. 后现代课程观. 王红宇，译. 北京：教育科学出版社，2006：181.

心理的感知（mental sensation），如个人对早餐的回想、对午餐和晚餐的期待。这即意味着，经验是私人性的，尽管个人可以将它公开；经验也是个体性的，尽管个人可以与他人分享其各个方面；但总的来说，它是个人自己的——他人不能为别人设计经验，个人的经验对他人而言是复杂的。①派纳总结道："这是特殊意义上的经验……简言之，经验不是思维、感情或者直觉，尽管这三种观念都被它包含在内。它们一般作为经验的中介和部分内容，但是并没有穷尽经验的内涵。经验这一概念的运用令人回忆起胡塞尔的作品及'生活世界'的观念"②。在胡塞尔那里，生活世界是主观想象的领域，是可直观东西的领域，也是原初自明的领域，它在传统上被非常轻蔑地看待的意见的世界。胡塞尔认为，生活世界是纯粹自我的意识活动的产物，与人们的情感、需要、动机、信念、想象等联系在一起，是科学世界的基础，对于生活在其中的人具有永恒的存在意义。通过引入现象学的观点，自传课程所理解的"经验"是源自生活世界的生活经验（life experience）。正如派纳所说："由于我们在课程中已经用'经验'来指代活动，为了更确切地表达我用这个词的意图，我将引用德语中'Lebenswelt'一词来加以解释。Lebenswelt 在英语中可以被翻译为'生活体验'（lived experience），并预示着'生活世界'（a life-world）"③。此外，派纳借鉴了存在主义哲学的思想，赋予了生活体验存在论的意义，从而将其转化为"存在体验"（existential experience）。在存在主义哲学看来，经验是一种在场方式，也是一种存在方式，是存在者之存在。正如海德格尔所说："我们自身在经验中存在，这种经验是我们的存在本身的本性——'存在'在古老的传统意义上就是：寓于……在场着而在场。"④更

065

---

① William F. Pinar, M.R.Grumet. *Toward a Poor Curriculum*. Dubuque: Kendall-Hunt Publishing Company, 1976:18.

② William F. Pinar. *Curriculum Theorizing*. Berkeley: McCutchan Publishing Corporation, 1975:417.

③ William F. Pinar, M.R.Grumet. *Toward a Poor Curriculum*. Dubuque: Kendall Publishing Company, 1976:18.

④ ［德］马丁·海德格尔. 林中路. 孙周兴，译. 上海：上海译文出版社，2012：220.

确切地说，存在主义所谓的"存在"，不是指作为社会的人或生物的人的存在，而是指作为个体的人的主观体验与心理感受，也就是那些与一般概念和逻辑思维相对立的个人情绪、情感、感受、体验等东西。[①] 因此，自传课程对经验的理解不是基于认识论的考量，而是从存在论的视角来探寻作为存在者的教师和学生的生命体验意义。

概而言之，"自传课程即存在体验"意指课程是栖居在生活世界之中的具体存在的个体的生活体验。这包含着三层含义：其一，自传课程的主体是具体存在的个体（the concrete existing individual），而不是脱离真实生活情境和人格个性的抽象的人，更非抽象的客观知识和观念；是活生生的独一无二的生命存在，而非预先设定的僵死的普遍性目标；是超越性的自我，而非固化的客体化角色[②]。其二，自传课程的主体栖居于鲜活的生活世界之中，而非客观的科学世界及其简化后的学科世界之中。科学世界是理论的——逻辑的构成物，是原则上不能知觉、不能经验的；而生活世界是可以被真切地感知和经验的，是科学世界的基础。当主体栖居于鲜活的生活世界之中，这即意味着课程必须回归生活世界，主体不仅要接触学科知识，更要感知日常生活情境，生成生活体验，并且明确生活体验是学科知识的源泉。其三，自传课程的主体的生活体验是自我的原生体验，而非他者所给予或者选择的与自我生活无关的外在经验；同时，这种生活体验也是完整的个体的经验，而非被各种现存学科领域肢解分裂的零散经验。正如派纳所说："一千张照片叠放在一起也不会等同于一个行走着的、思想着的和憧憬着的人"[③]。这意味着课程应突破时空的限制，整合一体，从而发展人的完整人格。

（二）课程与知识：课程即自我知识

自传课程理论认为，课程不仅是具体存在的个体的存在体验，也是

---

① 徐崇温. 存在主义哲学. 北京：中国社会科学出版社，1986：8.

② 张华. 经验课程论. 上海：上海教育出版社，2004：132.

③ William F. Pinar. *Autobiography, Politics and Sexuality.* New York: Peter Lang Publishing, 1994:105.

个体的"自我知识"（self-knowledge）。它充分肯定了个体的存在意义和创造价值，认为个体在其本质上是知识的建构者而非知识的被动接受者。在自传课程理论视域中，课程知识不仅是教科书承载的关于课程内容的知识，更是个体与他者互动作用过程中构建的自我知识。简言之，自我知识是"关于自我、由于自我和为了自我"的知识。

首先，自我知识是关于自我的知识，这是自我知识的原初含义。"'自我知识'也称'第一人称知识'，在这里主要指一个人关于他自己的思想（包括'信念'、判断'、'欲望'、'怀疑'、'意图'等）的知识"[①]。在知识论发展史上，自我知识可以追溯到苏格拉底的箴言"认识你自己"。"认识你自己"原本是铭刻在古希腊德尔斐阿波罗神庙的铭文。苏格拉底吸收了它的思想内核，将其作为自己的哲学信条，由此促使哲学研究发生转向：由研究外在自然转向反省自我。苏格拉底认为，认识自我是哲学的第一要务。"比如正义、善良、勇敢、节制、治国的道理、统治者所应该具有的最基本的道德品质等。不研究这些人事问题而猜测天上的事物是不务正业，不通晓人事问题的人连奴隶都不如"[②]。在苏格拉底那里，人是能够借助自我反思做出理性思考的存在物，具有认识自我的能力。"人，由于确信在这种宇宙和个人的相互关系中起主导的作用是自我而不是宇宙，从而证明了他内在固有的批判力、判断力和辨别力"[③]。这些人内在固有的诸多能力确保了人能够时时审视和反思自我的生存状况。如果说苏格拉底"认识你自己"的哲学箴言开启了哲学世界观由神学向人学的转向，那么近代哲学则将"认识你自己"这一命题上升到认识论的高度。正是在此背景下，笛卡尔通过"我思故我在"的命题确立了人的主体地位。正如笛卡尔所说："'我思故我在'这个真理是如此地确定，使得几乎所有由怀疑论

---

① 田平. 窄记忆和宽知识. 自然辩证法，2008（4）：13.

② 赵敦华. 西方哲学简史. 北京：北京大学出版社，2001：47.

③ ［德］恩斯特·卡西尔. 人论. 甘阳，译. 上海：上海译文出版社，1986：11.

者提出的过度假定都不能动摇它，我得出结论，毫不犹豫地接受它作为我一直在寻找的哲学第一原理"①。由此，笛卡尔首先明确赋予通过反省而来的自我知识以权威性，即自我是第一性的，是一切知识所赖以成为可能的基础。与自我知识不同，客观知识将自我情感等非理性因素排除在外，认为自我知识是主观的、不科学的。在传统课程领域，所谓价值无涉的客观知识被纳为主要课程内容，教师和学生构成的教学活动主要围绕客观知识来进行。"知识被扩张为人性的全部，人性中的其他部分，如伦理道德、审美情操等等则都被虚无化"②。鉴于客观知识对人的自我的排斥导致教师和学生沦为知识的奴隶，自传课程理论主张课程即自我知识，旨在恢复自我知识在课程与教学中的合法地位。在自传课程理论看来，课程的首要目的在于帮助学生个体形成自我知识，从而促进学生个体的自我意识觉醒。对此，教师在教学中理应与学生分享自我知识，鼓励学生自由表达自己的思维观念，帮助学生认识自我，创造自我知识的生长空间。

其次，自我知识是自我参与构建的知识。在自传课程理论看来，知识不是客观真理的如实反映，而是多元课程主体在与环境的交互作用中自主建构而来。因此，学生不是客观知识的被动接受者，而是自我知识的自主构建者。强调自我参与知识建构不是自传课程学者的主观臆断，而是有着坚实的理论和现实依据。当代著名科学哲学家波兰尼认为，知识是客观性和个人性的统一，尽管知识具有普遍的和外在的维度，但同样离不开个人的介入。据波兰尼考证，即使在最精密的自然科学领域中，知识的获得也需要科学家发挥个人参与作用，即科学知识有赖于科学家的个人技能和个人判断。正如波兰尼所坚信的那样，"没有科学家纯粹的科学兴趣，没有科学家把其一生精力的一点一滴作为赌注般的投入，任何具有重大意义的

---

① ［瑞］S.马克隆德.教育史.张斌贤，译.西南师范大学出版社，2011：51.
② 鲁洁.一个值得反思的教育信条：塑造知识人.教育研究，2004（6）：3.

科学发现（知识）都是不可能取得的"①。此外，现代心理学理论也证实了主体参与知识建构的可能性。在维果茨基看来，以科学家共同体为基础的"科学知识"，在课堂学习中，首先是作为沟通的公共语言出现在人际关系之中，通过"认知活动""内化"为自我内在关系的个体知识即自我知识。②皮亚杰从心理发生发展的视角来解释了认识特别是科学认识的获得是源于主体与客体的相互作用。"认识既不是起因于一个有自我意识的主体，也不是起因于业已形成的（从主体的角度来看）、会把自己烙印在主体之上的客体；认识起因于主客体之间的相互作用，这种作用发生在主体和客体之间的中途，因而同时既包含着主体又包含着客体"③。概而言之，人是知识的创造者，具有参与建构知识的能力。就自传课程理论而言，它主张教师不应将学生视为只能被动接收、输入并存储客观知识的"容器"，而应将学生视为知识的主动建构者，并认识到"教育与知识是探究的过程"，"知识只有通过发明和再发明，通过人类在世界上、人类与世界一道以及人类相互之间的永不满足的、耐心的、不断的、充满希望的探究才能出现"④。当知识学习成为探究的过程，课堂教学方式发生了根本性的变革，从灌输式教学转向探究式的对话教学。由此，教师和学生的关系也随之发生根本性变革。"教师不再仅仅是授业者，在与学生的对话中，教师本身也得到教益，学生在被教的同时反过来也在教育老师，他们合作起来共同成长"⑤。

再次，自我知识是促进自我发展和解放的知识。在自传课程理论家看来，知识的价值不在于它反映了客观真理、揭示了客观事物的本质和规律，而在于它能促进人的主体发展。因此，学生学习知识的目的不是记诵客观真理，而是在发展人的理性、增进认识世界和改造世界的能力

069

① [英] 迈克尔·波兰尼. 个人知识——迈向后批判哲学. 许泽民，译. 贵阳：贵州人民出版社，2000：5.

② [日] 佐藤学. 学习的快乐——走向对话. 钟启泉，译. 北京：教育科学出版社，2004：60.

③ [瑞] 让·皮亚杰. 发生认识论原理. 王宪钿，等译. 北京：商务印书馆，1981：21.

④ [巴] 保罗·弗莱雷. 被压迫者教育学. 顾建清，等译. 上海：华东师范大学出版社，2007：25.

⑤ [巴] 保罗·弗莱雷. 被压迫者教育学. 顾建清，等译. 上海：华东师范大学出版社，2007：31.

的同时，实现自我的解放。因此，自传课程理论主张的自我知识是一种解放性知识，个体通过自我知识而获得解放。在传统知识观的规约下，现实教育中存在着诸多知识奴役人、抑制人的发展的现象。"知识，原本是人们用以生活的手段，生活本身才是目的。但是，现在目的与手段却被颠倒。这在当今的学校教育中尤为突出。在学校所建构的知识世界里，人们对于知识的追逐成为最终的目的，学校和学生的一切生活都是为了它，它迫使生活本身成了手段。为了知识，人们忘却了自己，忘却了生活，甚至牺牲了自己和自己的生活"①。有鉴于此，自传课程理论主张任何抑制个体发展的知识对于个体而言都是没有实在意义的。知识的意义性旨在涵养个体的精神生命，即观照个体的精神世界和提升个体的生命价值。"要实现知识对个体精神世界的照料，必须使个体参与到知识获得过程中，在主动建构知识的意思的同时，实现个体精神世界与类精神世界的际遇、对话，进而完成自我精神生命与类精神生命的融合，最终使个体的精神生命得到滋养，变得更加丰盈、澄明"②。个体参与知识建构是自我知识的应有之义，而正是在自主建构中，个体才能实现自我解放。因此，为了生成解放性的知识，课程与教学观必须概念重建：课程不能仅仅被视为承载客观知识的"知识库"，更应被视作建构自我知识的中介资源；教学也不是知识授受的过程，而是自我知识的追寻过程。"学习知识不以占有知识为目的，而是以个体精神成长为目的。知识的意义性使人有可能不是出于功利的目的而追寻知识，而是为了精神的成长而追寻知识，在这样的过程中，个体精神自由是有足够保障的"③。

（三）课程与个人：课程即个人生活史

自传课程极为强调课程的过程性，"课程是一个主动过程，而不仅仅

---

① 鲁洁. 一个值得反思的教育信条：塑造知识人. 教育研究，2004（6）：4.

② 李召存. 知识的意义性及其在教学中的实现. 中国教育学刊，2006（2）：35.

③ 郭晓明. 课程知识与个体精神自由. 北京：教育科学出版社，2005：71.

是简单的教案、学区教育指导、标准化测试、目标和里程碑，或教科书。课程是全部的生活经验，是形成自我意识、选择人生道路的生命之旅。"①因此，当个体通过"回溯—前瞻—分析—综合"亦即回顾过往、想象未来、分析现在、综合行动的自传式反思策略来理解课程时，也是在建构个人生活史，课程亦随之关联个人的生活而构成了个人生活史的一部分。事实上，个体的自我知识"是其受各种生活条件影响的产物"，"其自身的知识是在其生活历史中，基于主观的现实认定与需求，通过诠释的过程，以自己的语言所建构出来的"②。

　　个人生活史（life history）也称个人生命史，意指个人生活的经验历程，是个人在一定政治、经济、文化和历史脉络中形成的生活经历及其体验。自传课程理论家之所以强调课程即个人生活史，首先是因为他们深受狄尔泰传记史学观的影响，认为自传与个人生活史密不可分。在狄尔泰看来，"自传把模糊的反思性和我们的生活史的半透明性发展成为一种清晰表达的形式……自传是对自身生活的最完善的解释。在自传里，自我能把握自己的生活经历，因此自我能意识到人的基础和他生活于其中的历史关系。最后，自传能发展成为历史的画卷；只有自我能把他的局限性和意义展现给他的同类，自我由经历来体现，并且从这个深度出发，自我和他同世界的关系才可以理解"③。无论是派纳对学术生活史的研究，还是古德森对教师生活史的研究，他们都秉承了狄尔泰的传记史学观，都重视发掘自传的历史价值、特别是自传之于个人的生活史价值。派纳曾明确指出："通过自传，学生和教师能够研究学校知识、生活史和个体意义之间的关系从而达成自我转变"④。古德森则在其论文《叙

071

---

① ［美］威廉 F. 派纳. 课程：走向新的身份. 陈时见，等译. 北京：教育科学出版社，2008：117.

② 姜勇. 个人生活史与教师发展初探. 外国中小学教育，2004（3）：19.

③ ［德］哈贝马斯. 认识与兴趣. 郭官义，等译. 上海：学林出版社，2002：144-145.

④ William F. Pinar. *Curriculum theory since 1950: Crisis, Reconceptualization, Internationalization*. F. Michael Connelly. The Sage Handbook of Curriculum and Instruction Los Angeles: SAGE Publications Inc, 2007:498.

事自我：生活政治学、教师生活及工作研究》中援引英国当代著名社会学家安东尼·吉登斯（Anthony Giddens）的论述来阐释传记所蕴含的生命意义："我们每一个人不仅真的'拥有'，而且总是'经历着'自己的传记，而这种传记是按照社会和心理形式的流变，以生命的各种可能的形式，反思性地得以建构"[①]。具体言之，自传既是一种反思自我生活经验的叙事行为，也是一种向他人展现自我生活故事的交流媒介，经由自传，个体或通过自我考古，或通过与他人对话，进而检视生命历程当中的点点滴滴，检视进入自己心灵当中的各种事物，探寻这些事物是如何形塑个人生活和自我认识的。正是看到自传与生活之间的内在关联，自传课程理论家才将自传课程视为一种"生活史代码"[②]。

对教师和学生而言，课程即个人生活史具有极其重要的价值与意义。传统课程观将课程知识化约为价值无涉的教科书知识，将个人生活经验视为主观因素，课堂教学的开始即意味着个人生活的中止，由此抹杀了个人生活蕴涵的教育价值，割裂了课程生活与日常生活的联系。"当我们缜密思考，发现教育和我们的人生若即若离，教科书中没有我们一生居住的房屋的美好图景；发现新读的高雅文学作品中，没有我们出生其中的社会的崇高理想；看不见我们的父母，我们的知心朋友，我们的兄弟姐妹；发现在它的描写中没有我们的日常生活；发现我们的天空和世界，我们清新的黎明和美妙的黄昏，我们丰沃的田野，我们女神般的江河的歌声，不在其中回荡时，我们不禁痛感我们的生活同这样的教育不可能有正常密切的联系，两者之间存在着严重隔阂"[③]。当课程被概念重建为个人生活史，这意味着课程是基于个人生活、通过个人生活并为着个人生活，课程学习的过程即是个人经历和体验生活的过程，课程由此具有属人的品质，教师和

① [美]威廉 F. 派纳. 课程：走向新的身份. 陈时见，等译. 北京：教育科学出版社，2008：3.

② 熊和平. 课程与生活. 长沙：湖南师范大学博士学位论文，2007：149.

③ [印]泰戈尔. 泰戈尔谈教育. 白开元，译. 北京：商务印书馆，2013：135-136.

学生复归为课程的主体。由此，学校课程与个人生活相互交融，课程在生活中，生活也在课程中。一方面，教师和学生可以将学科课程与个人生活相联系，用以解决生活中的问题，改变个人的生活方式，提升对生活的认识和理解，促进自我在当下及未来过上一种更加完满的生活。另一方面，教师和学生也可以将个人生活与学科课程相联系，把生活经验转化为课程资源，从而丰富学科课程的内涵，加深对学科课程的理解，并在此过程中促进生活经验的生长和对生活经验的改造。

更为重要的是，当课程概念重建为个人生活史，有助于个人在课程与教学中发现自我、理解自我和建构自我。"生活史置身于人们为自我以及身份认同而产生的多层面斗争的场域或交汇点，正因为所处的位置，它成了最合适的一扇窗户，让人窥见自己的复杂性"[①]。如前所述，自传是生活史的最佳表达，在自传中，自我能把握自身的生活经历。通过自传式反思，个人能够穿透纷繁复杂的生活事件，揭示被遮蔽的深层自我，发现未知的心灵世界，洞明真实的人性。在所感、所思、所悟中，个人解构了"旧我"，建构了"新我"。因此，自传不是对过往经历的简单重述，而是在自我反思中重构自我的过程，最终指向主体的生成和生命的解放。当课程成为生活史的一部分，"通过检视我们的生活史，即使只是该生活史的一个片段，例如我们在学校的生活，或者对某个学术性学科的参与，我们就可以寻找自己当前受困、自己的案件的原因"[②]。这意味着，课程学习的过程是建构个人生活史的过程，个人反思生活史的过程也是建构课程体验的过程。课程之于个人，不再是实体的教科书及其承载的客观知识，而是个人与他者、与课程内容、与环境的互动过程。在课程的动态生成过程中，个人生成了存在体验，建构了自我知识，也发展了主体自我。换而言之，课程不再是固定的、外在于人

073

[①] ［英］艾沃·古德森. 教师生活与工作的质性研究. 蔡碧莲，等译. 北京：教育科学出版社，2013：117.
[②] ［美］威廉·派纳. 自传、政治与性别. 陈雨亭，等译. 北京：教育科学出版社，2007：31.

的"跑道",而是成为个人身处其中并促使个人转变的"通道"①。正是在此意义上,派纳才说道:"课程不是由诸多科目(subjects),而是由诸多主体(Subjects)、主体性(subjectivity)构成的。课程的开展就是建构自我、建构主体性生活体验的过程。自传即是自我的建构,建构一个当我们在阅读、写作、说话与倾听时创造与体现着的自我"②。

(四)课程与社会:课程即复杂的会话

"生活史的本质是个体的生命叙事,记录了个人价值成长的心路历程,一方面对个体来说具有意义的独特性和私密性,另一方面则是社会性交往在个体身上的具体体现"③。换而言之,生活史是一种关系性构成。从纵向看,生活史是个人所积累的生活经验在时间上的联系;从横向看,生活史则是在不同主体共同交往的社会关系上形成的。因此,课程即个人生活史并非意味着课程纯粹是个人的"一己之物";与之相反,个人在建构课程时既需要自传式反省,也需要社会交往、与他者展开互动对话,唯此才能丰富完满自身的课程生活体验。

自传课程理论家主张通过对自我存在体验的自传式反省重建自我主体性,但他们也意识到这种反省并非完美无缺。因为一味地自我反省有可能导致唯我论,使个人沉湎于主观的自我体验中而不能自拔,忽略了与他者的交流和社会的参与。如同卡西尔所说:"我们可以批评或怀疑纯粹的内省观察,却不能取消它或抹煞它。如果没有内省,没有对各种感觉、情绪、知觉、思想的直接意识,我们甚至都不能规定人的心理学的范围。然而我们必须承认,单靠这种内省方法是决不可能全面了解人的本性的。内省向我们揭示的仅仅是为我们个人经验所能接触到的人类生活的一小部分,它决不可能包括人类现象的全部领域。即使我们成功地收集并联结了

①[美]小威廉姆E.多尔.后现代课程观.王红宇,译.北京:教育科学出版社,2001:6.

② William F. Pinar. *Autobiography, Politics and Sexuality*. New York: Peter Lang Publishing, 1994:220.

③ 余庆.从生活史角度看社团活动的价值性.中国教育学刊,2014(6):34.

一切材料，我们所能得到的仍然不过是关于人类本性的一幅非常残缺不全的图画，一具无头断肢的躯干而"①。对此，自传课程理论家指出，人要全面认识自己，就必须与他人进行交往。课程作为动态的过程（running of course），不仅仅是个体反省存在体验的过程，还是多元主体进行互动交往的过程。具体言之，鉴于传统主义者忽略了多元主体互动参与对课程的意义，加之注意到日益科层化和制度化的课程与教学导致教师和学生的人格失调和人际关系冷漠，派纳从德国法兰克福学派哲学家哈贝马斯商谈伦理学和美国新实用主义哲学家罗蒂对话哲学观中汲取启示，将课程概念重建为复杂的会话（curriculum as complicated conversation）。课程即复杂的会话意味着课程不是具体的学科科目，而是学生与自我、学生与同伴、学生与教师围绕学科科目、围绕生活体验、围绕社会问题展开的多元互动对话交往。由此，自传课程恢复了课程的社会性品质，正如台湾地区课程研究者许芳懿所说："它扩大了课程的论述范围，其优点是重视社会、历史、政治和文化环境对个体的影响，进而还原真正的个体自我和生命意义"②。

"课程即复杂的会话"的自传课程观是对传统课程观的辩驳。在传统课程观看来，课程与教学的过程即是知识授受的过程。由于秉持客观主义的知识观，知识被视为确定无疑的真理的反映，个人因素被排除在知识之外，因此，尽管教师和学生借着知识联系在一起，但他们之间只是单向的线性传授关系，如弗莱雷所总结："教师教，学生被教；教师无所不知，学生一无所知；教师思考，学生被考虑；教师讲，学生听——温顺地听"③。在此过程中，不仅学生被异化为存储知识的"容器"，教师也因为单纯传授由课堂之外的科学家创造、由学科专家简化的客观知识而抑制了个体的理智参与，最终沦为知识的"传声筒"。有鉴于此，自传课程改造

075

---

① ［德］恩斯特·卡西尔. 人论. 甘阳，译. 上海：上海译文出版社，1986：4.

② 许芳懿. 存在体验课程与自传. 教育研究学报，2010（1）：100.

③ ［巴］保罗·弗莱雷. 被压迫者教育学. 顾建清，等译. 上海：华东师范大学出版社，2007：25.

了传统的知识观，认为知识不是心灵对外在世界的表征，而是诞生于个人与他者、个人与社会的互动对话过程之中。进而言之，知识具有社会性，知识不是外在于认知主体的客观事实，而是在一定对话框架内主体与他者结成的共同体的共同信任和共同赞同的意见和观念。不仅是公共知识具有社会性，即便是个人层面的自我知识的建构，同样也具有社会性、需要社会层面的互动作用。"我在世界之中、与世界同在、与他人同在的存在状态赋予我关于自己的完整知识"[1]。简言之，无论是作为"个人知识"的自我知识，还是作为"公共知识"的学科知识，都离不开人与自我、人与他者、人与社会的对话性交往互动。如罗蒂所言："所谓的知识不是观念（字词）与对象之间的特殊关系的问题，而是社会实践的交流（conversation）问题"[2]。正是在交往对话中，知识得到辩护和确证。强调知识的对话特征并不是否认知识的客观性，在社会知识论的视域中，"知识的客观性建立在批判的理性与相互批判的结果上，批判的理性是一种新的理性，是哈贝马斯式的'理想的言谈境遇'，即在完全自由与平等的人们之间，进行绝对不受压制与限制的对话"[3]。经由对话，知识的个人性与公共性的二元对立得以消解。概而言之，对话问题即是知识论问题，"对话的特征表现为认识论关系。因此，在此意义上，对话是一种认识途径"[4]。在课程与教学过程中，通过对话，学生在教师的指导下成为知识的创造者，并赋予了知识个性化的意义，学生与知识的对立、知识对学生的奴役将不复存在，知识不再是外在于学生的客观实体，而是内含于学生自身的生活体验和日常交往之中。

同时，当课程被概念重建为复杂的会话，课程主体的自我也得以重

① ［巴］保罗·弗累勒.十封信——写给胆敢教书的人.熊婴，等译.南京：江苏人民出版社，2006：96.

② ［美］海尔曼·萨特康普.罗蒂和实用主义.张国清，译.北京：商务印书馆，2003：75.

③ 顾林正.从个体知识到社会知识——罗蒂的知识论研究.上海：上海人民出版社，2010：138.

④ ［巴］保罗·弗莱雷.被压迫者教育学.顾建清，等译.上海：华东师范大学出版社，2007：7.

建。社会心理学已经表明，"自我"是社会化的产物，是一个社会过程，
而非某种先在的客观实体。"符号互动论"创始人乔治·H. 米德（George
H. Mead）阐述了"自我"的实质及其起源："自我是一个过程而非一个实
体，在这个过程中姿态的会话（conversation of gestures）内在化于一个有
机体。这个过程并非独立存在，而只是整个社会组织的一个阶段，个体是
该组织的一个成员。社会动作的组织已经进入该有机体并成为个体的心
灵。它仍包括他人的态度，但现在是高度有组织的，因此它们成为我们所
称的社会态度而不是个别个体的角色。在正在发生的相互作用中把某人
自身与其他人联系起来的这一过程，把'主我'与'客我'的会话（the
conversation of the 'I' and the 'me'）引入个体的行动，就此而论，这一
过程构成自我。"① 显然，米德将"自我"看成是"会话"的结果，"自
我"产生于"姿态的会话"和"'主我'与'客我'的会话"过程当中。无
独有偶，加拿大哲学家查尔斯·泰勒（Charles Taylor）在其著作《自我的
根源》（*Sources of the Self*）中同样指出"自我"是会话的产物，如他所
说："人不能基于自身而成为自我。只有在与某些会话者的关系中，我才是
自我：一种方式是在与那些对我获得自我定义起着必要作用的会话伙伴的
关系中；另一种是在与那些对我持续领会自我理解的语言目前具有关键作
用的人的关系中——当然，这两种方式也有重叠。自我仅存在于我所谓的
'会话网络'中"②。在此情形下，当课程从学科科目概念重建为多元主
体参与的交互会话实践，作为会话者的课程主体的"自我"在其"主我"
与"客我"的会话中、在主体与他者的会话中获致新的社会性要素进而得
到发展，主体原有的"自我"随之发生了重建。

　　会话或对话的首要目的不是"高效"掌握知识，而在于达成交互主
体间的理解，"对话仿佛是一种流淌于人们之间的意义溪流，它使所有对

---

　　① ［美］乔治·H.米德. 心灵、自我与社会. 赵月瑟，译. 上海：上海译文出版社，1997：159.

　　② Charles Taylor. *Sources of the Self*. Boston: Harvard University Press,1989:36.

话者都能够参与和分享这一意义溪流，并因此能够在群体中萌生新的理解和共识"①。因此，自传课程理论主张，教师不应将自己的观点、将自己对教材的个人理解、将自己的"领悟的课程"（perceived curriculum）径直告诉学生，让学生原封不动地加以接受；反之，教师在讲解了自己的观点和个人化的理解之后，应俯身倾听学生自由表达观点和意见，在多元见解的交流碰撞中启发学生深入思考，促使学生不断反思原初观念而获得理智的发展。当课程被概念重建为复杂的会话，教师和学生不再是知识传授者和接受者，而是个人知识的合作建构者和知识意义的共同分享者，"通过对话，教师的学生（students-of-the-teacher）及学生的教师（teacher-of-the-students）等字眼不复存在，新的术语随之出现：教师学生（teacher-student）及学生教师（students-teachers）"②。并且，如前所述，对话的目的在于理解，因此，当课程被概念重建为复杂的会话，课程的宗旨也发生变化。派纳指出，学校课程的宗旨在于达成理解，理解学科知识，理解自我形成的过程，理解我们与他人共同栖居、我们的后代有朝一日也会栖居其中的社会的状况等诸因素之间的关系。一旦我们赞同学校课程的宗旨不是知识本身，不是服务于他人的经济的、政治的目的，一旦我们将课程"夺回来"，我们就要意识到我们必须将课程作为生活事件予以探索。这即是说，一旦我们将课程视为自己成为公民、成为有道德的个人的机会，我们就能认识到课程会随着我们的参与、反思和行动而变化，走向我们私人的和公共的理念与梦想的实现。③派纳在此描绘了通过课程促进个人自我实现和社会民主化发展的愿景，这也正是自传课程具体主张的课程目的——重建自我以实现个体的解放并借此重建社会以实现社会的民主化。综上所述，自传课程理论视域下的课程是一种多元主体参与的、复杂的、

① ［英］戴维·博姆. 论对话. 王松涛，译. 北京：教育科学出版社，2007：6.

② ［巴］保罗·弗莱雷. 被压迫者教育学. 顾建清，等译. 上海：华东师范大学出版社，2007：31.

③ William F. Pinar. *What is Curriculum Theory?* New York: Routledge, 2004:187.

启发性会话（edifying conversation），是一种主体同自身的会话以探寻自我、同他者的会话以结交伙伴、同情境的会话以建构世界的"对话性实践"①。在此过程中，教师和学生、个人领域和公共领域、日常生活世界和学科理智世界的二元对立被弥合。

三、自传课程的价值意蕴

自传课程具有丰富的价值论意义。它通过个体的自我反思提升个体的自我意识，进而实现个体的自我解放，由此追寻解放兴趣。同时，它致力于建构关心型课堂教学环境，倡导人与人之间建构"我与你"的对话关系，由此体现了关怀伦理。此外，自传课程将课程理解为自传文本，并促进教师和学生的自我理解和交互理解，由此具有理解品格。

（一）解放兴趣

德国当代著名哲学家哈贝马斯在其名著《认识与兴趣》中考察了认识论与人类行动的关系问题，指出：人的认识兴趣决定了人的行为活动，每一种行为活动都内在具有认识兴趣。②在哈贝马斯那里，作为认识基础的兴趣并不是个人的情感偏好和主观欲望，而是主体间通过对话而达成的具有普遍认同性的价值取向，如他所说："一种'兴趣'如果在不同语境中得到了其他成员的赞同，它就可以说是'价值取向'"③。因此，对哈贝马斯而言，人的认识兴趣是一种"理性的兴趣"，每一种认识兴趣背后都对应着一种理性。他将人的认识兴趣划分为三类：技术的兴趣（technical interest）、实践的兴趣（practical interest）和解放的兴趣（emancipatory interest）。其中，技术兴趣意指人们试图通过技术支配或操纵外部世界的兴趣，它以"控制"为核心特征，以达成外在目标为鹄的，所关心的是对

---

① [日] 佐藤学. 学习的快乐——走向对话. 钟启泉，译. 北京：教育科学出版社，2004: 20.

② 此处"兴趣"对应英文语词为interest，国内有学者将其译为旨趣、利益。笔者在此择用译词"兴趣"。

③ 李淑梅. 以兴趣为导向的认识论. 南开学报：哲学社会科学版，2007（1）: 75.

客观化过程进行技术处理，涉及"经验—分析"的自然科学，与之对应的是工具理性；实践的兴趣意指人们通过与环境、与他者的交往达成相互理解和基本共识的兴趣，它以"理解"为核心特征，以行为自身为目的，所关心的是人与人相互间的可能理解，涉及"历史—解释学"的社会科学，与之对应的是实践理性；解放的兴趣意指人们对自由、独立和自主性的兴趣，它以"自我反思"为核心特征，以自我的解放为目的，涉及一切批判性的科学，与之对应的是解放理性。在这三类兴趣中，解放兴趣是最基础、最纯粹的兴趣，因为技术的兴趣和实践的兴趣只有在自由、公开交流成为现实的条件下才能实现。[①] 简言之，技术的兴趣旨在把握客观现实，实践的兴趣旨在促成有效交往，解放的兴趣旨在实现自我解放。

自传课程是课程领域中"一种概念重建形式"（a form of re-conceptualization），这种概念重建正是建基于哈贝马斯的认识兴趣理论之上，以哈贝马斯所说的"解放兴趣"作为其基本价值取向。派纳明确指出："在使用自传课程的方法时，人们首先是期待着在哈贝马斯所谓的知识和人类兴趣的关系中增强兴趣和情境的意识"[②]。他考察了课程领域新近发展史，指出课程领域存在三大研究阵营：传统主义者（traditionalists）、概念经验主义者（conceptual empiricalists）和概念重建主义者（reconceptlists）。其中，传统主义者采用"经验—分析"科学的方法研究课程，致力于从学校一线实践者的实际经验中提取出能够指导课程开发和实施的基本原理和实用技术；他们追求的是技术的兴趣，是工具理性的崇拜者。"正是传统主义者的工具理性及其持续的和强制性的全神贯注于课堂，导致了他们不可能发展出对课堂有意义的系统理解"[③]。并且，由于传统主义者强调服务实践的优先性，导致其实质上被实践所控制，最终沦为实践的附庸而丧失了

---

① [德] 哈贝马斯. 认识与兴趣. 郭官义，等译. 上海：学林出版社，2002：12-13.

② William F. Pinar. *Autobiography, Politics and Sexuality*. New York: Peter Lang Publishing, 1994:148.

③ William F. Pinar. *Autobiography, Politics and Sexuality*. New York: Peter Lang Publishing, 1994:80.

自身的主体性。针对传统主义者的不足，概念经验主义者采用"历史—解释学"科学的方法来研究课程，试图通过与社会科学结盟而创造一门课程科学（a science of curriculum）；他们坚持理论思考优先于实施量化研究，主张在服务学校一线实践者之余同他们保持必要的理智距离，秉持实践理性的课程思维。然而，由于概念经验主义者主要是基于主流社会科学的理论和话语来论述课程问题，最终导致课程领域成为主流社会科学的殖民地和跑马场。概念重建主义者"普遍上都注重对课程领域进行广泛批判，批判这一领域沉陷于理解和行动的伪实践性和技术化模式之中"[1]。概念重建主义者将注意力从技术和实践上转移，强调解放的观念，追寻解放的兴趣，渴望生成"解放的知识"（emancipatory knowledge），最终促使他们与他们的工作之间处于"解放的关系"（emancipatory relation）[2]。诸多概念重建主义者发起的概念重建运动的核心特征之一是关注自传的和现象学的体验，派纳、格鲁梅特、珍妮特·米勒深刻批判了以泰勒为代表的传统主义者"反历史"和"反理论"的特征，指出课程研究者要突破"泰勒原理"的束缚，从多学科的视角对课程领域的根本问题进行转化并密切关注研究方法的综合规划。由此可见，作为课程概念重建的主要构成部分，自传课程研究具有解放课程研究者的意义，促使课程研究者"从单向度的隧道景象效果中解放自己"[3]。正如派纳所说："课程研究如果想真正为他人提供解放的可能，就必须解放研究者"[4]。

081

同时，自传课程具有促进课程主体自我解放的意义。概而言之，作为一种课程概念重建的主要形式，自传课程"概念重建的目的是促使个体从毫无必要的惯例、意识形态和心理单一性（psychological

① William F. Pinar. *Autobiography, Politics and Sexuality.* New York: Peter Lang Publishing, 1994:89.

② William F. Pinar. *Autobiography, Politics and Sexuality.* New York: Peter Lang Publishing, 1994:95.

③［美］威廉 F. 派纳. 理解课程（上）. 张华，等译. 北京：教育科学出版社，2003：223.

④ William F. Pinar. *Autobiography, Politics and Sexuality.* New York: Peter Lang Publishing, 1994:90.

unidimensionality）的束缚中获得解放。它旨在通过相互的概念重建过程而探讨其他意义领域，展望各种可能性，从而为自我、他者和世界的发展形成新的方向"[①]。自传课程以"解放兴趣"作为其基本价值取向，但这种"解放"并不是外在他者的赐予，而需要教师和学生的自我争取。换而言之，自传课程倡导的"解放"是一种个体的自我解放。如弗莱雷所说："被压迫者在争取自身解放的斗争中必须以身作则"[②]。自我解放在个体的自我反思中得到实现。自我反思是个体的反身观照，个体的自我意识由此觉醒，进而能够认识自我和认识社会，并对自我和社会进行调整，这种调整即是解放的行动。米德从社会心理学的角度论证了个体的反身观照具有改变实践的功能："只有通过反身性——使个体的经验返回到他自己身上，这整个社会过程才能因此而进入它所包含的个体的经验之中；只有通过这种能够使个体采取其他人对他自己的态度的手段，个体才能自觉地针对这种过程调整自己，才能自觉地根据他对它的调整来改变这种过程在任何既定的社会活动中所产生的结果"[③]。哈贝马斯则在弗洛伊德精神分析和狄尔泰精神科学对自我反思的阐释基础上明确指出，真正促使人获得解放的不是科学技术的进步，而是人的自我反思，自我反思能够将主体从对对象化力量的依赖中解放出来。如他所说："标志社会形成过程道路的，不是新技术，而是反思的诸阶段；通过这些反思阶段可以使已被消除的统治形式的教义和意识形态解体，可以使制度框架的压力升华并且使交往活动作为交往活动获得解放"[④]。自传课程理论主张个体通过"回溯—前瞻—分析—综合"的自我反思策略对存在体验进行反思，由此获得了哈贝马斯所说的"反思的解放性力量的经验"，促使个体从抑制人性自由发展的习俗、传

---

① William H. Schubert. *Curriculum: Perspective, Paradigm, and Possibility*. New York: Macmillan, 1986:33.

② [巴] 保罗·弗莱雷. 被压迫者教育学. 顾建清，等译. 上海：华东师范大学出版社，2007：10.

③ [美] 乔治·H. 米德. 心灵、自我与社会. 霍桂恒，译. 北京：华夏出版社，2003：145.

④ [德] 哈贝马斯. 认识与兴趣. 郭官义，等译. 上海：学林出版社，2002：48.

统、功利追求、技术规条和意识形态的束缚中解放出来。这正契合了通过教育获得解放的精神理念："教育过程不仅要从外部制约成长者，而且要解放成长者内部的力量，而教育中本质的东西不是'制约'，而是'解放'。在教育过程中首先要考虑的问题是解放成长者各自的内在力量"①。同时，自传课程追寻的"个体自我解放"不是一种静态的结果，而是一个持续的过程；不是一种个人的静默省思，而是发生在个体与自我、个体与他者、个体与社会的交往互动中。如派纳所说，它是一项涉及自我与本我、自我与学术事业、自我与他者、自我与世界的多维度工作，一种复杂的会话。对学生而言，"解放"首先意味着从老师的监管和控制中解放出来，能够独立或协商地使用自己的理性并自由发出自己的声音；对教师而言，"解放"首先意味着从"圣经"般的教科书的宰制中解放出来，能够根据学生实情自主规划和组织教学。简言之，自传课程是一种解放实践，其所蕴含的知识和经验都是解放性的，教师和学生能够自主地从事课程开发和设计，能够在不断地自我反思和互动交往中实现自我意识的提升和存在经验的发展，最终自我赋权成为真正的课程主体。

（二）关怀伦理

自传课程蕴涵着丰富的关怀伦理意义。如前所述，自传课程的价值取向是解放的兴趣，其着力点在于教师指导学生用自传反思的方式来达成意识觉醒和自我实现，而正如美国哲学家米尔顿·梅尔奥夫所说"最严肃意义上的关怀就是帮助他人成长，帮助他人实现自我"②。事实上，自传课程所蕴含的"关怀"（caring）不仅仅是这种"最严肃意义上的关怀"，而是海德格尔所说的作为人类存在形式的关怀。"关怀既是人对其他生命所表现的同情态度，也是人在做任何事情时严肃的考虑。关怀是最深刻的渴望，关怀是一瞬间的怜悯，关怀是人世间所有的担心、忧虑和苦痛。我们

083

---

① 邹进. 现代德国文化教育学. 太原：山西教育出版社，1992：74.

② ［美］内尔·诺丁斯. 关怀现象学. 中国德育，2006（2）：5.

每时每刻都生活在关心之中，它是生命最真实的存在"①。派纳曾指出，以学科知识为中心的传统课程与教学导致了"非人化"的境况，具体表现为"心理恶化"（psychic deterioration）的现象在课堂中屡见不鲜，例如：（1）幻想生活的过度膨胀，促使白日梦萎缩以逃脱厌倦的情绪；（2）被他者批评，导致自尊的丧失；（3）自我和自我知识的疏离，导致儿童对他们自身的经验麻木；（4）学校教育过于强调理性事实且教学方式过于沉寂，导致审美知觉情感衰退。为了从根本上转变传统课程与教学样态，派纳借鉴吸收了诺丁斯的以关怀为核心的教育理论，并将"关怀"的精髓融入自传课程当中。② 诺丁斯的关怀教育理论之所以成为派纳构建自传课程理论的参照，是因为二者都秉持强调人文主义立场、信奉人本主义教育哲学，并且诺丁斯的关心教育理论也是对"以传统学科教学为核心的普通教育课程"忽视儿童心灵感受的直接回应。诺丁斯通过调研发现，学校"关心"（care）儿童的学术成就，但不关心儿童本身。为此，诺丁斯大声疾呼："有谁在真正关心孩子们的生活？有谁在真正关心什么东西对孩子们才是真正重要的？"③ 针对传统学校教育对儿童的心灵世界漠不关心的现象，她提出学校的首要任务应是关心儿童，关心儿童的内在精神生活。这一点与自传课程的初衷一致。自传课程构建的直接原因就在于对传统课程领域的纠偏，因为传统课程过于关注公众世界、课程材料、学业成就，而忽视了实实在在的个体的内在体验。因此，诺丁斯的关怀教育理论为自传课程的构建提供了有益启示。

毋庸置疑，学校教育的目的是培养人，具体言之是培养独立的生命

---

① Nel Noddings. *The Challenge to Care in Schools: An Alternative Approach to Education*（*Second Edition*）. New York: Teachers College Press, 2005:15.

译文参考［美］内尔·诺丁斯. 学会关心. 于天龙，译. 北京：教育科学出版社，2004：23.

② Colin J. Marsh, George Willis. *Curriculum: Alternative Approaches, Ongoing Issues*（*3rd Edition*）. New Jersey: Prentice-Hall, 2003:138.

③［美］内尔·诺丁斯. 学会关心. 于天龙，译. 北京：教育科学出版社，2004：2.

个体和合格的社会公民。无论是作为生命个体，还是作为社会公民，人都不是孤零零的"单子"，而是无时无刻不处在与自我、与他者、与自然、与社会的交往当中。在交往中，每一个生命都需要关怀。"从作为个体的人来讲，每个人一生中都离不开关怀和被关怀；从作为类的人来说，如果失去人与人之间的关怀，人类就无法生存和延续下去"①。因此，关怀是人类生活当中一个基本要素，是贯穿生命本质的线索，而非可有可无的身外物。正是在此意义上，日本教育家佐藤学呼吁教育应当走向关怀，成为一种"edu-care"的活动，即照料和操心生命体生存、成长和发展的育人活动："教育是为儿童而'操心'的活动，为自身而'操心'的活动，为不熟悉的人而'操心'的活动，为地球的未来而'操心'的活动"②。在关怀教育论的引导下，儿童形成了"操心"的品格，在切实践行为自己而操心，为同伴而操心、为家庭而操心、为大自然而操心、为文化艺术而操心、为人类命运而操心的诸多活动。这也即是诺丁斯所倡导的"学会关心"的新型学校教育模式。诺丁斯认为，教育的主要目的是培养有能力、关心人、关爱人也值得人关爱的人，"使儿童学会关心"。为实现这一目的，"教育最好围绕关心来组织：关心自己，关心身边最亲近的人，关心与自己有各种关系的人，关心与自己没有关系的人，关心动物、植物和自然环境，关心人类制造出来的物品，以及关心知识和学问"③。

仔细分析，不难发现，自传课程理论将课程概念重建为复杂的会话的主张与关怀教育理论突破学科知识和学校场域限制的主张意涵一致。如前所述，课程即复杂的会话意味着儿童与自我、与同伴、与教师及其他相关者围绕学科知识、生活情境、社会状况展开交互对话。"会话"所涉及的参与者、主题、场域都已经超出了以学科为中心的传统课程与教学范

---

① ［美］卡罗尔·吉利根. 不同的声音. 肖巍，译. 北京：中央编译出版社，1999：7.

② ［日］佐藤学. 学习的快乐——走向对话. 钟启泉，译. 北京：教育科学出版社，2004：191.

③ ［美］内尔·诺丁斯. 学会关心. 于天龙，译. 北京：教育科学出版社，2004：3.

围。自传课程主张，会话是弗莱雷所谓的"对话性相遇"[①]，目的在于促进彼此理解、实现自我解放和社会改造。这恰恰是诺丁斯所明确主张的理念。诺丁斯指出，关怀是一种"关系"，一种人与人"相遇"的关系，亦即马丁·布伯所说的"我与你"的"相遇"关系。"在'我—你'关系中，'你'告谓'我'，'我'对'你'的告谓作出回答，这就是对话"[②]。诺丁斯将"对话"视为关怀的基础，并同时指出自己对"对话"一词的使用与弗莱雷相似[③]：对话允许各人自由吐露心声，是双方共同追求理解、同情和欣赏的过程。因此，诺丁斯所说的"关怀性相遇"[④]实质上是"对话性相遇"，关怀即对话。诺丁斯主张学校课程必须围绕关心来组织，"关心自我，关心最亲近的人，关心所有与自己有关系和没有关系的人，关心非人类的生命，关心人类创造的物质世界，关心环境，关心意识形态的知识"[⑤]。这即是主张学校课程必须促进儿童与自我、与他人、与学科知识、与环境、与世界展开对话，在此意义上，"学会关心"的课程是一种"复杂的会话"，与自传课程意蕴相通。总的来说，自传课程充盈着浓郁的"关怀"精神，主张用"关怀"贯穿起生命当中最本质的部分，连接那些值得重视的内心情感体验如激情、渴望、忧患和责任感等。由此，自传课程成为一种关怀型课程，是对传统课程的革新。

（三）理解品格

20世纪70年代，西方课程研究领域发生了重要的"范式转型"（paradigm shift），即从以"泰勒原理"为主要代表的具有技术理性特征的"课程开发范式"转向实践兴趣主导的"课程理解范式"——将课程视为一种多元"话语"和"文本"加以理解。因此，"理解课程"意味着课程不

---

① William F. Pinar. *Autobiography, Politics and Sexuality.* New York: Peter Lang Publishing, 1994:65.

② ［德］马丁·布伯. 人与人. 张健，等译. 北京：作家出版社，1992：3.

③ ［美］内尔·诺丁斯. 学会关心. 于天龙，译. 北京：教育科学出版社，2004：33.

④ ［美］内尔·诺丁斯. 关怀现象学. 中国德育，2006（2）：8.

⑤ ［美］内尔·诺丁斯. 学会关心. 于天龙，译. 北京：教育科学出版社，2004：64.

再是一堆实体的"教学材料"，而嬗变为一种"符号表征"——可以基于多元主义价值观进行解释的"话语"和"文本"；课程研究不再依循"目标—手段"的路径发明课程开发的模式及程序，而是从不同的"视域"建构课程的意义。课程领域之所以发生"范式转型"，是因为以寻找普遍模式和规律为使命的课程开发范式具有普遍主义和程序主义的倾向，导致了课程理论的工具化和人的主体性的丧失。"正如教师遵循只将知识体系和技能传递给学生的教学模式是不够的，正如学生单单视学习为复制这些内容与技能是不够的，课程学者视研究对象为等待描述与表征的静态事物，从而为教师提供模式和处方也是远远不够的。我们所需要的是更为深刻的对课程的理解"①。自传课程理论意味着将课程理解为自传文本，强调从个人存在体验的角度考察课程，从而突破同质化普遍模式的束缚、彰显课程的个体性意义的学术努力。派纳等自传课程理论建构者"通过把curriculum回归为该词的拉丁词根currere，从动词的角度理解课程，提出'自传课程'，揭示出传统课程研究者存在的最大问题是错误地诠释了'课程'的意义，突破了课程研究的'瓶颈'，给传统的课程研究带来了新的视角"②。

确切地说，自传课程是一种意义的理解，这种"理解"源自伽达默尔的哲学解释学。如前文所述，自传课程指向哈贝马斯提出的"解放兴趣"，但正如哈贝马斯自己所承认的那样，人的解放主要是交往的解放，如果解放的认识兴趣不落实在主体间的交往行为上，那么它必然沦为抽象空洞的虚幻。在哈贝马斯看来，交往以主体间的相互理解为目的，"通向理解之路"，因此，他论述的"解放"与"理解"和"交往"密切相关，如他所说："我现在使用'解放'这个概念时鉴于历史经验相当谨慎，我在考虑理论问题时，宁愿把'理解'或'交往行为'这类概念放到中心位置上

---

① [美] 威廉 F. 派纳. 理解课程（下）. 张华，等译. 北京：教育科学出版社，2003：884.
② 汪霞. 课程研究：现代与后现代. 上海：上海科技教育出版社，2005：70.

去"①。事实上，哈贝马斯论述的"理解"深受伽达默尔哲学解释学的影响。尽管哈贝马斯批判伽达默尔的哲学解释学错误地将解释学经验与科学方法论对立起来，对传统、前见（成见）、权威的正名和维护遮蔽了反思和批判精神，但哈贝马斯在此基础上建构的批判解释学仍继承了伽达默尔哲学解释学的思想精髓。"哈贝马斯认为伽达默尔的哲学释义学理论，尤其是他的理解理论，既可以加强对于实证主义的批判，又可以澄清历史——社会科学的基础和方法，包括批判理论的基础和方法"②。因此，派纳在借鉴哈贝马斯"认识与兴趣"的分析框架来阐述自传课程价值取向的同时，也与哈贝马斯一样从伽达默尔的哲学解释学特别是理解观中汲取滋养，进而提出了"理解课程"的主张。在伽达默尔看来，理解不是一种方法技艺，而是人存在的基本方式，理解现象遍及生活世界的方方面面，人在理解的关系中生活、交往和思想，"离开了理解，人生顿时成为一片思想的荒原，没有任何的人生意义会在这片荒原上生长起来"③。可以说，世界之于人的意义性就在于"理解"，正是因为"理解"对世界的揭示，人与世界际遇并互相敞开，在人与世界的交往中，人建构了自我知识、存在体验和生命意义。就将课程理解为自传文本的自传课程理论而言，课程与教学的过程即是主体理解自我、理解他者、理解课程文本的过程，也是主体在交互理解中反思存在体验、建构自我知识和体悟生命意义的过程。

首先，自传课程的理解品格意味着主体对自我的理解。自传研究首先是一种自我研究，是一种自我理解即米德意味的主我对客我的理解的有效方式，个体可以借此寻找自己真实的声音、发现被遮蔽的深层自我意识。如派纳所说："自传研究能够提供一种工具，通过它我们可能找到我们自我

---

① 彭正梅. 德国教育学概观. 上海：北京大学出版社，2011：262.
② 张汝伦. 哲学释义学，还是意识形态批判？. 福建论坛，1987（3）：22.
③ 殷鼎. 理解的命运. 北京：三联书店，1988：239.

疏离之墙上的裂缝，找到我们丧失到社会定义和科层角色中的自我"①。同时，自传课程的理解品格意味着主体间的交互理解。自传课程是一种复杂的会话，主体在与他者的交往对话过程中、在反思自我与他者的关系中，增进了对他者的理解，也促使他者更加理解自己，从而达成主体间的交互理解。对人而言，理解就是生命对生命的理解，这意味着多元主体是"我与你"的对话关系。"我们不断地进入到他人的思想世界；我们吸引他，他也吸引我们。这样，我们就以一种初步的方式相互适应直到平等交换的游戏——真正的对话——开始"②。并且，主体在理解他者的过程中，也进一步促进了对自我的理解。主体在与他者的对话中，寻找到他性的参照，从而充实自我、确证自我、也矫正自我，主体的建构在自我与他者的对话交往中展开。正如金生鈜教授所言："理解归根到底，与其说是理解者与'他者'的关系，不如说是理解与自我理解的关系，因为理解寻求的并不是客观知识，而是关于自身存在的意义，这个意义在解释学看来是存在者自身的自我理解的经验，理解必定构成人对自身的反问，从这个意义说，理解的目的就是为了自我理解"③。

此外，自传课程的理解品格意味着主体对课程文本的理解。在理解中，课程文本不再是外在于主体之外的客观对象，而是置身于主体的理解视域中，它所体现的学科世界与主体的个人生活世界展开对话。"当它开始说话的时候，它并非简单地说它的语词，那种总是相同的、无生命的、僵死的语词，相反，它总是对向它询问的人给出新的答案，并向回答它问题的人提出新的问题"④。由此，理解不是一个简单复制文本信息的行为，而是一个不断创造的过程。在理解中，主体改造了原有的体验和知识，生

① ［美］威廉·派纳. 自传、政治与性别. 陈雨亭，等译. 北京：教育科学出版社，2007：156.

② ［德］伽达默尔. 哲学解释学. 夏镇平，等译. 上海：上海译文出版社，2004：57.

③ 金生鈜. 理解与教育. 北京：教育科学出版社，2011：47.

④ ［德］伽达默尔. 哲学解释学. 夏镇平，等译. 上海：上海译文出版社，2004：58.

089

成了新的存在体验、个人知识和课程意义，这实质上既是杜威所说的"经验的持续改造"，也是伽达默尔所说的理解的"视域融合"。伽达默尔指出，理解是理解者与文本的关系活动，理解者具有个人的"视域"，文本同样也具有自身的"视域"，理解过程即是这两种视域交融一起进而生成新的视域的过程。在视域融合中，主体与客体、过往与现在、人与世界获得最终的统一。之于自传课程，教师和学生及课程文本在具体的教育情境中展开"复杂的会话"，教师和学生结成了"我与你"的对话关系；课程文本不是教师"教"、学生"学"的对象材料，而是蕴涵丰富含义有待教师和学生理解的意义文本；教学不是教师将课程文本的含义以及自身对课程文本的解读强加于学生，而是教师对课程文本的解释、学生基于个人经验对课程文本的前在理解、课程文本自身含义三者之间的互动融合进而生成新的意义的过程。在此过程中，作为课程主体的教师和学生通过对个人生活体验的自传式反思而促进自我理解，在与他者的对话交往中促进了对他者和社会的理解并进一步深化了自我理解。"理解使课程内容、课程的进行与自己的生活经验和生活世界真正地关联了起来，使课程内容真正转化为个人的知识，使人类历史的生活智慧真正地转化为个人的生活智慧"①。

小结

自传课程主张"课程即自传"，其意是指课程即个体建构自我、建构主体性的过程。这与"课程即学科""课程即目标"和"课程即计划"等传统"跑道式课程观"相对。自传课程关注的研究问题不同于泰勒原理式的研究问题，它更强调探究具体的个人于某一特定的时刻或时间段、在某一特定的情境中、就某一特定的课程事件形成的课程经验，试图理解这种经验是如何影响个体现在的生活、个人又是如何回应这种影响从而展望未

---

① 金生鈜.理解与教育.北京：教育科学出版社，2011：165.

来生活的。换而言之，与泰勒原理关注宏观的、抽象的、外在的、普遍性的课程问题相对，自传课程着眼于研究微观的、具体的、内在的、情境中的课程问题。在自传课程理论家看来，每一个个体都是独一无二的生命主体，唯有通过自传的中介走进个体的内心世界、倾听个体的心灵之声、理解个体的内在体验，才能帮助个体建构个人化的意义，实现自由成长和个性发展。同时，个体通过自我的自传式反思或与他者合作的自传式反思可以提升自我意识，促进自我的生命解放。

自传课程作为个体建构自我、建构主体性的过程，它既蕴含着感性的因素，是个体所见、所闻、所想、所感、所悟的存在体验；也蕴含着理性的追求，是"关于自我、由于自我并为了自我"的自我知识；既蕴含着私人性的特质，与日常生活相关联，是个人生活史的构成；也蕴含着社会性的维度，是多元主体开展复杂互动会话。自传课程以解放兴趣作为其基本价值取向，致力于个体的解放，并希冀通过个体的解放推动社会的解放；自传课程充盈着浓郁的关怀伦理，认为人与人的"对话性相遇"也是一种"关怀性相遇"，倡导建构关怀型课程，在彼此的相互关心中促进心灵的交流。此外，将课程理解为自传文本的自传课程还具有鲜明的理解品格，课程与教学的过程即是主体理解自我、理解他者、理解课程文本的过程，也是主体在交互理解中反思存在体验、建构自我知识和体悟生命意义的过程。

第三章
自传课程的理论基础

为了重建课程理论和革新课堂教学实践，派纳等概念重建主义者博取众家，从各学科广泛汲取滋养，为自传课程的长足发展奠定了深厚的理论基础。胡塞尔超验现象学对"生活世界""生活体验"的强调，舒茨现象学社会学着重个体的"传记情境"和"体验唯有通过反省才有意义"的主张，为自传课程回归生活世界以及澄明课程中的生活体验提供了有益启示。此外，现象学特有的"悬置"方法，为自传课程构建行之有效的分析教育经验以探求其本质的研究方法提供了参照。为了克服客观主义知识论的弊端并摆脱客观主义知识论对课程领域的宰制，派纳等人将杜威的参与者知识论和波兰尼的个人知识论引入课程领域，为自我知识的确证以及通过自传课程建构个人知识的可能性和合理性提供了坚实的认识论基础。自传课程特别强调具体个人的生命存在，认为抽象的"非人化"课程没有实在意义，这种对"人"的存在的彰显是受萨特存在主义哲学思想的影响。在存在主义哲学的启示下，自传课程致力于将每一个人都看作是独一无二的生命存在，促使个体在自由反省中冲破外在的束缚而显露出真实的生命自我。同时，派纳从精神分析学派那里借鉴了通过"自由联想"获取丰富经验以及洞察"潜意识"的方法。他建构的自传课程研究法强调对个体教育经验进行精神分析,"是一种帮助人们理解过去和未来如何以潜意识的方式影响了现在的方法,使用该方法的人是在努力理解自己的行为之源"①。

一、生活体验的澄明:现象学的视角

(一)胡塞尔的超验现象学

"现象学不是一种静止的哲学,而是一种具有能动要素的动态哲学……它像一条河流,它含有若干平行的支流,这些支流有关系,但绝不是同质的,并且可以以不同的速度运动"②。因此,现象学绝非故步自封的僵化思想体系,而是处于持续演进和不断发展的过程中。"现象学"(phenomenology)一词是复合词,由希腊词语phainomenon(现象)和logos(逻各斯)构成。它的思想源头可以追溯到柏拉图,意指通过把现象与逻各斯的世界联系起来的方法,对各种现象给出其逻各斯,从而将现象从赫拉克里特的流动的世界中拯救出来。经过德国思想家拉姆贝特、康德和黑格尔等人的发展,现象学最终在胡塞尔那里臻于成熟、形成体系,成为一股彻底改变了欧洲大陆哲学的哲学思潮。与传统欧洲大陆知识哲学所具有的种种狭隘和限制相比,现象学就是解放,恢复了失落已久的世界。"一直被断言仅仅是心理学上的东西,现在则发现是存在论上的,是事物的存在的一个部分。图像、语词、象征、被知觉的对象、事态、他人的心灵、法律和社会习俗都得到承认:它们都真实地在那里存在,分享着存在,并且能够按照它们自己专有的方式而显现"③。

胡塞尔是现象学运动的中心人物,他反对固守传统的信念和理论,反对将传统的信念和理论当成确定无疑的出发点,主张从习以为常的固有观

---

① [美]威廉·派纳.自传、政治与性别.陈雨亭,等译.北京:教育科学出版社,2007:11.

② [美]赫伯特·施皮格伯格.现象学运动.王炳文,等译.北京:商务印书馆,2011:34.

③ [美]罗伯特·索科拉夫斯基.现象学导论.高秉江,等译.武汉:武汉大学出版社,2009:15.

念中解放出来，转向最初看到的事物的原始单纯状态，对此他提出"回到事情本身"的论断。"'现象学'这个名称表达出一条原理；这条原理可以表述为：'走向事情本身'——这个座右铭反对一切漂浮无据的虚构与偶发之见，反对采纳不过貌似经过证明的概念，反对任何伪问题——虽然它们往往一代复一代地大事铺张其为'问题'"①。在胡塞尔那里，"回到事情本身"即是一种以反思态度呈现的关于人认识行为内容的纯粹描述。"胡塞尔说，我们应当'nachdenken'（后思）我们对事物本身的直接经验，并转向那种我们得以取得经验的行为，并在这种反思态度中给出一种关于事物本身的纯粹描述，有如我们直接经验它们那样"②。同时，胡塞尔的超验现象学另一个目的在于应对欧洲科学的危机。欧洲科学的危机也是欧洲人性的危机，表现为科学丧失生活意义，正如胡塞尔精辟地说道："伽利略在其从几何学出发、从感性上呈现的并且可以数学化的东西出发，对世界的考察中，抽去了在人格的生活中作为人格的主体；抽去了一切在任何意义上都是精神的东西，抽去了一切在人的实践中附到事物上的文化特性"③。鉴于追求客观事实的现代人漫不经心地抹去了那些对于真正的人来说至关重要的问题，忽视了日常经验到的生活世界，胡塞尔指出拯救欧洲人性危机的根本出路在于重新回归到为世人所遗忘或忽视的真实生活世界。"生活世界这种主观的东西与'客观的'世界，'真的'世界之间的对比所显示出的差别就在于，后者是一种理论的——逻辑的构成物，是原则上不能被经验的东西的构成物；而生活世界中的主观东西，整个说来，正是以其现实地可被经验到为特征的"④。不仅如此，生活世界始终是在先被给予的，始终是在先存在着而有效的，任何目的都以生活世界为前提；

① ［美］马丁·海德格尔. 存在于时间. 陈嘉映，等译. 北京：三联书店，1980：39.

② 洪汉鼎. 何谓现象学的"事情本身"（上）. 学术月刊，2009（6）：32.

③ ［德］胡塞尔. 欧洲科学的危机与超越论的现象学. 王炳文，译. 北京：商务印书馆，2001：76.

④ ［德］胡塞尔. 欧洲科学的危机与超越论的现象学. 王炳文，译. 北京：商务印书馆，2001：154.

客观科学的基础在生活世界中，它作为人类成就与其他所有人类成就一样，同处于具体的生活世界之中。

胡塞尔超验现象学"回到事情本身"和"回归生活世界"的思想是自传课程的核心理论基础。"一般来说，现象学可以表征为这样一种哲学，它学习在其他人只看到不屑一顾的琐事的地方对奇迹感到惊奇并按照奇迹本身的样子来考察它们"①。自传课程以个体的教育经验为研究对象，试图努力了解个体教育经验的本原面目及其产生根源。自传课程运用了现象学"悬置"（epoché）的方法，其目的是清洁认知透镜（cognitive lenses），以致通过对过去原初教育经验的分析，可以触及人存在的本质形式。②这契合了现象学"回到事情本身"的理念。"对胡塞尔来说，'回到事情本身'当然不是某种一蹴而就的'启示'或'顿悟'，而是一个复杂而艰辛的'还原'或'回溯'过程"③。派纳建构的自传课程研究方法的第一步"回溯"即是"回到事物本身"的实践体现。"回溯"意指重新回到过去，是"还原"过去情状的过程。"在回溯时，记录当时发生的每一件事情。记录培育了自我的反思能力，或者用胡塞尔的术语来说是超验的自我（a transcendental ego），亦即一种观察万事万物却不做任何评判的视角。"④同时，派纳从胡塞尔的"生活世界"理念中汲取了启示。他认为学校应是一个"生活世界"，是学生个体建构知识和探寻意义的场所；课程是学生在学校这个"生活世界"中经由教师的指导、与周遭世界展开交往对话而建构的"生活体验"。自传课程理论即是关于个体生活体验的课程理论，通过对个体在学校这个"生活世界"中所获取的生活体验的探究，以期揭示

095

---

① [美]赫伯特·施皮格伯格.现象学运动.王炳文，等译.北京：商务印书馆，2011：132.

② Robert J. Graham. *Reading and Writing the Self: Autobiography in Education and the Curriculum.* New York, 1991:130.

③ 吴增定.回到事情本身？——略述胡塞尔"自我"概念的演进. http://www.aisixiang.com/data/32348-6. html.

④ William F. Pinar. *Autobiography, Politics and Sexuality.* New York: Peter Lang Publishing, 1994:58.

个体的存在意义，并通过个体生活体验的改造促进所在生活世界的改造。

此外，自传课程理论借鉴了现象学关于意识作用的深刻洞见。现象学尤为强调意识作用，认为人具有主动的意识作用，其意识作用的主动性是意义产生的源泉；同时，人的意识具有对外在环境的超越性，社会的实在性不是纯粹的客观事物，而是主体意识在历史的过程中不断建构而成；因此，所有的活动都应当从人的自我意识的反省开始。[①] 自传课程理论体现了对意识作用的观照。派纳构建的课程研究"回溯—前瞻—分析—综合"式自传研究方法即是发挥个体意识作用的方法——个体掌握自己意识的流动，通过意识流（stream of consciousness）的回溯、前瞻，并与个体当前的传记情境相际遇，由此实现过去、现在、未来三种时间向度的关联，并通过彼此间的分析与综合，从而促使个体更加深入理解自我。"就派纳课程研究方法的特性而言，其强调自传研究法的自传是一种'本体的自传'，它是一种意识的形式而非文学体裁"[②]。作为意识的形式，自传研究方法通过将意识的对象加括号（bracketing off），而后进行回想、描述和反思，从而获得某种扎根于个体存在体验之中的知识。概而言之，自传课程理论与胡塞尔超验现象学的原理和方法密切相关。它强调主体和客体在建构意义中的互动，通过运用悬置和加括号的方法试图在意识的运动作用中描述即刻的、前概念的经验，进而发展自我。

（二）舒茨的现象学社会学

奥地利著名哲学家、社会学家阿尔弗雷德·舒茨（Alfred Schutz）构建的现象学社会学为自传课程提供了丰富的理论滋养。舒茨深受韦伯的理解社会学和胡塞尔的超验现象学的影响，创造性地将二者融合一体，开启了现象学社会学研究的序幕，在反思胡塞尔的思想的基础上形成了对生活世界的独特理解。舒茨将生活世界中的一切都归结为经验。在他看来，生活

---

① 陈伯璋. 潜在课程研究. 台北：五南图书出版公司，1986：163-164.

② 钟鸿铭. William Pinar自传式课程研究法之探析. 课程与教学季刊，2008（1）：239.

世界是被人以有意义的方式体验到的世界，而不是超验的世界。生活世界的意义就表现在个体的生活体验中。体验是意识的体验，但并非所有的意识体验都具有意义。舒茨认为，意义形成于"注意力的关注"，是自我反省的产物；只有当注意力聚焦于某一项体验之上，人对此展开反省，使得它被凸现出来而有别于其他的体验，这项体验才具有真切的意义。正如舒茨所说："体验存在于我们不绝如缕的生命流程当中，只有在反省的活动当中，特定体验才能从其他的体验'脱颖而出'，成为界限明确的体验"[①]。生活世界不是一个个人的世界，而是一个主体间际互动交往的文化世界，"它之所以是主体间际的，是因为我们作为其他人之中的一群人生活在其中，通过共同影响和工作与他们联结在一起，理解他们并且被他们所理解"[②]。处于主体间际的世界中，人与人在最纯粹的意义上可以形成"我们的关系"（We-relationship），即彼此的生命流程同步前进、彼此的意识经验互相交融、彼此参与对方的日常生活。在此情形下，生活世界就成了"我们的世界"："我的环境与'你'的环境，也就是我们的环境，是一体而共同的。'我们'的世界并不是我的或你的私人世界，而是'我们'的世界、是一个我们共同的、互为主体性的世界"[③]。

尽管生活世界是主体间际的共在世界，但这个世界对每个个体的意义却是不一样的，其原因就在于每一个人的传记情境（biographical situation）不同，即每个个体都以一种特别的方式使自己寓居于生活世界之中。传记情境（biographical situation）亦称生平情境，是舒茨现象学社会学体系的核心概念之一。在1953年于美国发表的论文《常识与人类行动的科学解释》（*Common-Sense and Scientific Interpretation of Human Action*）中，舒茨详细阐述了"传记情境"之于个体生活的意义："在其日常生活的任何一

---

① ［奥］阿尔弗雷德·舒茨. 社会世界的意义构成. 游淙祺，译. 北京：商务印书馆，2012：46.

② ［奥］阿尔弗雷德·许茨. 社会实在问题. 霍桂桓，译. 杭州：浙江大学出版社，2011：11.

③ ［奥］阿尔弗雷德·舒茨. 社会世界的意义构成. 游淙祺，译. 北京：商务印书馆，2012：220.

个时刻，人都会发现他自己处在某种被从生平角度决定的情境之中，也就是说，发现他自己处在某种同样由他自己限定的自然环境和社会文化环境之中，他在这种情境中拥有他自己的立场——这种立场不仅有他根据物理空间和外在时间确定的立场，或者根据他在社会系统之中所处的地位和所扮演的角色确定的立场，而且还包括他的道德立场和意识形态立场。说这种情境界定是被从生平角度决定的，也就是说它具有它的历史；它是一个人的所有以前经验的积淀，是通过他现有的知识储备所具有的习惯性所有物而得到组织的；它本身即是他唯一的所有物，是给予他并且仅仅给予他本人的"[①]。在舒茨看来，传记情境有两重含义，即是指个体自身的生命历程和个体所处的特定社会文化情境。它不仅是个体自我的生命独白或私人生活记录，更是一种个人自我生命在社会文化大背景中的延展，在延展中，个体与他人进行了互动交往。

舒茨的现象学社会学思想给予自传课程理论有益的启示。正如舒茨所强调的体验唯有通过反省才有意义，派纳也强调对生活体验的反省。派纳在建构自传课程之初就提出要发展将个人注意力转移到特定事件的"传记功能"（biographical function）。其后，他建构了"回溯—前瞻—分析—综合"的自传式方法来反省和重建生活体验。之所以如此，是因为他发现了学校教育中个人传记情境的缺位，如派纳所说："我们学会在与我们的传记情境或无关或不合逻辑地联系着的思想中生活。这个疏远的过程引发了大量的心理——社会问题，包括幻想生活的萎缩或过度膨胀，以及在模仿和情感缺乏中迷失了自我"[②]。派纳试图通过自传方法来揭示个人的传记情境，促使人发现和理解自我，最终将自我从构成传记情境的政治、文化和经济的生活网络影响下解放出来。

自传课程理论另一重要代表人物格鲁梅特同样重视舒茨的思想。她

---

① [奥] 阿尔弗雷德·许茨. 社会实在问题. 霍桂桓，译. 杭州：浙江大学出版社，2011：10.

② William F. Pinar. *Autobiography, Politics and Sexuality*. New York: Peter Lang Publishing, 1994:15-16.

曾将课程定义为我们向儿童讲述的关于我们过去、现在和未来的集体故事（the collective story），同时她直接援引了舒茨的论断来说明故事必须予以反省性的理解。[①] 此外，她进一步指出传记情境对于个人自我形成的重要性。如她所说，课程故事不仅是个体的生命故事，也交织于他人的故事之中；并且，它还植根于一个更为宽广的历史文化环境和公共的生活结构。显然，这正是舒茨关于传记情境的观点在课程领域的再现。按照舒茨的观点，每一个个体终其一生都以各自独特的兴趣、动机、需要、宗教信仰、意识形态来解释他所接触的生活世界。个人的"传记情境"就是他界定行动范围的方式及诠释周遭环境，并且进行挑战的方式。[②] 个人在生活世界中的遭遇和感受都是由传记情境决定的，不仅个人在空间、时间以及社会中所处的位置属于传记情境，个人的生活经验也属于传记情境，"也就是说，行动者的实际情境具有它自己的历史，它是他以前所有主观经验的积淀。这些经验不是被行动者当作匿名的东西来体验，而是被他当作独特的、从主观角度赋予他并且仅仅赋予他的东西来体验"[③]。这正与自传课程的意涵相通。一方面，自传课程揭示了传记情境之于个人的课程论意义，即当课程由学科知识走向生活体验的时候，课程的意义在实质上并非对所有人都是相同的，在特定的教育情境中，每一位学生对给定的内容都有自己的理解，最终将官方的课程转化为各自的"经验的课程"。另一方面，自传课程致力于改造现有的传记情境，摆脱个体被传记情境束缚的局面，促进自我的实现和解放。

099

二、自我知识的探求：个人知识论的视角

自传课程主张课程开展的过程即是反思自我生活体验的过程，也是自

---

① W. Schubert. *Reflections From the Heart of Education Inquiry*. Albany：State University of New York Press，1991：69-70.

② ［德］阿尔弗雷德·舒兹.舒兹论文集（第一册）.卢岚兰，译.台北：桂冠出版公司，2002：导论4.

③ ［德］阿尔弗雷德·许茨.社会实在问题.霍桂桓，译.北京：华夏出版社，2001：120.

我知识探求（pursuit of self-knowledge）的过程。"自我知识"的提出，意味着自传课程绝非一种反智主义的课程观，轻视乃至无视课程知识问题。相反，课程知识问题是自传课程的核心议题。并且，"自我知识"并非一种浪漫主义或神秘主义的知识型，而有其明确的理智来源即个人知识论（theory of personal knowledge）。简言之，个人知识论确证了自我知识存在的合理性。个人知识论是英国当代哲学家迈克尔·波兰尼的创见，波兰尼由此被赞誉为"当代认识论中的哥白尼"①。考察认识论发展史可以发现，杜威的参与者知识论是波兰尼的个人知识论的序曲。"杜威尽管没有明确提出'个人知识'的概念，但他却系统确立了知识的'情境观'，由此为尊重知识的个人性打下基础"②。因此，杜威的参与者知识论在某种程度上确证了自我知识的合理性，从而与波兰尼的个人知识论一道为自传课程奠定了知识论的基础。

（一）杜威的参与者知识论

在对知识的理解上，自亚里士多德以来，西方哲学形成了一种强劲的重理论知识轻实践知识的认识论传统。亚里士多德将人类的知识分为理论知识或科学知识（episteme）、实践知识（phronesis）和制作知识（techne）；他认为在这三类知识之间存在着一个金字塔式的等级结构，理论知识处于金字塔的顶端位置。在其影响下，理论知识成为传统认识论的主要研究对象，实践知识则沦为附属。正如郁振华教授所总结道："西方传统认识论对知识的理解基本上局限在理论性的知识传统的视野之中，在这个以episteme为典范的知识模式下，phronesis没有独立的认识论地位"③。换而言之，理论知识或科学知识成为知识的典范，支配着人们对知识概念内涵的理解。在亚里士多德那里，科学知识是沉思真理的结果，

---

① [英] 迈克尔·波兰尼. 科学、信仰与社会. 王靖华, 译. 南京: 南京大学出版社, 2004: 1.

② 张华. 研究性教学论. 上海: 华东师范大学出版社, 2010: 90.

③ 郁振华. 人类知识的默会维度. 北京: 北京大学出版社, 2012: 180.

是"必然性的",也是"永恒的"①；相比之下，实践知识则是一种低级的、不完善的知识形态。近代科学革命发生之后，认识论进一步窄化为知识论，知识论又进一步窄化为对科学知识的研究，最终导致"知识"成为"科学知识"的代名词，"实践知识"则被排除在外。由此，出现了杜威所描述的知识和实践割裂、知识领域和行动领域分为两大对立阵营的局面："知识的领域和实践动作的领域彼此是没有任何内在联系的"②。对理论的过分推崇、对实践的决然拒斥最终导致了认识论危机。

杜威深刻批判了传统认识论的弊端。他认为，传统认识论学派都秉持相同的"关于知识本质的陈腐假设"："真实有效的知识对象乃是一种存在于认知活动之先，独立于认知活动之外的东西……知识即对实在的把握或观望而不稍改变其先在的状态"③。杜威拒斥了这种知识论，认为它建立在一种过时的、将心灵视为被动接收器的心理学基础之上，并进一步将其概括为"旁观者知识论"（spectator theory of knowledge）。这种知识论在两个层面展示了旁观者的图像：第一，在认知主体与认知对象之间确立了形而上学的二元论，认知主体与认知对象相分离，认知的对象是一种以"帝王般的孤独"存在的固定完备的实在，认知者就像外在的旁观者；第二，认知被视为一种知识"对象""呈现"给认知主体的被动事件——仿如视觉动作模式，"对象"把光线反射到"眼睛"即人的心灵，于是"对象"就被"看见"了即心灵对外部对象的表征"④。认知主体在认知活动中完全是被动和沉默的，是一种非参与的旁观者。基于达尔文的生物学进化论，在杜威看来，认知者与认知对象组成了一个共同的环境，认知者并不是一个旁观实在的局外人，而是生活在环境中并与环境产生互动的生命体。"心

101

---

① ［古希腊］亚里士多德. 尼各马可伦理学. 廖申白，译. 北京：商务印书馆，2010：170.

② ［美］约翰·杜威. 确定性的寻求. 傅统先，译. 上海：上海世纪出版集团，2005：13.

③ ［美］约翰·杜威. 确定性的寻求. 傅统先，译. 上海：上海世纪出版集团，2005：151.

④ ［美］约翰·杜威. 确定性的寻求. 傅统先，译. 上海：上海世纪出版集团，2005：16.

灵不再是从外边静观世界和在自足观照的快乐中得到至上满足的旁观者。心灵是自然以内，成为自然本身前进过程中的一个部分了。心灵之所以是心灵，是因为变化已经是在指导的方式之下发生的而且还产生了一种从疑难混乱转为清晰、解决和安定这样指向一个明确方向的运动。从外在旁观式的认知到前进不息的世界活剧中的积极参加者是一个历史的转变"①。由此，杜威建构了"参与者知识论"（participator theory of knowledge）——认知是内在于自然和社会情景之中的参与者的行动，知识本身是一种行动，"求知即行动"（to know is to do）。

　　杜威改造了"知识"的内涵，以致他试图使用动名词形式的"认知"（knowing）来替代名词形式的"知识"，从而强调认知总是更大的探究过程的一部分。② 进而言之，杜威的认识论所关心的不是作为结果的"知识"，而是"认知"，即对有问题的情境所做出的改变行动，亦是一种探究的行为。人通过致力于改变现有情境的行为，将问题情境转化为有意义的情境，从而解决问题，这一套用来解决问题的行为即是探究。探究也正是人参与的方式，如杜威所说："每当我们实地去认知时，我们便有知识；换言之，每当我们的探究所导致的结论解决了促使我们从事探究的问题时，我们便有知识"③。杜威进一步指出，探究的条件在于用实验的方法（experimental method）构建认识论，"作为探究的认知在本质上是实验性的"，知识在本质上被视为由假设所引导的实验所构成的行动事件，因此，杜威改造后的认识论既被称为"探究的理论"也被称为"实验性的认识理论"④。杜威阐述了"实验性的认识理论"的意涵："如果我们按照实验的模型（experimental model）来构成我们的认识论，我们就会发现认识

---

　　① ［美］约翰·杜威.确定性的寻求.傅统先，译.上海：上海世纪出版集团，2005：224.

　　② 王成兵.一位真正的美国哲学家.北京：中国社会科学出版社，2007：115.

　　③ ［美］约翰·杜威.确定性的寻求.傅统先，译.上海：上海世纪出版集团，2005：152.

　　④ ［美］罗伯特·塔利斯.杜威.彭国华，译.北京：中华书局，2014：90.

是一种操作日常经验事物之间的方式，因而我们便能够用这些日常经验事物之间彼此的交互作用，而不用这些事物直接呈现的性质来构成我们对于这些事物的观念，而且我们也会发现，因而我们对于这些事物的控制，我们按照我们的意愿来改变它们和指导其变化的能力，便无限地扩大了。认知（Knowing）本身是实践动作（practical action）的一种方式而且是使得其他自然间的交互作用从属于我们指导之下的唯一交互作用的方式。以我们目前对于实验方法所已经探索到的发展进程而论，这就是实验方法的重要意义"①。由于杜威的经验自然主义强调经验不是静态的知识或事物而是有机体与环境之间的相互作用，"经验即实验"，经验即行动，经验即实践，因此，杜威的知识也具有了实践的意义。

杜威的参与者知识论是自传课程理论的认识论源泉。与旁观者知识论将知识视为一种结果不同，参与者知识论强调知识是一个行动的过程。众所周知，知识是课程的内核，知识观的差异导致了实践层面课程形态的差异。"从某种意义上说，不是知识构成了课程的基础，而是人们的知识观构成了课程的基础。人们怎样理解知识，就会有怎样的课程，甚至就有怎样的教育"②。受旁观者知识论的规约，课程所蕴含的知识被学习者之外的人即课程开发者用清晰而精确的术语加以确定，然后由教师将知识的呈现传授给学习者，学习者不参与知识的创造，而是知识的旁观者，同时是课程和教师所传递的知识的被动接受者。在此，课程仿佛外在于人的固定不变的静态跑道（racecourse），课程学习的过程即是学习者识记和累积客观知识的过程。"只要倾向于知识的旁观者理论——即实在外在于我们，需要用某些方法予以发现——那么逻辑的和分析的方式便统治着我们的认识论与教育学。在这种框架中，清晰的解释是必要的。因此，泰勒原理及其分支强调陈述目标和经验的精确性，以及对这些目标和经验进行评价的设

103

---

① ［美］约翰·杜威. 确定性的寻求. 傅统先，译. 上海：上海世纪出版集团，2005：80.
② 郭晓明. 课程知识与个体精神自由. 北京：教育科学出版社，2005：9.

计的精确性"①。在精确性的束缚下，课程丧失了自由生成的空间，从而具有控制的特征。在参与者知识论的观照下，学科内容（subject matter）经由学习者的参与探究而生成为课程知识（curriculum knowledge），课程不再是一种"包裹"（packet）和"产品"（product），而是一种"过程"（process）和"反思性实践"（praxis），是一种学习者与教师及文本三方以局部情境中特定的交互作用为基础的多方对话和转变的过程。杜威的参与者知识论由于发现了知识的过程性从而预表了课程的过程取向，它所生成的课程概念强调currere——"跑的过程"（running of course）的主动动词形式。正如多尔所说："如果我们严肃对待杜威的'儿童与过程'处在于并实际上决定了'某一过程'，以及这一过程是变革过程的论述的话，那么我相信，我们除了把课程看做是动态的，即'在跑道上跑'之外，别无选择"②。显然，参与者知识论的观照下的课程是自传课程的原型，赋予了自传课程过程性和实践性的品格③，由此，课程成为个体在与环境的交互作用中探究未知的过程，是一种处于现在时而非完成式的行动，借着交互作用最终消解了学习者与知识之间的二元对立。

（二）波兰尼的个人知识论

派纳指出自传课程"能够创生具有学校生活体验特征的知识，进而能够为我们的学校知识和教育过程中的知识做出贡献。这种知识是个体的知识（knowledge of the individual），是一种坚持这类知识具有优先性、坚持普遍化和社会分类处于派生地位的观点……这种知识明确阐明了其发展的和认识论的基础。它是植根于具体的而非抽象的知识"④。派纳提及的"个体知识"实质上就是迈克尔·波兰尼所阐述的"个人知识"

---

① [美]小威廉姆E·多尔. 后现代课程观. 王红宇，译. 北京：教育科学出版社，2006：239.

② [美]小威廉姆E·多尔. 课程愿景. 张华，等译. 北京：教育科学出版社，2004：48.

③ 自传课程具有实践的品格，更秉持解放的旨趣。杜威哲学中的实践理性是主流，自传课程从杜威的实践哲学中汲取了"实践"的养分，其解放旨趣的思想源泉更多是来自于弗莱雷的解放教育学。

④ William F. Pinar. *Autobiography, Politics and Sexuality*. New York: Peter Lang Publishing, 1994:60-61.

（personal knowledge）^①。"个人知识"是波兰尼在1958年出版的著作《个人知识——迈向后批判哲学》（*Personal Knowledge: Towards a Post-Critical Philosophy*）中提出的概念。波兰尼认为，知识不是与个人无关的、也并非"没有认知主体的"，而是包含了认知者的个人参与；换言之，知识的形成取决于认知者的个人活动，"所有的知识都依赖于个人的整合、判断和承诺行为，而这些行为指向的是真理以及我们所知东西的正确性"^②。尽管波兰尼反对以主客二分为基础的、将人的因素从认识活动中排除在外的客观主义知识观，认为在每一项识知（knowing，即知识的获得）活动中都包含有识知者充满热情的无所不在的个人参与，但他阐述的"个人知识"并非是对"科学知识"或"客观知识"的取代，而是对"科学知识"或"客观知识"形成过程中"无所不在的个人参与"的重新表述。正如波兰尼所说："所有的科学知识都必然包含着个人系数"^③。这也意味着个人性是知识的原生属性，知识的个人性可能由于某种原因被遮蔽、歪曲或误解，但它决计不会被消除；倘若知识的个人性被消除，知识自身也将不复存在。

在波兰尼看来，知识的个人性还体现在知识具有默会维度（tacit dimension），它在一定程度上是无法用语言来充分表达的。传统认识论认为知识可以完全明白无误地用语言陈述出来，但波兰尼却指出这种"完全的明述知识的理想"（the ideal of wholly explicit knowledge）不过是传统认识论的教条，它忽视了人的认知活动中还存在着一种只可意会不可言传的默会成分。波兰尼进而指出，人类的知识存在着明述知识（explicit

①笔者曾向派纳请教关于"knowledge of the individual"的理解问题。他解释说"knowledge of the individual"在认识论层面属于波兰尼的"personal knowledge"或"personal epistemology"。二者语词上的差别，是因为他想着重强调自我知识的个体性（individuality of self knowledge）。波兰尼的"personal knowledge"，国内也有学者翻译为"个体知识"，但学界多译为"个人知识"，笔者在此采用后者译法。

②［英］迈克尔·波兰尼.社会、经济和哲学——波兰尼文选.彭锋，译.北京：商务印书馆，2006：240.

③石中英.波兰尼的知识理论及其教育意义.华东师范大学学报：教育科学版，2001（6）：37.

knowledge）和默会知识（tacit knowledge）的分际："人类的知识有两类，通常被描述为知识的，即以书面文字，地图和数学公式加以表述的，只是一种类型的知识。而未被表述的知识，如我们在做某事的行动中所拥有的知识，是另一种形式的知识"[①]。波兰尼对默会知识的阐述并非一己之见，欧洲大陆哲学家利奥塔同样认为知识并非完全可以通过语言陈述，知识具有个人性的因素。正如利奥塔在其传世名著《后现代状态：关于知识的报告》中所言："人们使用知识一词时根本不是仅指全部指示性陈述，这个词中还掺杂着做事能力、处世能力、倾听能力等意义。因此这里涉及的是一种能力。它超出了确定并实施唯一的真理标准这个范围，扩展到了其他的标准，如效率标准（技术资格）、正义和/或幸福标准（伦理智慧）、音美和色美标准（听觉和视觉）等等"[②]。波兰尼将默会知识看作个人知识的基础[③]，认为知识中浸润着个人难以言传的求知热情、价值追求、情感体验等潜在因素。"所有知识都是与人有关的知识，都是由一个默识的和个人的共同作用所塑造和支撑，没有这种共同作用就不会有知识"[④]。换而言之，任何知识都是人在特定的情境中通过探究主动建构出来的，知识与建构知识的识知者合二为一、融为一体，并且这种建构过程无法用所谓的命题性知识（knowing that）明确阐述出来。知识离不开人的主体参与，波兰尼将其归纳为"通过寓居而认知"（knowing by indwelling），这也是波兰尼默会认识论的核心主张。波兰尼阐明了"寓居"的含义："所有理解都以我们寓居于我们所把握的对象的细节之中为基础。这种寓居就是我们介入到我们所把握的对象的存在之中，它就是海德格尔所说的在世（being-in-the-world）"[⑤]。将"寓居"与"在世"等同起来，由此，"通过寓居

① 郁振华. 人类知识的默会维度. 北京：北京大学出版社，2012：45-46.

② [法]让-弗朗索瓦·利奥塔. 后现代状态：关于知识的报告. 车槿山，译. 南京：南京大学出版社，2011：74.

③ 石中英. 波兰尼的知识理论及其教育意义. 华东师范大学学报：教育科学版，2001（6）：39.

④ [英]迈克尔. 波兰尼. 社会、经济和哲学——波兰尼文选. 彭锋，译. 北京：商务印书馆，2006：10.

⑤ 郁振华. 人类知识的默会维度. 北京：北京大学出版社，2012：3-4.

而认知"不仅仅是一种关于人如何认识外在事物的认知方式，更是一种关于人如何立足于世的存在方式。波兰尼进而赋予了个人知识存在论的意义："我们可以将通过关注别的某物而对某物的认识，等同于那种我们凭借生活在自己的身体之中而拥有的对身体的知识。这种认识不是一种我——它关系，而是一种生存方式，一种存在样式。我们可以称之为我——我自己（I—Myself）或者吾——我（I—Me）关系"[1]。

个人知识具有多种存在样态，"它往往表征为现象的知识、日常的知识、零散的知识、经验的知识、感性的知识、具体的知识、直接的知识、使用性的知识等多种形态"[2]。在学校课程类型当中，个人知识常常以"体验课程""活动课程""隐性课程"等多种课程形态呈现，其课程论意义在于它重建了课程知识的内涵，赋予学生的课程主体地位，丰富学生的课程体验，促进学生的主体发展和自我实现。如上所述，在个人知识论看来，个人性介入对于知识的形成和学习不可或缺；知识始终渗透着个人难以言传的情感体验、求知欲望、理智追求和独特的个人生活史。[3]自传课程作为一种存在体验课程，恰恰强调揭示个人的情感体验、求知欲望、理智追求和独特的个人生活史，致力于将"正式的课程"（formal curriculum）转变为"经验的课程"（experienced curriculum），主张激活学生的自我经验，鼓励学生分享经验、反思经验并重建经验，亦即倡导学生在知识学习过程中回顾过往的自我、展望的未来自我借以重建现在的自我，从而将课程知识学习的过程转化为个体自我建构的过程，由此恢复了知识的个人性和意义性。显然，自传课程体现了个人知识的内在属性。另一方面，自传课程由于注重个体在课程学习中的能动作用而蕴含着创生个人知识的可能。"教育，归根到底，就是把人类的客观精神转化为个体的主

107

---

① [英]迈克尔·波兰尼.社会、经济和哲学——波兰尼文选.彭锋，译.北京：商务印书馆，2006：380.

② 余文森.个体知识与公共知识.北京：教育科学出版社，2010：127-28.

③ 张华.研究性教学论.上海：华东师范大学出版社，2010：90.

观精神，把人类的文化经验转化为个体的人生经验，形成个体的完整性、独特性，使个人在生活中发展生活的艺术与智慧"①。个体的人生经验、个体的完整性与独特性、个体的生活艺术与智慧大体统属于个人知识的范畴，而"转化""形成"和"发展"的过程则是产生新的个人知识的过程。综上所述，自传课程不仅彰显了个人知识的内在属性和要求，而且正如派纳所说能够帮助学生不断创生具有学校生活体验特征的个人知识。

须明确的是，个人知识绝非个人的主观臆断，而是个人性与客观性的内在结合与有机统一，因此，个人知识绝非主观知识，与主观知识囿于一己之见和私人感受不同，个人知识存有一个普遍的意图和外在的维度。正如波兰尼所说："个人识知这一基本行为的内在结构使我们既必然参与它本身的造就，又怀着普遍性意图承认它的结果。这就是求知寄托的原型。正是结构丰满的寄托行为把个人知识从单纯的主观性中拯救了出来"②。可以说，个人知识论不仅克服了客观主义，也划清了和主观主义和唯我论之间的界限，是对以主客二分为基础的知识观的超越。在此视域下，尽管波兰尼强调知识默会维度的优先性，但这种优先性并不意味着绝对性——"完全的明述知识的理想"不可思议，完全的默会知识的观念同样不可思议。"默会维度的引入，不是要把对知识的问题主观化、心理化，不是要将认识论引向一个私人的、个人癖好式的、黑箱般无法穿透的领域"③。进而言之，默会知识与明述知识之间不是截然分离的，而是存在动态的相互作用。在一定条件下，默会知识与明述知识可以相互转化。对此，日本学者野中郁次郎进一步阐释了默会知识和明述知识存在着四种互动模式，即默会知识向默会知识转化的"潜移默化"、默会知识向明述知识转化的

---

① 金生鈜. 理解与教育. 北京：教育科学出版社，1997：118.

② [英] 迈克尔·波兰尼. 个人知识——迈向后批判哲学. 许泽民，译. 贵阳：贵州人民出版社，2000：98. "寄托"是波兰尼个人知识观中一个极其重要的概念。波兰尼并没有明确界定"寄托"一词的含义，但在他的运用中，"寄托"往往与"相信""信念"联系在一起；相信某事或是具有某种信念就是做出寄托。

③ 郁振华. 人类知识的默会维度. 北京：北京大学出版社，2012：368.

"外部明示"、明述知识和明述知识的"汇总组合",明述知识向默会知识转化的"内部升化"。正如野中郁次郎总结道:"在人类创新活动的过程中,两者之间互相作用、互相转化。我们建立的知识创造动态过程的理论模型就是基于这样的假设,即人类知识是通过隐性知识和显性知识之间互相的社会作用来进行创造和传播。而这种互相作用,我们称之为知识转化(Knowledge Conversion)"[①]。细细分析,不难发现自传课程也蕴含着知识个人性与客观性的内在统一、默会知识和明述知识相互转化的特性。自传课程并非绝对自我中心论的课程形态,而是学校正式的课程与学生经验的课程的整合,在由正式的课程向经验的课程转化的过程中,正式的课程中的普遍性因素无可避免地被纳入经验的课程,正式的课程所承载的知识的客观性经由学生自传式反思的"个人性介入"而澄明了知识的个人性,最终实现了个人知识的客观性和个人性的有机整合。同时,自传课程的实施过程绝非仅仅是正式的课程向经验的课程转化的过程亦即仅仅是明述知识向默会知识转化的过程,而是明述知识和默会知识互动作用的过程。在传统的客观主义知识观主导的视域下,课程实施过程实质上就是教师在无视学生鲜活的默会知识存在的前提下,向学生传递科学客观的明述知识的线性过程;在此过程中,教师格外强调明述知识的优先性,始终关注明述知识的逻辑及其论证,而不注重学生"个人性介入"在认识过程中的作用,也不关注教科书承载的明述知识与学生已有的默会知识之间的内在联系或对立冲突。因此,在传统认识论的规约下,课程外在于学生的存在状况和认识经验,以致是一种非人化课程(personless curriculum)。自传课程是对非人化课程的纠偏补弊,强调发挥个人的主体介入作用。但它绝非矫枉过正,在实施过程中,不仅强调发挥个人的想象、灵感、体悟、创造等默会能力,也强调将默会知识"显性化"[②]以使其得到检验和修正,还强

① [美]鲁迪·拉各斯.知识优势.吕巍,等译.北京:机械工业出版社,2002:70-71.
② 石中英.知识转型与教育改革.北京:教育科学出版社,2007:239.

调将教科书承载的明述知识与个人已有的默会知识结合起来，促使二者互相转化和不断融合，最终实现课程与学生的内在统一。

三、个人价值的彰显：存在主义的视角

"存在主义"（Existentialism）萌发于19世纪下半叶，产生在20世纪初，是当代西方哲学的主要代表思潮。存在主义的主要创始人是德国哲学家马丁·海德格尔，而将存在主义思想发扬光大的则是法国哲学家让·保罗·萨特。在思想史上，存在主义是现象学基本思想的继续和发展。"大多数20世纪存在主义的重要著作是从埃德蒙德·胡塞尔在世纪之初阐释的现象学思想中或正当或有所背离地发展出来的。海德格尔将《存在与时间》描述为一部现象学著作，而梅洛·庞蒂和萨特在他们的主要著作的标题或副标题中使用现象学这个词"①。与现象学类似，存在主义不是一种静止的哲学，而是一场思想运动。因此，存在主义与其说是一种严密的哲学思想体系，毋宁说是一种哲学思维或哲学视野。总的来说，存在主义是对近代以来"把获得对世界的终极知识当作自己首要任务"的理性主义哲学的反叛，摈弃了理性主义对世界的本质作刨根究底式终极知识论研究的思路，反对将人视为世界的对象和客体以致将人消融于世界实体之中的理解，主张哲学即是人学，强调人的存在是一切存在的本体、一切存在物依赖人的存在而存在，人由自身说明自身，人是由自己所造就；由此，它从本体角度突显了人的存在问题，并把人的存在问题作为哲学的"基本本体论"来研究，从而奠定了"人学本体论"的理论基调。

尽管诸多存在主义者的侧重论点各有差异，但他们的共同点是认为"存在先于本质"②。萨特详细解释了"存在先于本质"的含义："首先是人存在、露面、出场，然后才说明自身。假如说人在存在主义者看来是不

---

① ［美］大卫·科珀. 存在主义（第二版）. 孙小玲，等译. 上海：复旦大学出版社，2012：7.
② ［法］让-保罗·萨特. 存在主义是一种人道主义. 周煦良，译. 上海：上海译文出版社，1988：6.

可能给予定义的话，这是因为人之初，是空无所有，只在后来人要变成某种东西，于是人就按照自己的意志而造就他自身。所以说，世间并无人类本性，因为世间并无人类本性的上帝。人，不仅是他自己的设想的人，而且还只是他投入存在以后自己所志愿变成的人。人不外是由自己造就的东西，这就是存在主义的第一原理"①。存在主义论述的"人"不是"社会人"而是"个体人"。存在主义强调人的个体性，正如存在主义的思想先驱克尔凯郭尔指出："如果把一个人当作只是一个全体的一部分，那就等于否定了这个人"②。在克尔凯郭尔看来，世界万事万物当中，唯有人的存在才是独一无二的；哲学的鹄的即是遵循古希腊德尔斐神庙的真言："认识你自己"。克尔凯郭尔认为，只有以孤独的个人的存在为对象，才能把握人生的真谛。"人们可以说我是人体的一刹那，但我不愿是一个体系中的一章或一节"③。不仅如此，存在主义还强调直面每个个体的内在自我，企图从个体的内在自我中寻找人存在的真谛；恰如兰德曼所说："在人本学中，人们研究，普天之下，他是怎样一个特殊的存在，他处于一种怎样的与其他实体不同的地位。可是存在主义则是从内部观察人，它集中于探究各人自我的奥秘并为之而感叹。这自我并不仅仅是普遍现象的一例，它正是用人的个性和人的当下的具体性显示人的存在的真谛"④。基于此，可以说，存在主义哲学是关于人的存在的生命哲学，尤为尊重人的主体价值和生命尊严，维护人的自由选择和个性发展，把人当作人，而非将人还原为物。"存在主义哲学具有诗性的气质，它不是用刚性的抽象划一的逻辑来规束生命而是用一种宽怀的浑厚来审视生命的境遇，存在主义始终以生命为旨归，而不会以理论自身的所谓优越性驾驭生命之上来满足自身的权力

111

---

① ［法］让-保罗·萨特. 萨特思想小品. 黄忠晶，译. 上海：上海社会科学院出版社，1999：54.

② ［法］让·华尔. 存在主义简史. 马清槐，译. 北京：商务印书馆，1964：3.

③ ［法］让·华尔. 存在主义简史. 马清槐，译. 北京：商务印书馆，1964：3.

④ 李瑜青. 论存在主义人学研究的特征. 学术界，1989（3）：13.

欲望。"①

　　自传课程理论从萨特的存在主义中吸取了思想养分。萨特的存在主义哲学是一个以人为出发点，以人为核心的"人学"思想体系。萨特将存在主义界定为人道主义，明确指出："不管怎样，我们首先可以这样说，存在主义，根据我们对这个名词的理解，是一种使人生成为可能的学说，这种学说还肯定任何真理和任何行动既包含客观环境，又包含人的主观性在内"②。自传课程即是一种"使每个人都成为人"③"使人生成为可能"的课程理论。课程学习的首要任务不是促进智力的发展，也不是推动社会的发展，而是致力于人的发展。"人，作为自由的同义词，将成为课程唯一可能的中心"④。简言之，自传课程主张，课程学习的目的是促进个体解放和个体自由。进而言之，自传课程赞同存在主义者的教育主张，认为"既不能把各科教材，也就是编纂成帙的知识本身看作是目的，不能把这些教材看作是为学生谋求职业做好准备的手段，也不能把它们看作是进行心智训练的材料，而应当把它们看作是用来作为自我发展和自我实现的手段。不能使学生受教材的支配，而应该使学生成为教材的主宰"⑤。自传课程反对"社会工程学式的课程"⑥，倡导个体存在体验式的课程，认为个体的课程体验甚于课程知识本身，正是个体的体验赋予了客观性课程知识存在性意义。因此，主体性是自传课程的显著特征。自传课程理论的创始人派纳就曾将课程定义为主体性，他明确指出："课程不是由诸多科目（subjects），而是由诸多主体（Subjects）、主体性（subjectivity）构成的。课程的开展就是建构自我、建构主体性生活体验的过程。自传即是自我的

---

① 宋学丰. 存在主义视野下学生观的观照与反思. 沈阳：沈阳师范大学，2013：5.

② ［法］让-保罗·萨特. 存在主义是一种人道主义. 周煦良，译. 上海：上海译文出版社，1988：4.

③ ［法］让-保罗·萨特. 存在主义是一种人道主义. 周煦良，译. 上海：上海译文出版社，1988：导言6.

④ ［美］杜普伊斯. 历史视野中的西方教育哲学. 彭正梅，等译. 北京：北京师范大学出版社，2008：204.

⑤ 陆有铨. 现代西方教育哲学. 北京：北京大学出版社，2012：204.

⑥ ［美］杜普伊斯. 历史视野中的西方教育哲学. 彭正梅，等译. 北京：北京师范大学出版社，2008：205.

建构，建构一个当我们在阅读、写作、说话与倾听时创造与体现着的自我"①。显然，这与存在主义的主张意蕴相通。一方面，存在主义的出发点就是个人的主体性，这与自传课程理论对主体性的强调趋向一致。萨特将存在主义的第一原理也称之为主体性原理，认为"人，不外是自己的造就物，这就是存在主义的第一原理。这原理，也即是所谓的主体性"②。另一方面，存在主义反对主知主义的教育观，认为人的存在体验优先于人的理性发展。在存在主义看来，"重要的不是学科本身，而是个体对学科的反应。当学科被作为一种冰冷的、毫无生气的知识体系来教授而与人的处境毫不相关时，它们就没有什么教育意义"③。由此不难发现，存在主义者对学科的理解与自传课程理论家对课程的理解旨趣相同。

从根本上说，自传课程的主旨在于激发个体的生命觉醒，试图通过学生主体层面的自我反思引导学生的独特个性、内在感悟和生命体验，发展出更深刻的生命洞见与生活体认，最终实现自我的生命完善。这实质上是存在主义哲学在课程中的投射。存在主义者认为真正存在的只有这样的人：他自由地选择自己，他自己创造自己，他是自己的创造。在萨特看来，人从一开始就具有"自我规划"的自觉，而非"一块青苔、一堆垃圾或一颗花菜"；人能够反思自身的存在，并能对自身的存在采取某种行动立场，进而按照自身的反思规划来塑造自我的存在。存在主义观照下的教育指向具体鲜活的个人，正像存在主义教育家奈勒所说："让教育为个人而存在。让教育教会个人像他自己的本性要求他那样的自发而真诚地生活"④。在存在主义哲学的启示下，自传课程致力于将每一个人都看作独一无二的生命存在，促使学生在自由的反省中冲破外在束缚的硬壳而显露

113

---

① William F. Pinar. *Autobiography, Politics and Sexuality.* New York: Peter Lang Publishing, 1994:220.

② Sartre Jean-Paul. *Essays in Existentialism.* Secaucus: Citadel Press, 1977:36.

③ [美] 杜普伊斯. 历史视野中的西方教育哲学. 彭正梅，等译. 北京：北京师范大学出版社，2008：207.

④ 陆有铨. 躁动的百年. 济南：山东教育出版社，1997：143.

出自我真实的生命样貌，并在"自我规划"中实现自我的发展。此外，存在主义者通常选用故事的形式表达观点，自传课程对经验叙事的重视在很大意义上也是一种存在主义的趋势。[①]

四、内在自我的揭示：精神分析的视角

精神分析（Psychoanalysis）是西方现代心理学和医学心理学的主要流派之一。它产生于19世纪末20世纪初，创始人是奥地利精神病学家西格蒙德·弗洛伊德。精神分析最初是关于研究精神性疾病的病因和治疗的一种方法和理论。到了20世纪中后期，这个理论逐渐扩展到哲学、社会科学的各个领域，并由一种潜意识的心理学体系发展成为无所不包的人生哲学（existential philosophy）。[②] 作为精神病医生，弗洛伊德在对精神病患者的临床治疗中，发现精神病症的根源主要不在于患者生理原因，而在于其深刻的内在心理因素——精神病的发作常常是长期压抑最后总爆发的结果。因此，他指出精神病治疗的根本性任务即是通过精神分析，揭示种种压抑，并以判断活动取代压抑，这些判断活动最终导致接受或者谴责以前被拒绝的东西，压抑由此得以消除。如弗洛伊德所说："在精神分析的治疗时，除医生与病人谈话外，别无其他。病人说出他以往的经验，目前的印象，诉苦，并表示他的愿望和情绪。医生则只是静听，设法引导病人的思路，迫使他注意某些方面，给他一些解释，观察他因此而引起的赞许或否认的反应"[③]。

从压抑的理论中，弗洛伊德"获得了潜意识概念"并发现了"潜意识

---

① [美] 奈尔·诺丁斯. 教育哲学. 许立新，译. 北京：北京师范大学出版社，2009：72-73.

② 车文博. 车文博文集（第六卷）. 北京：首都师范大学出版社，2010：3.

弗洛伊德应用精神分析的生物学观点来解释人类社会历史和文化的起源和发展，并企求侵入文学艺术和一切社会科学领域。这种扩大化了的精神分析，亦称为弗洛伊德主义。

③ [奥] 西格蒙德·弗洛伊德. 精神分析引论. 高觉敷，译. 北京：商务印书馆，1986：5.

（Unconscious）"对人的心理发展起着非比寻常的重要作用。① 在精神分析中，弗洛伊德主要聚焦于潜意识。他在《自我与本我》中阐明了潜意识之于心理研究的重要意义："将心理区分为意识与潜意识，这是精神分析学的基本前提；而且只有这个前提才使精神分析学有可能解释心理生活中的病理过程——这些病理过程的普遍性像它们的重要性那样值得重视——并把它们安置在科学的结构之中。换句话说，精神分析学不能把心理的主体置于意识中，但是必须把意识看作心理的一种性质，这种性质可能和其他性质一起出现，也可能不出现"②。可以说，作为精神生活的一般基础，潜意识是精神分析的基石。就像法国著名精神分析学家于丽娅·克里斯特娃（Julia Kristeva）所评价的那样："弗洛伊德对潜意识的发现乃是新的阿基米德支点，它为始终依赖于他者和他人的心理现象开辟了一个得天独厚的领域，只要这种心理还有反抗的能力，生命便会在这里找到自身的意义。就是在这片领域之上，弗洛伊德创立了要求分析对象进行回忆的精神分析学，其目的在于创造一种新的生命，也就是对心理进行重新构建"③。简言之，潜意识是指人类心理活动中难以或永远无法进入意识中的部分，是人的本能冲动和被压抑的欲望的替代物，"被压抑的东西是潜意

---

① 对"潜意识"的理解，学界存在分歧。一种观点认为"潜意识（subconscious）"与"无意识（unconscious）"内涵一致，"无意识"也可称"潜意识"；另一种观点则认为，"潜意识（subconscious）"与"前意识（preconscious）"统称为"无意识（unconscious）"。阎书昌在其论文《汉语语境中弗洛伊德"Unconscious"的翻译及相关问题》中详细考察了"无意识"和"潜意识"的汉语翻译问题，指出："Unconscious 既可以翻译成'无意识'，又可以翻译成'潜意识'，但是在同一部著作中它被作为两个不同的概念来使用是错误的。"同时，据他考证，"Subconscious可译为'下意识'，它不是弗洛伊德的术语"。国内著名精神分析心理学研究者车文博教授在其著作《弗洛伊德主义》中将"unconscious"译为"潜意识"，将subconscious译为"下意识"；知名心理学研究者郭本禹教授在其著述中也只谈及"潜意识"，而没有谈及"无意识"。鉴于此，笔者在论文中依循先例，将"Unconscious"译为"潜意识"。同时，鉴于弗洛伊德"Unconscious"一词的汉语译文存在"无意识"和"潜意识"混用的现象，笔者在此特将所引文献中弗洛伊德"Unconscious"一词的汉语翻译统一调整为"潜意识"，其他译文内容保持不变。

② ［奥］西格蒙德·弗洛伊德. 弗洛伊德后期著作选. 林尘，等译. 上海：海译文出版社，2005：162.

③ ［法］于丽娅·克里斯特娃. 反抗的未来. 黄晞耘，译. 桂林：广西师范大学出版社，2007：11-12.

识的原型。"①在弗洛伊德看来，人的内心世界就像一座浮于海上的冰山，露出水面的是一小部分，它是可以觉察的意识；潜藏在水下的是绝大部分，它是难以觉察的潜意识，并且是显露于外的意识的基础。"每一个意识都具有一种潜意识的原始阶段；而潜意识虽然停留在那个原始阶段上，但却具有完全的精神功能，潜意识乃是真正的精神实质"②。

与传统心理学主要研究意识现象和内容不同，弗洛伊德的精神分析以潜意识为其基本内容和主要研究对象。因此，弗洛伊德的研究方法有别于传统心理学，他研究潜意识心理的主要方法有三种：自由联想、梦的分析和对日常生活的分析。③自由联想就是精神分析师让患者处在一个安宁清静的场域中，使其全身心都处于完全放松的状态。精神分析师不给患者任何有意识的引导，而是鼓励患者毫无保留地述说出所有一逝而过的想法，不管这些想法是不是荒诞或者无意义，就像坐在火车车厢窗户旁边的旅客向车厢里的某个人描述他所看到的窗外变换的一切景象④。梦的分析是弗洛伊德独具特色的心理研究方法。在弗洛伊德看来，梦具有深刻的含义，它不是偶然形成的联系，而是被压抑的欲望的象征性满足。梦所表达的不是神秘命运的启示，而正是做梦者更为深层的自我的表征。梦的分析就是从真实体验到的梦境揭示出其所隐藏的潜意识的本能欲望，从而呈现出梦的真正意义。通过对梦的深层含义进行阐释，做梦者可以更为深刻地理解自我；同时，释梦者通过解释做梦者的梦，能够更好地理解他的深层人格。对此，弗洛伊德说："梦的解释是通向理解心灵的潜意识活动的皇家

---

① ［奥］西格蒙德·弗洛伊德. 弗洛伊德后期著作选. 林尘，等译. 上海：上海译文出版社，2005：164.
弗洛伊德曾说道："一种历程若活动于某一时间内、而在那一时间内我们又无所察觉，我们便称这种历程为潜意识。"（参见弗洛伊德著作《精神分析引论新编》，高觉敷，译. 商务印书馆1987年版，第55页）

② ［奥］西格蒙德·弗洛伊德. 弗洛伊德文集·性爱与文明. 夏光明，等译. 合肥：安徽文艺出版社，1996：161.

③ 张海钟. 精神分析学派与女性心理学的发展. 兰州：兰州大学出版社，2006：16.

④ ［美］米切尔，布莱克. 弗洛伊德及其后继者. 陈祉妍，等译. 北京：商务印书馆，2007：20-21.

大道"①。对日常生活的分析是弗洛伊德分析日常生活中常见的遗忘、口误、笔误、疏忽等过失现象的方法。弗洛伊德在其著作《日常生活的精神病理学》中认为日常生活中的过失都有一定的动机，都是潜意识活动的产物。潜意识的活动和对潜意识的压抑不仅存在于精神病患者的心理活动当中，而且广泛存在于正常人的心理活动当中。过失行为和梦一样也是了解潜意识活动的重要途径。"若对日常生活中的各种过失行为加以分析，就可以透过过失表层的偶然无意的现象，发掘深层的潜意识内在动机，从而揭示过失行为的一定意义和目的"②。

自传课程从弗洛伊德的精神分析及在此基础上发展而来的荣格的分析心理学、梅兰妮·克兰因和埃里克·埃里克森的学说等相关理论中获取了大量的智源。精神分析的主要兴趣在于关注潜意识，自传课程也尤为关注学生的潜意识。与其说自传课程中的自传是一种文学体裁，毋宁说它是一种意识形式。自传课程即是一种致力于将个体从政治的、文化的和经济的影响网络中解放出来的方法，这些影响潜藏在意识的视野之外，但却构成了个体传记情境的生命网络。复杂的政治、文化和经济生活结构聚合成具体存在着的个体生活，引发个体对静态结构关系的潜意识知觉。③总的来说，精神分析是关于人的生命的探查，提供了一种探查人性的深刻洞见。"除了精神分析以外，任何现代的人类经验都没有为人提供重新开始自己的心理生命，因而也就是重新开始生命本身的可能性。"④自传课程致力于

117

---

① 车文博.弗洛伊德主义原著选辑（上）.沈阳：辽宁人民出版社，1988：136.

② 张海钟.精神分析学派与女性心理学的发展.兰州：兰州大学出版社，2006：16.

③ William F. Pinar. *Autobiography, Politics and Sexuality.* New York: Peter Lang Publishing, 1994:108.

④［法］于丽娅·克里斯特娃.反抗的未来.黄晞耘，译.桂林：广西师范大学出版社，2007：47.
法国哲学家德勒兹似乎并不认同精神分析对人的生命发展的积极作用，相反，他认为精神分析会抑制生命。他指出："精神分析好像是一种将欲望拖入绝境……的虚幻之物……是一种反生命的东西，一种死亡、戒律和阉割的颂歌，一种超验的渴望，一种教士的神职，一种教士的心理。"（转引自德勒兹《哲学与权力的谈判》，商务印书馆2000年版164-165页。）考虑到德勒兹是一名激进的后结构主义者，他的观点难免有后现代哲学偏激的倾向，在此，笔者并不认同他的观点。

促进学校中的个体的生命发展。在自传课程的理论视域中，课程超越了传统的学校课程定义，绝不仅仅是指代教科书或教学计划，而是意指学生全部的生活体验，是学生形成自我意识、选择人生道路的生命之旅。

自传课程的方法即是用自传的方法研究和理解学生的学校生活教育体验，这也受到了心理传记学的影响。心理传记学是心理学研究的"一种特殊的方式、一种艺术的方式、一种更为艰难的方式"，始于弗洛伊德所撰写的《达·芬奇对童年的回忆》一书。在弗洛伊德精神分析心理学之后，一部分研究者受其影响，将精神分析的方法用于分析研究个人微观生活经历，从而催生了心理传记学。美国知名心理学研究者、《心理传记手册》的主编威廉·托德·舒尔茨教授生动地概述了心理传记学的研究特征："如果心理学研究想要获得什么东西，如果心理学研究希望在某个阳光明媚的日子里，从实验室、单面镜、各种研究设备和仪器中走出来，进入一个没有人为控制的生命世界里，说一些关于人的活生生的事，那么心理学的研究对象不应是一群匿名的被试，而是具有历史背景的真实个人。心理传记学做的正是这种工作"[1]。心理传记学不是为了寻求关于任何一类人的共性，而是寻求关于个体的差异性和独特性；它的目标并非寻求普遍化，而是探索个体生命的最内在、最精妙和最独特之处。简言之，心理传记学在于理解和探索个人的独特性，"心理传记学的目标可以简单地陈述为对人的理解，……其目的就是试图理解那些最复杂的、最具有创造性的，甚至有时自相矛盾的个体生命"[2]。自传课程研究在一定程度上是对学生教育自传叙事的研究，也是一种个人生活史研究，是对个人内在生命的揭示与探察，通过对过去—现在—未来的反思，借着意识流的运动实现学生自我的生命体察。"运用传记研究——如果运用得当的话，可能会激起运动从而摆脱受困的困境，这种令人瞩目的现象足以用'解放'一词来表达。它恰好

①［美］威廉·托德·舒尔茨. 心理传记学手册. 郑剑虹，等译. 广州：暨南大学出版社，2011：2.
②［美］威廉·托德·舒尔茨. 心理传记学手册. 郑剑虹，等译. 广州：暨南大学出版社，2011：2.

是一种从堵塞了的运动中的逃脱。如此解放之后，人体验到理智的激荡，用精神分析的术语来说，就如力比多的涌流"①。

此外，自传课程在研究方法论上也借鉴了精神分析的思想。自传是在生命中探寻自我的方式，自传研究是一种自我研究，"通过它，我们可以找到自我疏离（self-estrangement）之墙上的裂缝，找到我们丧失于社会定义和科层角色中的自我。就像一柄锄头，自传允许自我缓慢通过累积内化的狭窄空间，进入个体前在历史的熔岩流（lava-flows）中"②。自传课程对主体自我的研究，不仅包括弗洛伊德心理结构理论谈及的"本我"（id）、"自我"（ego）和"超我"（superego），也包括荣格心理分析谈及的"自我"（self），即自传课程既从个人的维度也从社会的维度研究人的自性发展。类似于精神分析，自传课程被概念化为一种自我心理学的形式，能够探察和解释个体课程经验的显在和潜在意义。在实施方法上，自传课程借鉴了精神分析的自由联想法和深度诠释法。派纳曾指出："自由联想的技巧可以探寻潜意识的内容。它是概念的延伸，但是个体却可以将自传文本看作是一种投身自我的罗夏克测验（Rorschach test）"③。在自由联想之后，需要深度诠释来挖掘潜意识的内在含义。自传课程研究通过采用精神分析学者在了解事件的本源时所使用的深度诠释法，可以揭示可能被扭曲的事实或经验，进而发坺表面经验的深层根源。

小结

自传课程具有深厚的学术渊源。现象学、存在主义和精神分析等理论学说为自传课程研究方法论及相应的理论体系的确立提供了充沛的学术滋养。派纳等人从胡塞尔的超验现象学和舒茨的现象学社会学中借鉴了

---

① William F. Pinar. *Autobiography, Politics and Sexuality*. New York: Peter Lang Publishing, 1994:34.

② William F. Pinar. *Autobiography, Politics and Sexuality*. New York: Peter Lang Publishing, 1994:198.

③ William F. Pinar. *Curriculum Theorizing: The Reconceptualists*. Berkeley: Mccutchan, 1975:423.

"生活世界""生活体验""悬置"等概念，为将学校转化为师生的生活世界、将课程复归为生活体验提供了理论依据。自传课程是一种"属人的"课程，与抽象的、没有存在者的"非人化"课程相对，认为课程只有在个人的生命里才有意义、只有在际遇它的人的生命里才有生命。自传课程对个人存在意义的强调和彰显并非无源之水，而是深受萨特存在主义哲学思想的影响。并且，在现象学和存在主义的共同启示下，派纳提出了"课程即自我存在体验"的基本命题，自传课程由此成为"存在现象学"课程观的主要代表。鉴于传统学校教育忽视探寻个体的内在生命体验，进而导致学校教育扭曲人性并引发诸多心理危机，自传课程从精神分析理论获取启示，将"自由联想""深度诠释""潜意识"等学说引入课程领域，主张对个体的教育经验进行深度的精神分析，以揭示被遮蔽的自我并促进自我的重建。因此，精神分析理论为自传方法的构建奠定了坚实的方法论基础。

同时，自传课程学者也从杜威参与者知识论和波兰尼个人知识论中获得有益启示。在此基础上，他们对传统的"没有认识主体的"客观主义课程知识观加以改造，建构了一种肯定主体地位、倡导主体参与、为着主体发展的课程知识观，确证了教师和学生的自我知识的合理性与合法性。在自传课程的视域中，教师和学生是知识的建构者而非被动接受者，课程知识在本质上是个体与他者在教学情境中通过互动作用构建的自我知识而非教科书承载的固化知识。由此，自传课程重建了教师和学生的课程角色，革新了知识教学的基本方式，为"通过知识获得解放"提供了一种可能路径，即个体通过建构自我知识实现自我的重建和主体的解放。

第四章
自传课程的发展流变

严格地说，课程研究领域在20世纪70年代之前，并不存在实质上的自传研究学者。纵观课程发展史，自传课程理论的系统建构始于美国课程理论家威廉·派纳在20世纪70年代概念重建运动中将自传研究引入课程研究领域，倡导用自传方法研究个体的教育经验。[①] 此后，随着派纳及其追随者玛德琳·格鲁梅特等人的深入研究，以及越来越多的学者从自传的视角审思课程问题与课程现象，课程的自传性内涵及意义越发彰显，最终诞生了别具一格的自传课程理论。

经过四十余年的积淀，自传课程理论已发展成为一种主要的当代课程话语，与批判课程理论、女性主义课程理论、后现代课程理论等并驾齐驱。[②] 2010年国际著名学术出版机构SAGE出版集团（Sage Publications）出版的《课程研究百科全书》（*Encyclopedia of Curriculum Studies*）中就收录有"自传课程理论"（Autobiographical Curriculum Theory）的词条。如同词条作者珍妮特·米勒在考察自传课程的历史流变时所说：自传课程是一

---

① William F. Pinar, M.R.Grumet. *Toward a Poor Curriculum*. Dubuque: Kendall Publishing Company, 1976:51.
② 谢登斌. 当代美国课程话语研究. 桂林：广西师范大学出版社，2006：170–190.

种突破性的理论构想，推动了机械式、效率式和技术式课程理论的变革。经由派纳以及女性主义、后结构主义、后殖民主义、批判民族主义、酷儿理论（queer theories）等诸多流派学者的不断发展，自传课程从早期对自传方法的注重逐渐演变为一种多元的、流动的、充满可能性的、立足情境的理论体系。①

一、威廉·派纳的开创性探索

将课程理解为自传文本的自传课程理论萌生于20世纪70年代威廉·派纳的开创性探索。在自传课程理论的萌芽阶段，派纳主要致力于寻找一种新的课程研究方法，即"在一个完全科层化的学校背景下寻找一种能够研究真实教育经历的方法"②。通过借鉴文学、哲学、心理学的相关理论，派纳将自传研究法引入课程研究领域。而后，派纳与其学生格鲁梅特合作出版著作《走向贫困的课程》（*Toward a Poor Curriculum*），系统阐述了自传课程的理论基础、内涵、研究方法及价值意义。

自传课程理论的构建起始于1972年派纳尝试"从内部入手"思考课堂教学的自我反思。1972年，时年25岁的罗彻斯特大学助理教授派纳撰写了论文《从内部入手》（*Working from Within*）。在这篇论文中，派纳引述了美国著名画家杰克逊·波洛克（Jackson Pollock）不预先设计草图，而是直接绘画的做法。派纳认为自己与波洛克存在相似之处："我看待教学的方式与波洛克作画的方式相近。通常，我在走进教室的时候没有预设的教案。尽管我对该做什么会有一个总体的想法，但我并没有做详细的预设方案"③。在派纳看来，这种教学方法极具价值，"正如波洛克就其绘画方式所回答的那样，它是直接的。我和我的学生们以一种直接的方式在一起；

---

① Craig Kridel. *Encyclopedia of Curriculum Studies.* New York: SAGE Publications, 2010:62–67.

② ［美］威廉·派纳. 自传、政治与性别. 陈雨亭，等译. 北京：教育科学出版社，2007：前言Ⅲ.

③ William F. Pinar. *Autobiography, Politics and Sexuality.* New York: Peter Lang Publishing, 1994:7.

没有课业也没有权威感迫使我们的对话不够坦率；结果，我们常常进行认知上的和情感上的双重交流。课堂变得越发直接；我们常常沉浸在这一刻。我发现学生们往往会述说他们运思时的想法和感情，他们会对彼此和对我进行坦诚、直接地表述"①。此外，派纳赞同波洛克"表达内部世界——换言之——表达精神、意向和其他内在力量"的观念，他努力创造让学生自由表达内心世界的课堂氛围，不依赖外在于师生的学科内容，而是直接从内部着手开始教学。②总的来说，《从内部入手》这篇论文概述了师生回忆个人生活史、平等直接对话、彼此坦诚述说运思时的想法和感情、自由表达内心世界等多种新型教学方式，这是将自传方法运用于课程领域最早的尝试。③1973年，派纳撰写了论文《贝内特先生与布朗夫人》（*Mr. Bennett and Mrs. Brown*），进一步深化了"从内部入手"的主题研究。在这篇论文中，派纳赞同英国著名作家弗吉尼亚·伍尔夫在同名小说《贝内特先生与布朗夫人》中对旧时代小说家"从来没有看过生命，从来没有看过人性"的写作表达方式的深刻批判，指出教育研究领域同样存在着过于关注外部状况、忽视生命个体内部经验的弊端。对此，派纳指出"要略过诸如'课程'与'教学'乃至诸如'个体'和'人性'之类的词汇；要同时注视我们自身的内部世界和外部世界，并开始尽可能坦诚地和具体地描述我们的内在经验是什么"④。派纳此时发现了存在主义哲学、精神分析理论和意识流小说艺术对关注教育内部经验的方法借鉴意义，并表露出试图寻找一种独特的教育探究方法的迫切期望："我们绝不能仅仅依赖于表达何其巧妙的文学想象，或者心理问题的分析报告，又或是经验的哲学思考。这些方法需要综合构想，用以给我们提供一种独特的教育探

123

---

① William F. Pinar. *Autobiography, Politics and Sexuality.* New York: Peter Lang Publishing, 1994:9.

② William F. Pinar. *Autobiography, Politics and Sexuality.* New York: Peter Lang Publishing, 1994:10.

③［美］威廉·派纳 等. 理解课程（下）. 张华，等译. 北京：教育科学出版社，2006：540.

④ William F. Pinar. *Autobiography, Politics and Sexuality.* New York: Peter Lang Publishing, 1994:16.

究方法，一种将允许我们对我们的内部进行如实、公开和有效观察的方法"①。在早期的论述中，派纳都提到了"从内部入手"、表达个体内在经验的方法尝试。尤其是在《贝内特先生与布朗夫人》中，派纳看到传记情境（biographical situation）与课程学习之间的联系。在此基础上，他提出新方法的可行实践策略：将注意力从外部公共世界转移到我们的即时经验、将注意力持久地投注到个体内部心理世界，以期发现个体真实的精神状况和探寻内在经验。

如果说1972～1973年的研究是派纳个人对自传课程方法的初步探索，那么，1974～1975年的研究则是派纳及其追随者格鲁梅特对自传课程方法的系统建构。在这两年期间，派纳及其追随者格鲁梅特发表了数篇有关自传课程研究的重要学术论文，阐述了自传课程的理论内涵。在论文《教育经验的分析》中，派纳指出要想阐释教育经验的本质及认识自我，需要一种利用了精神分析心理学及现象学基本假设的不同方法。在论文《自传课程：走向概念重建》中，派纳进一步深化了对自传课程理论的阐释。在他看来，与传统课程论强调可见的、外在的、公共的经验不同，自传课程着重探究个体的内在经验。"自传课程是对教育经验的研究，它历史地植根于课程领域，植根于存在主义、现象学和精神分析心理学。"②之后，罗彻斯特大学研究生格鲁梅特撰写论文《自传课程的存在主义和现象学基础：课程探究中的自我报告》，追溯了自传课程概念和存在主义及现象学两大哲学传统之间的联系。格鲁梅特指出："教育经验的自传式探索的理论基础源自人本主义哲学，现象学强调主体与客体在人类知识动态构成中的相互作用，存在主义强调人及其情境的辩证关系"③。在论文《寻找一种方法》中，派纳指出新的研究方法需要自

① William F. Pinar. *Autobiography, Politics and Sexuality.* New York: Peter Lang Publishing, 1994:17.

② William F. Pinar. *Curriculum Theorizing.* Berkeley: Mccutchan Publishing corporation, 1975:400.

③ William F. Pinar, M.R.Grumet. *Toward a Poor Curriculum.* Dubuque: Kendall Publishing Company, 1976:35.

传，主体教育经验的评论，主体当前情境及其历史的、社会的、物质的生活世界的现象学描述，以及主体回应的记录。自传课程探查主体在传记过去、现在和未来中的教育经验，其方法以具体背景（context）和自我报告（self-report）为基础。在论文《自我与他者》中，派纳延续了之前的自传课程主题研究。他一方面从"自我"的视角详细地回顾了自己的教育生涯经历、阐述了自己转向内在教育经验分析研究和寻找新教育研究方法的原因，并分析了课程概念重建和新研究方法的重要意义；另一方面从"他者"的视角评述了麦克唐纳德、玛辛·格琳、休伯纳等人的课程观点，并在此基础上提出了将课程研究者划分为传统主义者、概念经验主义者和概念重建主义者三个阵营的理论架构。而后，派纳在美国教育研究协会1975年的年会上宣读了论文《自传课程的方法》，正式提出了自传课程研究的方法论。"自传课程的方法是回溯（regressive）—前瞻（progressive）—分析（analytical）—综合（synthetical）"[①]。回溯是指回到过去，按原状把握过去，观察过去的运作；前瞻是指展望未来，让心灵自由联想，思考未来的期望；分析是指立足现在，描述传记的现在，分析过去、现在与未来之间的相互关系；综合是指整合前三个步骤，审视自我的具体存在，追寻新的、更高层次的生命存在。在此基础上，1976年派纳与格鲁梅特合作出版著作《走向贫困的课程》，阐述了自传课程的内涵、意义、方法、理论基础和教学实践，标志着自传课程理论基本体系建构完成。

《走向贫困的课程》是自传课程理论问世的宣言书，正如格拉哈姆所说："即使不能严格地称之为基本原理，此书对自传课程的存在主义、现象学和精神分析心理学基础的探索也是思想上的杰作，必须加以全面的考虑。只有这样，我们才能更加恰当地评价它并评估它长期作为课程领域中

125

---

① William F. Pinar, M.R.Grumet. *Toward a Poor Curriculum*. Dubuque: Kendall Publishing Company, 1976:51.

重要文件的可能程度。"①然而，就当时的课程研究状况来说，在1976年出版的52本课程论著作中，《走向贫困的课程》一书并没有引起传统课程研究者的特别关注，以致很快就绝版停印了。②这意味着，在自传课程理论萌生的早期阶段，它的学术价值并没有得到学界足够的重视。事实上，自传课程理论话语是20世纪70年代发生的概念重建运动的重要构成。"出现于20世纪70年代的最先的概念重建主义者的话语，是政治性和自传性话语，它一出现就暂时争得了支配性地位。在威斯康星——麦迪逊大学的阿普尔的领导下，政治性话语部分早获凯旋（70年代中期），到70年代末逐渐成为最重要和著述最多的部分。自传性话语作品在70年代末则黯然失色，它渐被阿普尔的马克思主义所击溃，部分被70年代后半段出现的女性主义理论所取代"③。

20世纪70年代后期，派纳的研究主题转向了性别理论，特别是着力探究男性性别理论。在转向性别理论的同时，派纳继续为自传课程研究著书立说以提供智力支持，从而进一步推动了自传课程理论的发展。然而，自传课程在当时并未获得课程领域主流学派的赞同，并招致了传统主义者的激烈批评。被派纳划归为"传统主义者"的美国资深课程研究学者坦纳夫妇在其1979年发表的论文《从研究中解放：概念重建主义者的指令》（*Emancipation from Research: The Reconceptualist Prescription*）中对自传课程的观点进行了激烈的抨击。他们认为派纳本人的研究不合理地采用了哈贝马斯的旨趣理论，拒斥科学的探究模式而转向内心中心的自传沉思过程，并通过一种"先验——存在的飘浮"以保证哈贝巴斯所

126

---

① Robert J. Graham. *Reading and Writing the Self.* New York, 1991:129.

② 据美国课程学家威廉·舒伯特统计，1976年美国共出版52部课程论著作，《走向贫困的课程》名列其中。在首次出版的30年后即2005年，《走向贫困的课程》一书被重新印刷出版。

③［美］威廉·派纳 等.理解课程（上）.张华，等译.北京：教育科学出版社，2006：43.

指出的"解放兴趣",由此沦为"神秘的炼金术"(mystical alchemy)①。
对此,派纳在1979年和1980年先后撰写论文《课程理论化中的具体和抽象》(*The Abstract and the Concrete in Curriculum Theorizing*)和《对批评者的答复》(*Reply to My Critics*),进一步为自传课程观点辩护以使其避免被人误解为"中产阶级的自恋"(bourgeoisie narcissism)。然而,无论是赞同自传课程的主张抑或是批评自传课程的主张,自传课程已经无可争议地成为课程研究领域重要的话题。正如美国著名课程研究者舒伯特所说:"自传和传记从20世纪80年代早期开始在课程文献中居于相当重要的地位"②。20世纪80年代,派纳与格鲁梅特先后发表了《自传与再概念化》(*Autobiography and Reconceptualization*)、《生活史与教育经验》(*Life History and Educational Experience*)、《课程研究的概念重建》(*The Reconceptualization of Curriculum Studies*)、《质性研究与自传方法中的问题》(*Issues in Qualitative Research and Autobiographical Method*)、《教育经验的还原与重建:课程理论的自传方法》(*Restitution and Reconstruction of Educational Experience: An Autobiographical Method for Curriculum Theory*)等一系列论文来解释自传课程理论的内涵。20世纪80年代课程领域的主要纲领性文本是课程学家威廉姆·舒伯特的著作《课程:观点、范式与可能》(*Curriculum: Perspective, Paradigm and Possibility*)。舒伯特在其著作中评述了派纳倡导的自传课程观点,认为"课程即存在体验过程"是一种重要的课程图景。③事实上,自传研究在20世纪80年代业已引起世界范围内教育研究者的重视。例如日本的浅沼茂、加拿大的康纳利与克兰迪宁、英国的古德森等学者或将自传理论与方法运用于社会科学教育,或将自传

127

---

① Daniel Tanner, Laurel N. Tanner. *Emancipation from Research: The Reconceptualist Prescription.* Educational Researcher, 1979 (6):11.

② [瑞] T. 胡森等. 教育大百科全书(第七卷). 丛立新,等译. 重庆:西南师范大学出版社, 2006:187.

③ William H. Schubert. *Curriculum: Perspective, Paradigm and Possibility.* New York: Macmillan College Publishing Company, 1986:33.

理论与方法运用于教育叙事研究，或将自传理论与方法运用于教师教育，以期从不同维度探讨自传的教育学意义。如果说自传课程的理论与实践研究在20世纪70年代的萌芽期是曲高和寡，那么，"在20世纪90年代我们发现情形已经非常不同。自传在这个领域已经变得如此重要，以至于《剑桥教育杂志》专门为这个主题出了一期特刊"①。1992年出版的由著名课程学家菲利普·杰克逊主编的《课程研究手册》（*Handbook of Research on Curriculum*）收录了埃里克森（F. Erickson）与舒尔茨（J. Shultz）合作撰写题为《学生课程经验》（*Students'Experience of the Curriculum*）的论文，其中就提及了学生课程经验的自传研究法。1995年出版问世的《理解课程》（*Understanding Curriculum*）被誉为当代课程理论的"圣经"。在这本经典著作中，将课程理解为传记文本与将课程理解为历史文本、政治文本、种族文本、性别文本、现象学文本、后现代文本、美学文本、神学文本、制度文本、国际文本等多元话语等量齐观，共同交汇成一幅课程领域的综合图景。

二、自传课程三大流派的形成

总的来说，在20世纪下半叶，经由课程概念重建，越来越多的学者倾向于将课程理解为自传/传记文本，并从理论和实践层面加以阐释，促使自传课程研究的对象、内容与方法都得到极大扩展，最终形成了三种主要学术研究流派。"第一种流派为'自传课程（currere）'理论与实践研究流派，其主要概念为'自传课程（currere）'、合作、声音、对话日志，以及包括对自我、经验、神话、梦与想象的后结构描述。第二种流派是女性主义自传研究流派，其主要概念包括共同体、中间通道、重建自我。第三种流派是教师自传研究流派，其主要概念包括合作传记、自我实践、教师的

---

① [美]威廉·派纳. 自传、政治与性别. 陈雨亭，等译. 北京：教育科学出版社，2007：前言Ⅱ.

个人实践知识、教师学问和教师生活的传记研究"[1]。

（一）主体自我意识的觉醒："自传课程（currere）"研究流派

有关"自传课程（currere）"理论与实践的研究大体上是基础性研究，包括对自传、课程中的自传、"自传课程（currere）"等进行概念界定和内涵剖析的基础研究，并通过相关主题教育实验阐述自传反思如何促进主体自我意识的觉醒。自传是主体存在体验的叙事，涉及主体的话语表达、情境在场等多种要素，因此，声音（voice）、空间（place）、梦境（dream）等有关主体内在经验呈现的主题都成为自传课程研究的对象。在众多关于自传理论与实践的基础性研究中，尤以派纳与格拉哈姆等人对自传课程的基本理论研究、玛丽莲·杜尔（Marilyn N. Doerr）和格鲁梅特对自传课程的实践研究、格鲁梅特与米勒等人对声音的研究、王红宇与迈克尔·凯斯摩（Michael B. Casemore）等人对空间的研究最具特色。

1. "自传课程（currere）"的理论研究

派纳在1978年发表的论文《课程领域的笔记》（*Notes on the Curriculum Field*）中阐述了建构自传课程理论的初衷：他和格鲁梅特一直在发展着的聚焦于个体存在体验的课程学说渴望在理智上获得教育学以及课程论学科的独立，渴望生成解放性的知识。为此，他们设计了一种用自传研究检视个体教育经验的方法，经由与感兴趣的学生一起明智地使用这种方法，就可以帮助他们突破理智的阻碍和思想的僵化，进而推动个体思想的运动。

---

[1] Craig Kridel. *Encyclopedia of Curriculum Studies*. New York: SAGE Publications, 2010:62–67. 此处翻译参照了Understanding Curriculum一书的中文译版。

派纳提及的"currere"从属于"自传课程（Autobiographical Curriculum）"，"自传课程"是上位概念亦即属概念，"currere"是下位概念亦即种概念。国内课程学界原多将"currere"一词译为"存在体验课程"或"存在经验课程"，近年来张华教授将其译为"自传课程"，以突显派纳课程思想的主要特征。笔者在此选用张华教授的译法，但考虑到本研究涉及的"自传课程"不仅包括派纳的观点，还融合了女性主义自传研究派别和教师自传研究派别的观点，为此采取汉译加原词的方式在文中将"currere"译为"自传课程（currere）"以示与作为上位概念的"自传课程"相区别。概而言之，本研究中提及的"自传课程"是广义的"自传课程"，由派纳首创，核心构成是派纳提出的"自传课程（currere）"，此外也吸纳了其他相关学者的思想主张。

个体思想运动发生在个体生活史的情境中，当它发生的时候即转化为教育经验。在此意义上，自传课程研究即是研究课程在教育经验中的作用。^①紧接着，派纳又在1979年发表的论文《课程理论化中的抽象与具体》（*The Abstract and Concrete in Curriculum Theorizing*）中进一步阐明了"自传课程（currere）"的解放旨趣。"自传课程（currere）"试图通过恢复直接的个体经验、恢复个体对自我和世界的体验感觉将抽象概念放置在个体的生活体验情境中，从而寻求个体的解放。"通过关注个体，对抽象的概念进行改造并开始将个体自我从意识形态的控制中解脱出来是可能的。个人的声音变得清晰可辨。通过回溯地、前瞻地、分析地和综合地工作，个人开始从智识和文化的作用中恢复自我。它是启动学术事业、自我与世界辩证关系的工作。这项工作不是政治的退缩或心理的自恋。相反，'自传课程（currere）'的方法是一种致力于将个人从政治的、文化的和经济的影响下解放出来的方法，这些影响也许被埋藏在个人意识的视野之外，但却构成了个人传记情境的生活网络"^②。针对阿普尔等政治取向的课程研究者指出自传课程陷入了唯我论和自我中心的泥淖、忽视了对社会的关注和批判的质疑，派纳澄清了自传同样也具有的政治功能，并指出对社会的批判应当建立在对个体自我的分析基础上。伴随着对课程的社会经济功能的批评，必须有对课程的传记功能的批评。自传内在包含了体验的政治、经济、性别和理智维度；事实上，每一个维度都在个体具体的日常生活中得到实现。^③ 由此，派纳建构了一种新的主体课程观："课程不是由诸多科目（subjects），而是由诸多主体（Subjects）、主体性（subjectivity）构成的。课程的开展就是建构自我、建构主体性生活体验的过程。自传即是自我的建构，建构一个当我们在阅读、写作、说话与倾听时创造与体现着的自

---

① William F. Pinar. *Autobiography, Politics and Sexuality.* New York: Peter Lang Publishing, 1994:90-91.

② William F. Pinar. *Autobiography, Politics and Sexuality.* New York: Peter Lang Publishing, 1994:103-108.

③ William F. Pinar. *Autobiography, Politics and Sexuality.* New York: Peter Lang Publishing, 1994:130.

130

我"①。

　　1991年，格拉哈姆出版著作《读写自我：教育与课程中的自传》（*Reading and Writing Self：Autobiography in Education and Curriculum*）系统考察了自传课程的基本内涵、发展脉络和实践应用。格拉哈姆首先分析了文学理论和杜威经验美学思想对自传课程的启示作用，进而建构了教育中的自传即过程、方法和结果（autobiography as a process，a method，or a product）的理论阐释框架。在他看来，自传是一种自我写作、自我反思的方法，将自我扎根在体验之中，是完成课程概念重建的首要途径。不仅如此，格拉哈姆还分析了自传对个体成长与发展的重要意义。他认为，自传作为一种文本、虚构文学、美学作品体现了我们业已选择的组织和解释我们自身经验的方式，能够揭示我们自身的自由的性质和程度。1992年，格拉哈姆在《教育研究杂志》发表论文《自传课程与概念重建主义：朝圣之旅的过程（1975—1990）》，详细分析了派纳与格鲁梅特等人建构的"自传课程（currere）"的起因、内涵、发展脉络、目的、历史贡献以及争议存疑。格拉哈姆指出："自传课程（currere）"是对泰勒原理的反叛。通过将注意焦点从关注设计和目标的技术理性转向思考个人自我的内在经验，派纳赋予了"自传课程（currere）"一种研究教育经验的适切性知识生产方法。"自传课程（currere）"的理论基础来源于存在主义、现象学以及精神分析心理学，派纳期望从中汲取借鉴进而能够根据个体的自我意识有效分析教育经验、重构课程材料。同时，格拉哈姆指出，尽管自传研究有助于促进个体的主体意识觉醒，但在实践中仍会遭遇困境，因为学生经常不愿意向老师或研究者敞开个人信息，对于他们来说，向他人讲述生活故事是一件冒风险的事情。如果学生和教师及研究者之间未能建立良好的新型关系，那么就远不能声称自传课程能够创造奇迹，促使越来越多的学生意识

131

----

① William F. Pinar. *Autobiography, Politics and Sexuality.* New York: Peter Lang Publishing, 1994:220.

到他们的生活蕴含着权力和可能；也远不能声称自传课程独自代表了个体以及集体追寻课程人文性意义的唯一捷径。[①]

2. "自传课程（currere）"的课堂实践研究

在"自传课程（currere）"的理论研究基础上，一些理论研究者和一线教师从中汲取智慧，尝试着将"自传课程（currere）"的理论研究成果付诸实践，以期改变课堂教学的状况。在众多的"自传课程（currere）"课堂实践探索中，玛丽莲·杜尔的环境自传课程（Environmental Autobiography）与格鲁梅特的教育戏剧创作最为引人夺目。杜尔是美国宾州一所私立学院男子预科学校的教师，自1998年起承担了9～12年级的生态学课程教学工作。她将派纳的自传教育学理念运用到生态课程的课堂教学当中，激发学生从"我知道"到"我关心"再到"我想为此采取行动"，促使学生体悟"与生态和谐共生"的哲学。杜尔的教学研究借鉴了诺埃尔·高夫（Noel Gough）的环境教育自传法，"如果我们要在环境教育研究中运用自传法，我们应当尝试着生成教育经验的新的可能性，而非仅仅是重复前人的经验"[②]。杜尔整体设计了名为"环境自传"的项目。她有意识地引导学生回忆过往与生态环境有关的经历，鼓励他们讲述各自经历的生态环境故事、反思自己现在所处的环境境况、展望未来的环境愿景，进而要求学生在此基础上撰写个人的"环境自传"（Environmental Autobiography）。杜尔试图通过分析学生的环境自传材料来理解作者本人独特的日常生活体验和学校教育体验。为此，当杜尔分析环境自传时，她总会自我反思一些问题：（1）环境自传写作是如何影响学生的？（2）在环境自传项目结束后，学生是否会察觉到自我的变化差异？（3）学生相关的

---

① Robert J. Graham. *Currere and Reconceptualism: the Progress of the Pilgrimage 1975-1990.* Journal of Curriculum Studies, 1992（1）:27-42.

② Noel Gough. *Surpassing Our Own Histories: Autobiographical Methods for Environmental Education Research.* Environmental Education Research, 1999（5）:407.

叙述事件是否有助于他们形成现在的自我？（4）在课堂上与同伴一起分享环境自传是有助于还是阻碍了学生自己的自传过程？（5）作为课堂教师，我能否发现学生的环境自传与其他课程学习之间的直接联系？带着这些问题，杜尔进入到学生的内心世界，触摸真实的学生生活情境。在课堂教学中，杜尔运用派纳建构的自传课程方法，引导学生在回溯—前瞻—分析—综合的过程中内化生态学基本原则，形成自我的生态认同。[①]通过历时5年对100余名学生的环境自传的分析研究，杜尔深切感受到自传在促进学生自我认识和心智发展过程中所起的重要作用。杜尔非常赞同派纳的观点，坚信"自传研究是一些窗子，允许我们再次看到我们从前所爱的东西，以及在这样做的过程中，更清楚地看到我们现在所爱的人与物"[②]。

"课程作为戏剧文本是自传课程的一个变种"[③]。格鲁梅特等人对自传课程与戏剧的研究代表了这一领域中最富有启发性的范例。格鲁梅特将课堂教学与戏剧教育相结合，通过采用戏剧表演，特别是即兴舞蹈、行为训练和现场创作的方式，引导学生返回自身，反思他们自己的身体、情感、思维和语言的感觉意识，从而揭示课程即戏剧的内涵。在格鲁梅特探索戏剧教育基础上，玛格·费金斯（Margo Figgins）进一步改造了对自传课程和戏剧的研究。费金斯和他的学生展开合作，共同编演了自传性质的教育戏剧。参与演出的学生演员在研究戏剧理论文本以及自我的生活历史后，撰写了各自的表演脚本。由此，学生作为艺术家的自传性文本与学生真实自我的传记情境相结合。"当参与者从传统的'适当行为'的限制中解放出来并探讨在'假定的角色'的保护下他们的人格的要素时，这一工作通过即兴的角色扮演而得到加强。其潜在作用在于用这种教育戏剧可以引

133

① Marilyn N. Doerr. *Currere and the Environmental Autobiography: A Phenomenological Approach to the Teaching of Ecology.* New York: Peter Lang International Academic Publishers, 2004:2-193.

② ［美］威廉·派纳. 自传、政治与性别. 陈雨亭，等译. 北京：教育科学出版社，2007：219.

③ ［美］威廉·派纳 等. 理解课程（下）. 张华，等译. 北京：教育科学出版社，2006：613.

导参与者审视他们扮演的角色所创造的反应，并辨别常常未被注意到的自我的那些反应"①。简言之，通过参与自传性教育戏剧项目，学生得以唤起沉睡的自我，进而实行自我的改造。

（二）建构性别身份认同：女性主义自传研究流派

20世纪70年代后期，课程研究领域中兴起了女性主义取向的课程研究。女性主义不仅代表了一种民主运动思潮，也逐渐发展成为一种极具特色的课程理论。顾名思义，女性主义课程研究主要着重于分析女性在学校课程中的身份处境，将课程视为一种性别文本，通过对主导的父权制做出深刻批判，以期确证女性的性别身份认同，进而促进女性的主体解放。桑德拉·沃伦斯坦（Sandra Wallenstein）、芭芭拉·米特莱诺（Barbara Mitrano）、格鲁梅特、珍妮特·米勒等人发现了自传对女性主义的促进作用，在此基础上进行了一系列女性主义自传课程理论研究。在女性主义研究者看来，自传有助于"打破沉默之声"，通过自我言说和发出声音彰显女性的身份。事实上，在不同的教育场合，自传已经被女性团体、女权主义理论家用作消除失语和发出声音的最有力方法。例如，批判教育学家琼·温克（Joan Wink）曾回忆了自己从小时候起就无法发声的苦楚："我没有声音。我的抵触、愤怒和决心被压制了。我大半生都被一个强大群体的声音主宰着。这个单一的声音对许多人而言都具有限制力"②。她透过批判教育学的视角，发现了"声音"在教育中的重要作用，阐释了声音与教师赋权之间的内在联系，并将其运用到女性教师的专业发展中，鼓励女性教师勇于发出自己的声音，努力表达自己的观点。简言之，自20世纪70年代末，在概念重建主义者的推动下，"自传成为女性主义研究与理论的重要方法。同时，女性主义理论扩展了我们对自传理论与实践的知识，包括共同体、合作、声音与中间通道的意义。自传工作与女性主义理论和政治

---

① ［美］威廉·派纳 等.理解课程（下）.张华，等译.北京：教育科学出版社，2006：623.

② ［美］琼·温克.批判教育学——来自真实世界的笔记.路旦俊，译.长沙：湖南教育出版社，2008：81.

实践具有深刻的一致性"①。

　　女性主义自传课程研究是女性主义理论与自传课程理论的合金，揭示了深受父权制影响的传统课程研究领域的诸多弊端，进而发展成为独树一帜的女性主义课程理论。早期的女性主义课程理论家利用自传作为认可女性经验在现有课程结构和过程中作用的方式，对那些代表父权的结构和过程予以挑战，并着力将女性经验纳入学科之中，促使其在课程理论和实践中表征体现出来。桑德拉·沃伦斯坦在1979年发表的论文《女性主义课程理论的注解》（*Notes toward a Feminist Curriculum Theory*）和《课程理论中的反省性方法：一个自传式案例研究》（*The Reflexive Method in Curriculum Theory：An Autobiographical Case*）中将自传研究和女性主义理论相结合，探讨了学校教育与课程理论中的性别问题，从而将性别提升为自传理论中的重要课题。沃伦斯坦指出，课程理论的建构必须兼顾两性的观点，唯此才能消除传统课程理论中隐藏着的父权宰制意识形态。同时，她强调女性主义理论与概念重建学派课程理论之间的互补性，企图通过自传研究来弥合传统课程理论研究个人发展取向和社会发展取向的二元对立。与此同时，芭芭拉·米特莱诺也从女性主义视角对传统课程领域的研究假设与方法提出质疑与批判。传统课程领域深受实证主义和科学化运动的影响，假定学校课程是政治中立的、几乎不受任何文化偏见和意识形态的干涉。米特莱诺则认为主导传统课程领域的所谓科学研究假设与方法都隐含着浓重的父权特质。她在1981年发表的论文《女性主义与课程理论：对教师教育的启示》（*Feminism and Curriculum Theory：Implications for Teacher Education*）中指出，概念重建主义者的课程理论与女性主义课程理论密切相关，都涉及自我体认和自我超越。概念重建主义者的自我反省经验、现象学理解与自传研究等诸多主张对女性主义课程理论探索提供了有益借

135

---

① ［美］威廉·派纳等.理解课程（下）.张华，等译.北京：教育科学出版社，2006：575.

鉴。基于对女性经验的理解，课程应当彰显循环性、统整性、情感性、反思性与包容性等各种女性特质。①

随着女性主义课程理论日益发展成熟，通过改进自传方法，一些女性课程理论研究者开始进一步探讨性别认同、主体建构等问题，并阐释和质疑原有的自我的概念。自传由此成为"重写在变动的人际和政治环境之中的自我"的方式，即自传可以是个体藉以描述自身不断变换的图像和痕迹及解释自身教育经验、观点、构想和境况的多种版本的方式。经过多年的理论积累和实践研究，珍妮特·米勒形成了系统化的女性主义自传课程主张。她论证了课程与自传的内在联系，将课程视为酷儿性（queer）课程实践，强调运用自传的方式探索女性性别认同、自我与他者之间的关系，希望借助自传来让女性发出声音，打破性别沉默的现状，填补女性生活世界与教育公共话语之间的割裂，从而超越公共认同与父权宰制的规制性话语及控制性声音，重新构建新的主体空间与声音。派纳高度评价了珍妮特对女性主义自传课程理论化研究的学术价值："在珍妮特的自传声音中我们可以听到'打破沉默之声'。这一勇敢的声音说出'社会性别、性别与课程之间没有说出的关系'，这在当时的20世纪70年代末刚刚成为'教育领域尤其是课程领域的核心问题'"②。在《创造空间与发现声音》《打破沉默之声：女性、自传与课程》等著作中，珍妮特详细阐述了女性主义自传课程思想，探讨了沉默对建构她个人的"自传"和其他女教师自我观的影响，对此进行了自传性与合作性的研究。正如珍妮特所说，女性主义自传课程研究能够促使教育工作者不断质疑和反思，对局限我们作为学生、教师以及课程创造者的自我概念提出挑战，并创造全新的课程与教学观。与之类似，美国女学者帕获·波克（Pattie C.S. Burke）在其著作《女性与教

① Mitrano, B. *Feminism and Curriculum Theory: Implications for Teacher Education.* Journal of Curriculum Theorizing, 1981（2）：5-58.

② ［美］珍妮特·米勒. 打破沉默之声. 王红宇，译. 北京：教育科学出版社，2008：序言Ⅳ.

育学：教育通过自传性叙事》（*Women and Pedagogy*：*Education Through Autobiographical Narrative*）中叙述了其作为高中艺术教师和大学学生时的经历，通过采用故事、诗歌等自传性叙事的表现形式将个人生活成长经历与教育体验感悟融为一体，进而从女性主义的视角探讨了女性的受教育权、生命与教育、女性身份认同、教育中的女性性别问题等诸多话题。帕荻非常推崇自传性叙事方法在呈现自我教育经历时所起的重要作用，她认为，无论是男性还是女性、教师还是学生，都将洞察到自传性写作作为理解自我、学校和社会的工具的价值。自传叙事有助于重建教师和学生之间的身份角色——在自传课程的架构中，教师与学生不再是截然对立的实在，二者有着内在的一致性。她写道："我相信我们所有人都生活在我们自己的叙事和诗歌中。当我们写下自己的故事或阅读他人的故事时，我们就都变成了学生"[①]。总的来说，将女性主义与自传研究相结合的女性主义自传课程研究赋予了课程新的含义，拓展了课程研究的内容，也促进了学校教育课程与教学实践的变革。

（三）从个人生活史中探寻教育的意义：教师自传研究流派

自20世纪80年代起，教师教育和教师发展领域也受到了自传研究的影响，各国学者通过运用自传的方法探寻教师个人的生活经验的教育意义。其中，英国课程史学家艾汰·古德森对教师生活史的研究尤具代表性。生活史研究源起于自传研究，正如古德森所说："第一批生活史是20世纪初人类学家收集的美国印第安酋长们的自传"[②]。古德森课程史研究的显著特色在于将课程史研究与生活史研究相结合，在课程史研究中加入"传记文本"的研究视点，透过分析教师的生活史了解课程变革的原因。古德森指出，已有的学校教育研究忽略了个人和集体的传记，为了弥补已有研究

---

① Pattie C.S. Burke. *Women and Pedagogy: Education Through Autobiographical Narrative.* New York: Educator's International Press, 2009: xlviii.

② Ivor F. Goodson. *The Making of Curriculum.* London: The Falmer Press, 1988:69.

的不足，应当将对学校教育的研究与个人传记和历史背景的分析联系起来，注意收集生活史资料，复兴生活史研究。就教师而言，教师的生活方式，无论是在校内还是在校外，他们潜在的特征和文化都会影响自身的教育观念和教育实践。为此，"我们必须深入通过个人传记，研究个体的差别与变化，并通过对教师职业经历背景的研究，将这些与历史因素结合起来。后者让我们在更宽泛的学校教育演变模式中——如学校革新的发展、学校科目、教育体系和教师职业本身——看待个人"①。古德森的教师生活史研究是别具一格的创新，改变了传统历史研究普遍偏重从宏观层面及外部视角解释历史的行径。古德森的研究思想主要体现在《课程的形成》（ *The Making of Curriculum* ），《传记、认同和学校教育：教育研究中的插曲》（ *Biography, Identity and Schooling: Episodes in Educational Research* ），《研究教师的生活》（ *Studying Teachers' Lives* ）、《叙事教育学：生活史与学习》（ *Narrative Pedagogy: Life History and Learning* ）、《学校生活：研究指南》（ *The Life of a School: A Research Guide* ）、《发展叙事理论：生活史与个人呈现》（ *Developing Narrative Theory: Life Histories and Personal Representation* ）等系列著作中。例如，在《课程的形成》一书中，古德森展示对一位名为帕特里克·约翰逊（ Patrick Johnson ）的教师进行生活史研究的实例。古德森探析了约翰逊早期所建构的教育观是如何因学科专业主义及应试教育的侵蚀而瓦解崩塌，约翰逊个人自我的提升是如何与任教学科的地位提升产生相互关系，以及约翰逊是如何应对教育意识形态而进行教师专业发展等问题。②

古德森之所以着重教师生活史的研究，一方面源于他对课程内涵的独特理解，一方面在于他对传统课程研究方法的纠偏。他认为，课程不是知识的集聚或活动的结果，而是生命的活动过程。因此，教师和学生不是实际运作课程（ espoused curriculum ）的被动承受者，他们的课程实践必

①［英］艾沃·古德森.环境教育的诞生.贺晓星，等译.上海：华东师范大学出版社，2001：255.

② Ivor F. Goodson. *The Making of Curriculum*. London: The Falmer Press, 1988:90–112.

然包涵着课程的改造与创新；课程的形成应被视为是置于历史、结构与传记三种论述互动下所产生的结果。古德森对教师生活史和教师自传研究形成了四大基本论点，并建构了严格的方法体系：（1）教师先前的职业和生活经历塑造了他/她的教学观和教学方式；（2）教师的校外生活，他/她的隐形认同和文化，可能对他/她作为一名教师的工作产生重要影响；（3）教师的职业经历是一个至关重要的研究焦点；（4）我们必须尝试将个体的生活史放置到他的时代历史中。[1]正如古德森所指出的那样，传统的课程研究因受实证主义的影响而较多采用量化研究方法；在研究过程中，教师的生活经验、心理感受、情绪皆被视为干扰因素而被严格排除在外，这难免导致教师作为行动主体的声音缺失和生命缺位。事实上，教师生活史中所发生的一些重要事件，常常会影响他们的认知观念与实践行动。基于此，古德森认为，极其有必要在进行课程史研究时结合教师生活史的分析路径，从中理解课程变革的背景和脉络，探析个体在课程变革中的具体反应，捕捉与描绘课程中的重要问题。正如古德森所呼吁，必须"重新定义教育研究，以使'教师的声音'能够被人们清楚地大声听到"[2]。为了更有效地通过教师生活史和教师自传分析路径进行深入的课程史研究，古德森认为可以从三个层面来展开分析：第一个层面是个人生活史层面（The individual life history），在此层面中，演变的过程是通过个人生活史的偶发事件和长期社会化过程；第二个层面是群体层面（The group or collective level），这个层面主要视专业（professions）、范畴（categories）、科目或学科（subjects or disciplines）的演变为一种社会运动，它同样会影响学校和教室中稳定和改变的形态；第三个层面是关系层面（The relational level），它是针对在不同时期，介于个人之间、群体之

139

---

① Ivor F. Goodson. *The Making of Curriculum*. London: The Falmer Press, 1988:81-82.

② Ivor F. Goodson. *Biography, Identity and Schooling: Episodes in Educational Research*. London: The Falmer Press, 1991:139.

间，以及个人与群体之间关系的各种变化。[①]

　　生活史研究通常只呈现出一种"讲故事"（telling tales）的形态，其信度和效度受到学界的广泛质疑。为了提升生活史研究的规范性和学术性，古德森特别提出了"三角检测"（triangulation）的概念，即是指生活故事、他人生活史和与背景相关联的文献资料三种资料的相互检验。"生活故事是人们所提供的关于他们生活的原初叙事，生活史是三维叙事。生活故事是生活史这个三脚架的一个支撑点，另外两个支撑点是其他人的陈述和文献记录，以及与所研究的生活相关的文件与档案"[②]。生活故事是指主体对自己经历的回顾，主要集中在特定的问题及议题；生活史的范围则更加广泛，主要借由其他的资料，并将主体放置在其所处的历史背景中。在古德森看来，一个生活故事如同一幅大拼图中的一个图片，因此，需要广泛收集尽可能多的生活故事以作为探究的素材，唯此才能完成一幅完整的拼图。[③]同时，古德森强调，生活故事的讲述者和研究者应建立密切的合作研究关系，以避免人为的研究失真。这即意味着在研究教师生活史和教师自传时，不只是关注历史背景中的生活故事、生活史及相关文献资料，同时也要将讲述故事的教师纳为研究主体，让他们反思及表达对自身工作和生活境况的理解。[④]总的来说，古德森进行微观层面的生活史研究并非否定宏观层面的政策研究和系统研究，而是试图理解宏观层面的课程改革在微观层面的个人生活史中被重新加以诠释的过程。

三、新时期自传课程理论的泛化

　　在课程研究的新时期，派纳针对后概念重建时代课程领域的境况，

① Ivor F. Goodson. *The Making of Curriculum.* London: The Falmer Press, 1988:92.

②［美］威廉·派纳. 课程：走向新的身份.陈时见，等译. 北京：教育科学出版社，2008：2.

③ Ivor F. Goodson. *The Making of Curriculum.* London: The Falmer Press, 1988:110.

④ Ivor F. Goodson. *The Making of Curriculum.* London: The Falmer Press, 1988:110.

提出了"从自传到寓言"（from autobiography to allegory）的主张。为了理解课程即复杂的会话，派纳借用了"寓言"（allegory）的概念。在他的用法中，"寓言"与"重建"相关，都是重新激活过去以期发现未来。从词源学上看，"寓言"的古希腊原初词义预表了自传的、教育的和交流的性质。寓言性地理解课程通过将人的主体性串联贯通，从而将过去包含在现在之中。寓言强调言外之意，这预示着个体的生活史是被更大的影响圈塑造的。并且，寓言的运动不仅是外在的，也是内在的。寓言包括了神话和史实、文化和个体、抽象与具体的共在。寓言的双重意识意味着并置社会和主体、伦理与政治、普遍与特殊。因此，寓言性的重建不仅是主体性的重建，也是社会性的重建；寓言不仅促进自我理解，也促进社会理解。此外，寓言意指的不是事实的静态知识，而是个体的创造性想象，这种想象能够联结和创造有关不同和更好的历史背景的全新观念。寓言在教师的研究中开始，在学生进行复杂的会话中结束。简言之，寓言是自传的延续。作为一种寓言形式，自传成为21世纪的教育性政治实践。[①]

与此同时，派纳考察了课程研究的发展历程，认为课程研究经过概念重建之后现处于国际化研究阶段。在这一时期，课程研究的主要使命是促进国际领域的课程研究的交流与对话，并塑造课程研究的学科性（disciplinarity）。"课程研究的国际化和学科化是紧密相关的。没有学科化的基础，人们很容易在国际化的过程中迷失方向，在国际化中丢失了自己的身份，不知道自己是谁，甚至脱离了各自不同的本土的情境"[②]。在派纳看来，课程研究的学科性意味着课程研究领域确立了坚实的基础，进而形成课程自身的身份认同；而课程研究基础的确立有赖于基本学科结构的确立。概而言之，课程研究的基本结构包括垂直性结构和水平性结构（verticality and horizontality）："垂直性"系指思想史（intellectual

---

① William F. Pinar. *What is Curriculum Theory?*（*second edition*）. New York: Routledge, 2012:48-57.
② 屠莉娅. 课程研究的学科化与国际化. 全球教育展望, 2008（12）: 12.

history），即研究课程领域的发展历史，追寻课程理论的演进脉络，洞悉课程研究的理智传统；"水平性"系指当前情境（present circumstance），即研究课程领域的发展现状，描摹当代课程话语的图景概观，形成课程研究的综合理解。通过垂直性结构和水平性结构的整合，过去与现在由此连为一体并观照未来，从而解构了过去、现在与未来相互割裂的传统结构。塑造课程研究的学科性具有极其重要的意义，正如派纳所言，如果课程学人不了解课程研究的学术史，不理解当前的情境，就无法履行应尽的使命。因此，它能够促使课程研究者建构整体论的研究思维，在探察课程研究领域的理智传统与当前情境的基础上展望未来发展趋势。在此基础上，派纳提出"通过学科性促进学术发展"（Intellectual advancement through disciplinarity）的主张。实际上，课程研究的学科性与自传课程一脉相承，二者都是对课程领域内部的探查。"我们可以把课程研究的学科化看作不同国家和地区的课程领域的内部过程，是一个国家（地区）的课程群体的自传"①。分析课程研究学科性的内涵，不难发现课程研究的学科性实质上是自传课程的一种变体和重置。如上所述，课程研究的垂直性结构强调对过去历史的考察，这实际上对应了自传研究的"回溯"（regressive）步骤；课程研究的水平性结构强调对当前情境的考察，进而展望未来发展趋势，这实际上对应了自传研究的"前瞻"（progressive）步骤；并且，课程研究的垂直性结构与水平性结构不可分离，二者交织一体，共同构成课程研究的坚实基础——因此，塑造课程研究学科性的过程即是课程领域自传式回溯（regressive）—前瞻（progressive）—分析（analytical）—综合（synthetical）的过程。舒伯特高度评价了自传课程与学科性在课程研究中的贡献，也清晰地揭示了自传课程与学科性之间的思想渊源。恰如舒伯特所说：尽管派纳与格鲁梅特描述的自传课程与理解个体密切相关，但这种

---

① 屠莉娅. 课程研究的学科化与国际化. 全球教育展望，2008（12）：12.

革新的理解完全可用于理解课程领域自身。自传课程是课程研究领域通过学科性寻求发展的前例。经由从自传课程中获取启示，理解课程研究的学科性既是回溯性地与前瞻性地分析课程研究领域状况，也强调探查课程研究未来发展的多元可能。①

小结

在20世纪70年代的概念重建运动中，派纳等先锋派概念重建主义者从现象学、存在主义和精神分析等学科中获得启示，将文学领域的自传引入课程领域，开创性地提出用自传的方法研究课程，从恢复个体存在体验的视角对"反历史的"和"反理论的"传统课程观进行概念重建，建构了别具一格的自传课程理论。自传课程理论与批判课程理论一道成为概念重建运动的两大思潮，推动了课程研究范式的转型。随着越来越多的研究者的参与，自传方法在课程领域被广泛运用，其理论内涵和价值意蕴也被进一步挖掘，先后形成了以派纳为主要代表的"自传课程（currere）"理论与实践研究流派、以格鲁梅特与米勒为主要代表的"女性主义自传"研究流派和以古德森为主要代表的"教师自传"研究流派等三大学术流派。最终，致力于主体解放的自传课程理论在20世纪90年代发展成为一种主要的课程理论话语。

在"后概念重建"的新时期，自传课程理论不断泛化发展。如派纳提出"从自传到寓言"的命题，强调自传的个人性与社会性的融通，主张从政治、经济、文化等更大社会背景来理解课程，分析社会因素是如何影响个人自我的形成，以及个人如何通过提升自我意识、重建自我主体性来改造社会。自传方法原本用于研究个体的自我存在体验，在新时期则被用于理解课程领域自身的发展，以及研究各国的课程思想史、现状与前景。此

143

① Schubert, W. H. *Currere and Disciplinarity in Curriculum Studies: Possibilities for Education Research.* Educational Researcher, 2009（2）: 136–140.

外，在后殖民主义、后结构主义、批判种族等学者的推动下，自传课程理论日益泛化为一种文化研究理论，其研究的问题逐渐超出了学校教育的范畴，从个体对教育经验的反思拓展到对学校之外的社会事件的反思。尽管自传课程理论在演变过程中也招致了一些课程理论家不同程度的批评，但因其对生命体验的重视、对个体的存在价值的肯定和对主体解放的追求，为革新传统课程观提供了思路，总体上仍具有历史进步意义。

第五章
自传课程的方法之维

　　自传课程不仅是一种将课程理解为自传文本的理念主张，同时也蕴含着用自传方法研究课程的方法论要求。自传方法是传记方法的衍化变体，最先在20世纪初的社会学研究领域中得到应用，而后随着芝加哥社会学派的推广，逐渐扩展到其他人文社科领域。由于自传方法"强调方法之经验基础"①的特性契合了经验课程的内涵，它率先被派纳与格鲁梅特等人应用于课程领域，以弥补博比特和泰勒等传统主义课程研究者所推崇的科学化研究方法的缺陷。"自传课程的方法促使课程领域发生概念重建，从强调课程目标重建为进行复杂会话。这既是个人与自我的会话，致力于行进中的自我理解；也是与他者的会话，借此个人能够参与教育行动，致力于公共领域的社会重建"②。

　　自传方法在20世纪70年代课程研究领域发生的概念重建运动中初露峥嵘，随后引起越来越多的研究者的关注，在课程与教学实践中被广泛应用，最终发展成一种具有严密应用步骤和独特内涵实质的重要质性课程研究方法。自传方

---

　　① 格鲁梅特指出自传课程"强调方法之经验基础"，她认为个体的存在体验是自传研究方法的策源地。参见M. Grumet. *Autobiography and Reconceptualization.* The Journal of Curriculum Theorizing, 1981（2）:155-158.

　　② William F. Pinar. *What is Curriculum Theory?* New York: Routledge, 2004:37.

法是一种"对生命个体的研究"（research on the individual），更是一种"有生命个体的研究"（research with the individual），表现出浓厚的个体性特征，并藉着对具体时空的强调而表现出鲜明的情境性特征。自传课程理论鼓励研究者和研究对象成为反思性实践者，在研究过程中采取介入性行动以促进自我和社会的重建、实现个体和社会的解放。因此，致力于个体和社会解放的自传方法也是一种"被压迫者的方法论"（methodology of the oppressed）。①

一、自传课程方法的两重性：反思自我与理解他者

自传课程研究者不仅着眼于探查个体自我的"存在体验"，也注重分析自我与他者之间"复杂的会话"，因此，他们所强调的自传研究方法兼具反思自我与理解他者的两重性。

自传研究图示②

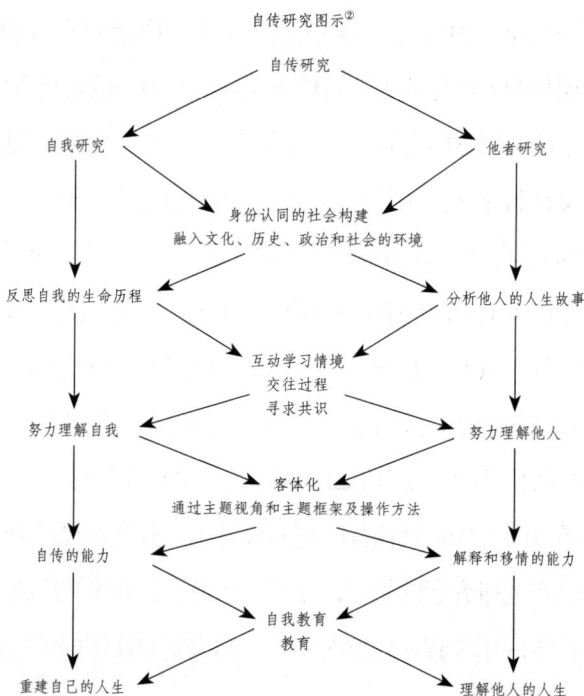

自传研究

自我研究　　　　　　　　　　他者研究

身份认同的社会构建
融入文化、历史、政治和社会的环境

反思自我的生命历程　　　　　　分析他人的人生故事

互动学习情境
交往过程
寻求共识

努力理解自我　　　　　　　　　努力理解他人

客体化
通过主题视角和主题框架及操作方法

自传的能力　　　　　　　　　　解释和移情的能力

自我教育
教育

重建自己的人生　　　　　　　　理解他人的人生

---

① Chela Snadoval. *Methodology of the Oppressed.* Minneapolis: University of Minnesota Press, 2000:1.

② 参见 Edwin Stiller. *Dialogische Fachdidaktik Band.* Paderborn: Schöningh. 1999: 185-209.图示有所调整。

自传是个体基于自身生活经历和生命体验的自我叙事。通过自传，"个人借以描述他们自己不断变换的画像和痕迹及解释他们教育经验、观点、设想和情境的多种版本的方式"①。总的来说，自传是个体自我意识觉醒的产物，是个体对自我的反思。由于自传是生命的叙事，它也借此成为理解传主的媒介。要想理解一个人，最好的方式莫过于让他（她）本人敞开心扉、叙说心声，描述自己真实的想法，自传即是个人的自我言说。因此，自传方法也具有理解他者的意义。

自传作为反思自我的方法，发端于文学领域。考察自传文学作品，不难发现作者在其中表现出的浓郁的自我身份意识。例如，司马迁的"自传"《太史公自序》正是他"遭李陵之祸，幽于缧绁……意有所郁结，不得通其道也，故述往事，思来者"的结果。司马迁在创作《史记》为历史人物立传的同时，毅然打破"生不立传"和"盖棺定论"的信条，开创性地为自己"自述立传"，这种勇于明志的举措正是根源于他个人身份意识的觉醒。奥古斯丁的《忏悔录》"带有自传性反思形式的自述"，是西方历史上第一部自传作品。究其根本，它的主旨是"一个自我反思的人在追问'我是谁'和'过去的我是如何变成现在的我'"②。卢梭的《忏悔录》是第一部现代自传作品。卢梭在《忏悔录》开篇就提到他的忏悔可以作为"关于人的研究"的参考材料，包含着自我的体认，如其所言："我现在要做一项既无先例、将来也不会有人仿效的艰巨工作。我要把一个人的真实面目赤裸裸地揭露在世人面前。这个人就是我"③。可以说，正是源于自我意识的觉醒，自传作者才叙述自己的生平事迹与内心感想体验，自我叙

---

① ［美］珍妮特·米勒. 打破沉默之声. 王红宇，等译. 北京：教育科学出版社，2008：143.

② Linda Anderson. *Autobiography*. New York: Routledge Press, 2007: 19.

③ ［法］卢梭. 忏悔录. 李平沤，译. 北京：商务印书馆，1986：1.

卢梭在《忏悔录》第一章中写道："不管末日审判的号角什么时候吹响，我都敢拿着这本书走到至高无上的审判者面前，果敢地大声说：请看！这就是我所做过的，这就是我所想过的，我当时就是那样的人。"这表明了卢梭对自我的整体肯定，尽管他是借用忏悔否定的表达形式。

述的过程也是自我反思的过程。就课程研究领域而言，当自传成为一种研究方法，它有助于个体反思自我，并促使个体在自我反思的过程中实现主体的解放。如同派纳所说："方法论可以是自我研究，即一种对存在于科层制界定之外的自我进行扩大的方法。格鲁梅特和其他人实践过的自传方法能够提供一种工具，借此我们可以找到自我疏离（self-estrangement）之墙上的裂缝，找到我们丧失于社会定义和科层角色中的自我。就像一柄锄头，自传允许自我缓慢通过累积内化的狭窄空间，进入个体前在历史的熔岩流（lava-flows）中"[1]。

"自传既是自我的一种表达方式，也是一种交流行为，在这种行为中，我们以公开或与他人对话的方式，或通过自我考古学的方法，检查（曾经）进入自己心灵的各种事物，分析这些力量对自我认识的影响，真正理解当前之我的思想和行为（即主体性的具体化）的根源"[2]。自传研究要求我们去倾听我们的生命体验，在与他人的对话中理解我们自身生活与他者生活的复杂性。[3] 因此，自传研究不仅是一种反思自我的自我研究方法，也是一种理解他者的他者研究方法。如前所述，自传是一种生命叙事，是个体对自我生命体验的反思和建构。"我们说明自然，我们理解生命。"所谓理解，即是从外部给出的符号去认识"内在的东西"的过程；是主体以己之身心去感悟和体验的过程。换而言之，理解既是对所表达的东西的把握，对所显现的意义的领会，同时也是人们对他者的精神世界的渗透，并在进入他者的内在精神世界的过程中，重新体验他者和自我的精神状况，再现他者的自我和主体的自我。"理解的本质在于，它不仅是一个人与另一个人之间的情感、理智的交流，它就是我的存在、我的存在方式。它带动着我的意识和我的原始活力中的全部无意识去追逐新的生命意

148

---

① William F. Pinar. *Autobiography, Politics and Sexuality.* New York: Peter Lang Publishing, 1994:198.

② 戎庭伟. 论教育空间中儿童的主体化：福柯之眼. 杭州：浙江大学博士学位论文，2011：192.

③ Craig Kridel. *Writing Educational Biography.* New York: Routledge Press, 1998:68.

义"①。因此，在理解中，个体不是处于被动消极的心理和行为状态，而是积极主动地重构他者的生命体验，从而重构自身的生命精神世界。

例如，在课程研究中，当儿童用自传叙事来呈现自我的经验，这也是儿童在发出自己的"声音"。通过阅读儿童的自传叙事，可以亲近他们的个人生活史，聆听他们的心灵之声，感受他们的存在体验，了解他们过往的经历、现在的状态以及未来的期望，从而对他们进行由外及内的全方位的理解。"理解的过程是两个主体间双向交流的过程。它与对物性的主体单向认识不同，在理解中，主体之间相互开放，是两个人心灵的实实在在相遇，在相遇中发生碰撞也发生融合，在碰撞中融合"②。因此，通过自传对儿童的理解不仅是指研究者移情性理解儿童自传所呈现的教育经验——理解儿童如何建构自我主体性进而形成自我认同，以及理解儿童如何与教师和同伴交往进而发展社会角色意识；也是指儿童和研究者对个人教育经验的自反性理解——理解自己过往的教育经验如何影响当下的生活状态和未来的发展，以及理解自己的教育生活史如何塑造自己的主体性；还是指儿童在自我理解的基础上重新理解他者——理解他者与自我的同一性与异质性、理解他者的行为处事、理解他者对自我的影响作用。通过交互理解，研究者与儿童、研究者与自我、儿童与自我围绕自传叙事展开了复杂的对话，并在对话中重建了对课程、教育乃至自我的认识。

二、反思自我：自传课程的自我研究之维

在课程研究领域，自传首先是作为一种反思自我的自我研究方法被自传课程理论家付诸应用。③派纳结合自身的教学经历，指出课堂中的教师

---

① 曹明海. 语文教学解释学. 济南：山东人民出版社，2007：3.

② 鲁洁. 人对人的理解：道德教育的基础. 教育研究，2000（7）：5.

③ 狭义的"自我研究"是指教师的自我研究，以"关注自身教学反思，促进自我专业发展"为主题。广义的"自我研究"则超出了教师教育的范畴，泛指研究主体对自我的研究。本文采用广义的"自我研究"。

和学生"拥有一切知识而迷失了自我"。如他所说:"我们已经失去了我们自己的踪迹。我们中的许多人迷失在'思想'中,迷失在概念中"①。为了恢复教师和学生的主体性,探寻个体内在的教育经验、建构个体的自我知识以及揭示被遮蔽的内在自我,派纳构建了涵盖"回溯(Regressive)—前瞻(Progressive)—分析(Analytical)—综合(Synthetical)"四个阶段步骤的自传方法,借此个体可以理解自己的学校生活的本质及学校对个人生活的作用,其最终目的是个体通过对生命体验的反思内省来探寻自我的重建和解放之路。其中,"回溯"是指回忆过往的经历,"前瞻"是指展望未来的可能,"分析"是指揭示过去、现在和未来之间的联系,"综合"是指整合个体全部经验、在行动中实现自我的重建。"回溯—前瞻—分析—综合"式自传方法尽管采用了过去、未来、现在的时间性分析维度,但它并不是一个线性的流程,而是具有循环性。

150

自传方法的循环图示

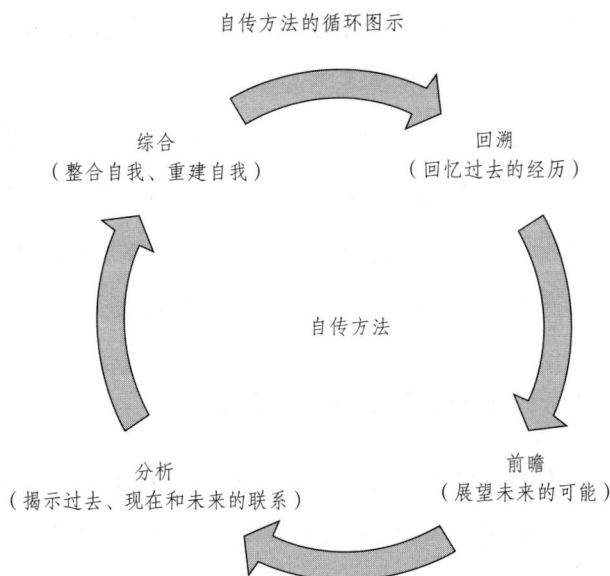

综合
(整合自我、重建自我)

回溯
(回忆过去的经历)

自传方法

分析
(揭示过去、现在和未来的联系)

前瞻
(展望未来的可能)

---

① William F. Pinar. *Autobiography, Politics and Sexuality.* New York: Peter Lang Publishing, 1994:23-24.

（一）"回溯"：对过去自我的回忆

从时间上说，过往的经历已然发生，是过去式；但从意义上说，它对个人的现在及未来仍产生作用。恰如自传作家伊莎贝尔·艾伦德所说："我沉浸在各种回忆中，好像所有的事情都是同时发生的，我的全部生命也似乎是一个单一的、不可理解的意象。童年时期作为孩子和姑娘的那个我、现在作为妇人的我，以及将来变成老太太的那个我，都成了同一条河流"[①]。人的生命历程就是一条不可逆转的河流，然而，并非所有的生命体验都是有意义的，缺少注意力专注的体验完全融汇到绵延不绝的意识体验之流中，令人无法把捉。只有经由反省活动，将注意力投注到意识体验中，促使其被重新觉察到、被区别和凸显出来，它才具有意义。而对过去的回忆即是反省的活动，通过反省再次呈现原初的体验，回忆可以将体验从绵延不绝的时间之流中凸显出来，"有回顾性的目光，才有个别鲜明的体验"[②]。因此，对过去的回忆可以获得有意义的体验，借着对体验的探查和理解，个体就能明晰自我的生命历程。

作为自我研究的方法，自传方法的第一步是回忆过去，即派纳所说的"回溯"。回溯是指重返过去，在意识当中重新经历过往的生活，追忆自我的成长历程。就如何"回溯"、如何重返过去，派纳结合学校教育情境指出我们可以回顾自己的教育史，描述过去发生的教育故事，撰写教育自传：

> 由于自传方法聚焦于教育经验，须特别注意自己过去的学校生活，即与过去的老师、书本和其他相关事物一起共处的生活。观察并记录过往的生活回忆，也同时记录对所观察事物的当前回应。
>
> 建议返回到最初受教育的时候，回到小学阶段，回到任何所能达

151

[①] [美] 丹尼尔·夏克特. 找寻逝去的自我. 高申春，译. 长春：吉林人民出版社，2011：78.

[②] [奥] 阿尔弗雷德·舒茨. 社会世界的意义构成. 游淙祺，译. 北京：商务印书馆，2012：62.

到的地方。再次进入课堂，观察老师、自己和自己的同学，观察自己的行为表现。更重要的是观察你是怎样做那些事情的。你的注意力是否从一开始就被学习科目所吸引？某种程度上，你是否在课堂上心不在焉地做白日梦？这种心不在焉是否与特定的科目（如生物）和特定的老师有关？

不要试图去解释你所观察的事物。解释会中断过往的显现。

在回忆从小学到初中再到高中的生涯时，始终将关注点聚焦于自我。在这个教室中的自我，与那位老师在一起的自我，学习这些科目的自我，对那位老师做出这种回应的自我，在那种情形下受到家长干预并对此做出回应的自我。观察为何个人喜欢这些科目，喜欢那些老师；为何个人对那个领域不感兴趣，不喜欢这位老师。

观察体育活动以及其他课外兴趣以及它们对个人学习的影响。观察情感欲望，如果它们对个人的学习有明显的影响。观察公众的地位观念的重要性。选择这所大学还是那所大学？观察自我在这所有的一切当中，为何以这种方式卷入，离开那些朋友，结识了朋友，对这些学术问题感兴趣，然后又对那些问题感兴趣。

············

观察主体的生活，他或她的教育生活，以及他或她在学校中的生活。它静静地存在着；个体重新进入其中，返回过去，进行回溯；它是彼处，是此在，也是当下。用文字记录它，将其概念化。

通过打印回溯文稿而将过去带到现在。文字连接一起，形成了一幅照片。将照片放置身前，研究它的细节，研究它的字面意思以及对它的反应，这提示了过去与现在的联系。[①]

---

① William F. Pinar. *Autobiography, Politics and Sexuality.* New York: Peter Lang Publishing, 1994:23-24.

回溯是为了更深刻的理解现在，回答过去的经历对现在有什么影响、过去的"我"是什么样子的、是什么促成了现在的"我"之类的问题，其实质是探寻现在的"自我"的形成原因和历史背景。当个体重返过去以期勾勒过去自我的图景时，必须抛开现在自我的束缚，即先暂时性地悬置当前的身份角色和已有观念，通过自由联想的方法，顺着意识流的自然流动进行回忆。这无疑有助于揭示隐藏在心灵深处的记忆，吐露封锁在无意识当中的沉默的声音，进而重新发现迷失在现在之中的过去。因此，回溯可以作为一种揭露无意识、拓展"自我"寓居空间的方法，它借由打开自由回忆的闸门，揭露那些被忽视、被遗忘、被压抑和被拒斥的记忆事件而扩大"自我"的寓居空间。"当我们把回溯时刻视为扩大记忆库，视为揭露已成事实却又被遗忘的生活史之时，我们必须承认揭露遗忘材料的行动，改变了现实我们所经验到的自我"[①]。

（二）"前瞻"：对未来自我的想象

自传作为基于生命体验的回顾性叙事，在指向过去的同时，也预示着未来。"消亡的过去在我们身心中有一种未来，即生气勃勃的形象的未来，向任何重新找到的形象展开的梦想的未来"[②]。因此，在"回溯"阶段之后，需要进行"前瞻"，即展望未来，对尚未发生的事实进行构想。"前瞻"是个体的自我期待与希望，是超时间性的体验，也是个体对未来的探寻，其要义在于进一步加深对自我的认识。如果说"回溯"阶段的任务探寻的是卡伦·霍妮（Karen D. Horney）所说的"真实的自我"（real self）亦即个体生长和发展的根源和原始力量，那么"前瞻"阶段的任务是想象卡伦·霍妮所说的"理想的自我"（idealized self）亦即个体所希望成为的"我"，希望自己在未来生长和发展中应该实现什么样的目标、成为什么

153

[①] P. Trifonas. *Revolutionary Pedagogies: Cultural Politics, Instituting Education, and the Discourse of Theory.* New York: Peter Lang. 2000:42.

[②]［法］加斯东·巴什拉. 梦想的诗学. 刘自强，译. 北京：三联书店，1996：141.

样的人。对"理想的自我"的想象，有助于"现实的自我"（actual self）即个体当前的现状的转变。"个体会将自己与理想的、完美的形象等同起来，不再将其作为虚构的形象暗自保留，不知不觉地，他变成了这一形象：这种理想化形象变成了理想化自我。这种理想化自我比他真实的自我更为真实，这不仅仅是因为这理想化自我更吸引人，而且是因为它能满足他的所有迫切需求"①。

派纳概述了如何进行"前瞻"的具体步骤，其要点在于在宽松的环境中自由畅想：

> 在放松之后，思考未来、明天、下周、下几个月、下学年、未来的三年等等。由于我们的兴趣是教育经验，所以让我们轻轻地将注意力带回到与你的智识兴趣相关的事务上，同时允许你的心灵进行自由联想。记录下你的联想。尝试辨明你的智识兴趣的发展方向，辨明发展着的兴趣和你私人生活之间的联系，辨明上述两者与发展着的历史情境之间的关系。或许，你会看到你的兴趣和历史情境之间的相互依赖性。假如你是老师，请关注你的教学、你与学生和同事之间的关系，特别是关注这其中的情感内容和理智内容。辨明这些内容可能的发展方向。你可以想象未来，或想象此后一年，或想象此后数年；描述出你的想象。
>
> 只要感觉舒适，就可以依此而行。当内心的抵制出现时，记录下它的特质和内容。前瞻的过程切忌勉强而为。
>
> 在一段为期几天、几周或几个月的时期内，在不同的时日里，安坐椅上冥想，沉浸于想象的未来当中。这种将前瞻的实验延长的做法可以减少暂时的偏见所导致的歪曲的可能性。想象图景反映更加持久

---

① ［美］卡伦·霍妮. 神经症与人性的成长. 陈超然，等译. 上海：上海锦绣文章出版社，2008：6.

的希望的可能性则大大增加。①

值得注意的是，在"前瞻"阶段，个体应如同在"回溯"阶段一样，都需采用自由联想的方法，尽可能地畅想对未来的期望，避免用理性的、逻辑的和批判的思维抑制想象，不能认为想象的未来是虚幻、不切实际的而畏首畏尾；反之，在此阶段，个体要抛开现实身份的顾虑，放飞自我，将那些通常被遮蔽的、被压制的、仍未实现的幻想展现出来，让想象自由言说。同时，为了避免因自由联想而带来的自我迷失，个体可以在不同情境、不同时刻反复多次围绕"未来的我可能是什么样子的"展开想象，借此聚焦自我定位，形成较为清晰的未来愿景。简言之，"想象"是"前瞻"阶段的核心要务，它在本质上是自由的，具有创造性和超越性；正是在自由联想式的想象中，个体才有可能摆脱被现实奴役的孤立状态，才能够走向个体自由和解放的道路。

（三）"分析"：对现在自我的审思

如果说"回溯"和"前瞻"两个阶段的任务是通过自由联想的方式对过去经历和未来想象进行现象学的描述，以期获得"真实的自我"和"理想的自我"的图景，那么，"分析"阶段的任务是用精神分析的方法对"真实的自我"和"理想的自我"以及当下的"现实的自我"进行剖析，在过去和未来的观照下重新理解现在，理解过去曾经是谁、现在是谁、将来可能成为谁三个向度之间复杂的交互关系和相互作用。

派纳概述了如何进行"分析"的步骤，其要点在于明确"分析"是为了更好的理解自我，而并非将"自我"纳入现成的"分析"体系以验证某个分析体系：

155

---

① William F. Pinar. *Autobiography, Politics and Sexuality.* New York: Peter Lang Publishing, 1994:25.

描述传记的现在，将过去和未来排除在外，但涵括对它们的反应。

对许多人而言，现在被编织进制度生活的结构中。在此形式中，当你身处的办公大楼里与你的同事和学生共处时，你的传记现在是什么？你的智识兴趣是什么？你的情感状况是什么？

你被何种观念、何种学习领域、何种学科所吸引？你排斥什么？将这些都列举出来。描述而非解释这些引人注意的事物。给现在拍照，就像你是一部照相机，包括自己在现在之中拍照时的情景，以及你对这个过程的反应。……

悬置现在的所是，过去的所是和未来的所是，从所是之中解放出来，才有可能获得更多的自由，从而更加自由地选择过去和未来。

研究过去、未来和现在三幅图画。它们是什么样子？它们各自的特性是什么？它们表达的基本传记主题是什么？它们为什么是那个样子？

解释必须使体验更加明显。解释决不能让体验的现在从属于一个抽象的、分析系统。分析是现在的构成，就像大脑是身体的部分，而非身体是大脑的观念。传记现在不是概念体系的一部分，概念体系是传记现在的一部分。

并列放置过去、现在和未来三幅图画。它们之间复杂的、多维度的交互关系是什么？未来如何存在于过去之中，过去如何存在于未来之中，现在如何存在于过去和未来之中？①

要而言之，在"分析"阶段，个体以全新的视角体认现在，"描述传记的现在"，并分析过往的历史情境是如何塑造现在的、如何利用过往的历史情境来完善现在、传记的现在有何种发展可能等之类探询过去、现在和未来三者内在关系的问题。借着重新体验，个体打破了过去、现在和未

① William F. Pinar. *Autobiography, Politics and Sexuality*. New York: Peter Lang Publishing, 1994:25-26.

156

来线性时间的框束，对自身的存在发出了立体化、全方位的追问，在与自我的对话中洞明了生命和人生的意蕴。正是生命体验在时间向度上的绵延，使得自传方法具有追溯个体过往成长路径、理解个体当前成长境况、探求个体未来生活希望的三位一体的全景性研究视域。须明确的是，"分析"既不能将"回溯"和"前瞻"两个阶段所获得的原初体验简化为静止的概念体系，它必须忠实于回归过去和展望未来时所获得经验的性质；也不能用静止的概念体系框束现在，它不是将现在从属于概念体系，而是用概念体系服务于现在。"分析"阶段的核心要务是"理解"。"当个体分析在回忆过去和展望未来阶段所揭示的材料时，他就达到了一种理解，这种理解既是理智的、情感的、身体的，也是一种高度的反思性、一种愈加自由的行动"①。

（四）"综合"：重建自我的反思性实践

在过去、现在和未来三个视角的观照下，个体获得了有关"自我"的三幅图景。在具体分析过去"真实的自我"、未来"理想的自我"和现在"现实的自我"各自的内涵及其三者之间的关系后，个体还需要采用"综合"的思维将前三个阶段的教育经验片段统合一起，由此心灵、情感、行为和身体统合成为一个整体。派纳概述了"综合"阶段的实施步骤，指出整合后的自我并非全然是心智的，也包括身体的，身体和心智是个体与世界对话互动的媒介；同时，综合是指将整合后的自我置于更大的政治、文化背景中，解析两者之间的辩证关系。如他所说：

> 将过去、现在和未来放置一旁。
>
> 然后具体地凝视自我，如同在镜子前凝视自我一样。注意自己的气息，强调自我存在的具身性。

157

---

① William F. Pinar. *Autobiography, Politics and Sexuality.* New York: Peter Lang Publishing, 1994:60.

那个人是谁？

用你自己的话说，现在的意义是什么？

我的学术的和专业的工作对我当下有何贡献？它们是启发了现在还是遮蔽了现在？

你的智识兴趣是自由的吗？它们是否允许亦即鼓励自由的运思活动？它们是否增加了与你生平相关的研究领域的复杂性和精深性，深化了知识和理解？它们是否将你带入一个新的、更高层次的存在？

最终显现出来的概念格式塔是什么样子的？换言之，你的观点是什么？你是否能够悬置观点然后从概念中逃脱，将其放在手中按其本然地加以检视，并查看它与个人心理的、身体的、传记的状态之间的关系？是否能够查看它与你的生活方式之间的关系？①

158

总而言之，自传方法的目的在于重建自我，寻求生命解放。它不是技术理性作用的产物——不是为自传而自传，而是解放理性作用的结晶——"自传恰当的言说担当着重建时间河流中生命统一的重任"②。为了重建自我，个体必须付诸具体的行动；同时，在自传式反思的综合作用下，个体的行动发展成为一种"反思性实践"（praxis）。反思性实践是"综合"阶段的核心要务，由行动（action）与反思（reflection）而构成。正如解放教育学的旗手、巴西著名教育家保罗·弗莱雷所说："人类活动是由行动和反思构成的：这就是反思性实践"③。反思性实践具有多重内涵，它发生在真实而非虚假的世界中。美国学者唐纳德·舍恩（Donald Schon）将反思性实践区分为"在行动中反思（reflection in action）"和"对行动的反思

---

① William F. Pinar. *Autobiography, Politics and Sexuality*. New York: Peter Lang Publishing, 1994:26-27.

② ［美］瑾·克兰迪宁. 叙事探究——原理、技术与实例. 鞠玉翠，译. 北京：北京师范大学出版社，2012：66.

③ Paul Freire. *Pedagogy of the OpPressed*. Harmondsworth: Penguin, 1972:96.

（reflection on action）"，尤以前者为甚。反思性实践者会将注意力集中在行动上以及行动所隐含的认识中，会有意识地自我追问："当我认识到这些时，我注意到哪些特点？我作出判断时，我的判断原则是什么？当我执行这些技巧时，我采取了哪些程序？我如何确定要解决的问题？"[1] 简言之，反思性实践者具有强烈的反思内省精神，他们的"在行动中的反思"和"对行动的反思"会推动现状的革新。

"自我"不仅有个体性的维度，也有社会性的维度。因此，重建自我不仅意味着对个人主体性的重建，也意味着对社会的改造。作为反思性实践，自传课程研究呼唤着研究者采取切实的实际行动来改变学生的课程学习环境和状态，进而实现学校教育和社会发展的变革。当教师作为反思性实践者采用自传的方法反思自我，他们也会尝试着用自传的方法倾听学生的心声，思考学生为何会这样想？这些困惑的背后的意义是什么？哪些是学生们已经知道要如何去做的？当教师理解学生之后，他们会意识到每一位学生都是完整的生命个体，从而自觉调整课程观念、变革教学方式，帮助学生学习新知。此时，"课程就是师生所建构的一系列的综合时刻，将知识的、身体的、精神的、宇宙的紧密地结合在一起，使时间、地方和意义达成美学的调和，由此激发学习的动机，达成新的自我理解，这种心灵的激荡或精神的震撼发生在师生的生活中、在意识的觉醒中，因此逃离了控制。"[2]

三、理解他者：自传课程的他者研究之维

自传是个体的经验叙事，是个体的生命言说。在自传中，个体不为人知的经历和不可见的内心想法都将得到一一呈现。通过收集、阅读、分析、解释他者的自传，研究者可以深入他者的内心世界，在他者的自传叙

---

① ［美］唐纳德·舍恩. 反映的实践者. 夏林清，译. 北京：教育科学出版社，2007：40.

② 欧用生. 课程理论与实践. 台北：学富文化事业有限公司，2006：15.

事中把捉到他者真实的一面。因此，自传方法也是一种研究他者的有效方法。在课程研究领域，一些自传课程理论家运用自传方法研究学校场域中的教师与儿童，例如玛丽·多尔用自传方法研究儿童的梦，康纳利和克兰迪宁用自传方法研究教师的个人实践性知识，古德森用自传方法探查教师个人的生活史。作为理解他者的他者研究方法，自传方法包括收集自传素材、形成自传主题、分析自传经验、解释自传经验、采取介入行动等研究步骤。

（一）收集自传素材

自传研究的素材范围很广，包括与研究主题相关的各种资料，如自传、回忆录、生活史文件、口述史材料、自我陈述报告、日记、信件、个人随笔等等。马洛兹基将教育科学的传记研究资料收集方法分为反应式处理过程和非反应式处理过程两种类型。其中，反应式的处理过程具体包含三种操作方法：（1）访谈法，即研究者可以根据研究主题对研究对象择宜采用面对面的开放式访谈、半结构式访谈和结构式访谈来收集自传素材。（2）集体讨论法，即研究者召集与研究对象关系密切的相关人士进行主题座谈讨论，收集研究素材。（3）参与性观察法，即研究者参与研究对象所在的群体，成为该群体中的一员，与研究对象结成伙伴关系，通过介入式的亲身观察收集研究素材。非反应式的处理过程是指研究者不直接从研究对象身上获取资料，而是通过间接的方式，从现存已有的日记、档案、回忆录、自述、家谱、报刊、自画像、照片、视频影音等文献中收集与研究主题相关的材料。[①] 又如美国学者伊凡希雅·莱昂斯（Evanthia Lyons）曾指出："界定个人叙事和故事最常用的两种方法是心理治疗和自传。除此之外，也有其他的方法来增强自我理解和界定个人叙事，如写日记、记录梦境、与多重自我或内在心声进行对话等私人探查的方法"[②]。那么，将

---

① 梁福镇. 改革教育学——起源、内涵与问题的研究. 台北：五南图书出版公司，204：52-53.

② Evanthia Lyons. *Analysing Qualitative Data in Psychology.* London: Sage Publication. 2007:136-137.

这些个人叙事和故事文本加以整理收集，即可获得有关研究的自传素材。总的来说，自传素材大体可以分为口述素材和书面素材两种。在众多收集自传素材的方法中，以自传式访谈法与自传式写作法最具代表性：前者是结合研究主题，与研究对象进行面对面的自传式访谈，对访谈过程中的口述材料加以整理、转录成文，即可获得关于研究对象的自传素材；后者是请研究对象结合研究主题进行自传式写作，写作文本即是自传素材。

1. 自传式访谈资料的收集

事实上，与自传传主开展自传式访谈是理解传主内在体验的适切方法。以儿童自传研究为例，美国学者埃文·塞德曼曾明确指出："如果研究者的旨趣在于学生在教室中的状态，他们的经历，以及他们所体会到的经历的意义，即舒茨所说的他们的'主体性理解'（subjective understanding），那么我认为在大多数情况下，访谈法可能是最佳的调查研究方法"[①]。针对自传式访谈资料的收集问题，美国学者丹·麦克亚当斯（Dan McAdams）提出了一份半结构式自传访谈方案。他认为研究者在对研究对象展开半结构式自传访谈时可以询问以下七个问题，从而获取相关的重要素材：

问题一：人生篇章（life chapters）。首先，将你的人生想象成一本书，人生中的每一部分构成了这本书的每一章节。当然，这本书目前尚未完结，然而，它仍然包括了一些有意思和意义明确的篇章。你可以将书分成若干章节，少则二、三章、多则七、八章，为每一章节命名并描述每一章节的总体内容；简要讨论从以一个章节到下一个章节的过渡因素。这是访谈的第一部分，大致可以持续30～45分钟。你不必讲述完整的故事，只需讲述故事大纲的要点以及个人生活当中的重要篇章。

问题二：关键事件（key events）。关键事件是指过去的独特经历、重

161

---

① ［美］埃文·塞德曼. 质性研究中的访谈：教育与社会科学研究者指南（第3版）. 周海涛，译. 重庆：重庆大学出版社. 2009：12.

要事件、具有重大意义的插曲。关键事件构成了生活中的独特时刻——在特定时间和空间发生的，包括特定人物、行动、思考和情感的独特时刻。对每一件关键事件而言，你需要描述它们发生的细节及你当时的身份状态，事件的参与者，你当时的行为、思考和感情。尝试表达关键事件对你生活产生的影响以及你当前和过去的身份认知，如事件改变你了吗？如果有改变，请尽可能具体说明在哪些方面有改变。总的来说，可以询问访谈对象以下八件关键事件，请他尽可能详细地描述事件的细节及其对自身所产生的影响和意义：

（1）高峰体验（peak experience）——生活故事当中最高亢、最美妙的时刻；例如课堂教学当中亲身经历的最高兴的事件。

（2）低谷体验（nadir expedience）——生活故事当中最低落、最沮丧的时刻；例如课堂教学当中亲身经历的最伤心的事件。

（3）转折点（turning point）——理解自我过程中发生重大转折的时刻，在事发当时或许并未意识到，但现在回忆时能够清楚意识到它是转折点。

（4）最早记忆（earliest memory）——发生最早的、但不一定是特别重要的事件记忆，详尽地呈现当时的环境、场面、人物、你的感受以及思考。

（5）重要的童年记忆（an important childhood memory）——童年经历中记忆特别深刻的事件，不论其带来的情绪体验是积极的还是消极的。

（6）重要的青春期记忆（an important adolescent memory）——青少年时期经历中记忆特别深刻的事件，不论其带来的情绪体验是积极的还是消极的。

（7）重要的成年记忆（all important adult memory）——成年后经历中记忆特别深刻的事件，不论其带来的情绪体验是积极的还是消极的。

（8）其他重要记忆（other important memory）——近期或过去发生的、

记忆特别深刻的其他事件，不论其带来的情绪体验是积极的还是消极的。

问题三：重要人物（significant people）。在叙事当中，每个人的生活都际遇一些对自己产生重要影响的人物，如父母、老师、同学、朋友等。请访谈对象描述他们生活中最重要的四个人，要尽可能详细地描述自己与他们的关系以及他们是如何、在哪些方面对自己的生活产生影响；之后，询问访谈对象在生活当中是否有其他的崇拜偶像和英雄，如果有，请访谈对象详细进行描述。

问题四：未来规划（future script）。询问访谈对象关于未来的规划和构想，描述对未来的总体规划、具体目标和梦想——这些规划可能会随着时间的变化而变化，反映了成长的过程和经历的改变。请访谈对象描述当前的梦想、规划和构想，并询问这些规划能否促使自己在未来变得富有创造力、能否有助于他人。

问题五：压力与困难（stresses and problems）。生活故事中包含了重大的冲突、未能解决的事情、亟待解决的问题以及心理高压期。请访谈对象仔细思考，详细描述自己目前生活正经历着的两个棘手问题，如遭遇的重大压力、冲突、难题和挑战；并请描述压力、冲突、难题和挑战的实质所在，分析担忧发生的原因和经过，探讨未来解决这些压力和困难的对策与方法。

问题六：个体的思想意识（personal ideology）。这一问题是关于访谈对象的基本信仰和价值观。询问访谈对象是否相信有某种神秘的超自然力量控制着宇宙和人的命运？是否信仰宗教？在人的生活中最重要的价值观是什么？如何看待世界，等等。

问题七：人生主题（life theme）。请访谈对象回望整个人生篇章，思考其中的章节、插曲和人物，归纳出自己的生活故事的中心主题、贯串故事发展的信息和观念。①

2.自传式写作资料的收集

自传式写作是指个体书写自我的亲身经历。在萨特看来，"写作即存在"，自传式写作是人的内在心理热望："无论是谁，都想让自己的一生，包括他感受到的一切隐秘之处，成为一个不仅仅是体验过的而且是描述了的经历。他乐意看到自己的一生从所有压迫它的因素中解脱出来；把这些因素归之于不由自身决定的境遇，从而提出实质性问题。人人都想写，因为人人都想成为有意义的，使自己的经历具有特色；不然的话，这一生就会被忘掉。"②在自我书写中，作者的内在自我得以呈现，正如林语堂所说："一个人要自知其思想和经验究竟是怎样的，最好不过是拿起纸笔一一写下来"③。简言之，自传式写作是内省性的活动，作者的自传式写作写出的不仅仅是文字，而是作者自己。"写作运行时调动了所有的因素，它探索一种'封闭'；这种神秘的行为是自指的；它反射它自身"④。

自传式写作资料的类型多种多样，有教育自传、日记、学习日志、生活记录档案、生活作文、反思心得等。例如，国内学者刘良华教授要求学生撰写自己的"教育自传"，通过反思他们自己的教育生活史研究教育对学生的影响作用。"撰写教育自传对传主本人来说是一种自我反思和自我唤醒的过程，而对于研究者而言，教育自传所讲述的'个人生活史'可以让研究者获得有关人的成长和受教育的密码"⑤。日本中小学倡导生活作文即鼓励学生以真实的生活世界中所见、所闻、所做、所想为内容来写作，从而促使学生形成自我认同和实现主体发展。"生活作文的指导帮助儿童以自己内部不断地涌出的要求，去打开他所面对的这个世界，加深对这个世

① Evanthia Lyons. *Analysing Qualitative Data in Psychology*. London: Sage Publication. 2007:137–139.

② [法] 让-保罗·萨特. 萨特自述. 黄忠晶，等译. 郑州：河南人民出版社，2000：189–190.

③ 林语堂. 林语堂自传. 南京：江苏文艺出版社，1995：3.

④ [法] 朱丽娅·克里斯特瓦. 反抗的意义和非意义. 林晓，译. 长春：吉林出版有限责任公司，2009：281.

⑤ 刘良华. 教育研究方法（第2版）. 上海：华东师范大学出版社，2014：108.

界的理解。这一活动过程是个体的"①。加拿大学者康纳利和克兰迪宁通过收集自传写作、日志写作、书信等现场文本开展叙事探究。②在本项研究中，笔者一方面收集成人公开的各类童年自传材料，另一方面和一线教师合作，请在读小学生撰写有关个人课程学习经历的教育自传，尽可能多地收集有效研究资料，为理解不同教育时空场域中的儿童课程经验打下基础。

（二）形成自传主题

乔治·圣兹伯里（George Saintsbury）曾提醒传记作家不要止步于收集丰富多彩的传记资料："不应该满足于仅仅展示材料，不管这些材料编排得多么精确有序。他的功夫应该用在回忆录、书信、日记等等材料之外。作为一名有造诣和才智的艺术家，他应该把所有这些材料在头脑里过滤，然后再呈示在我们面前，不是让我们只见树木，而是让我们看到一幅完整的画，一件作品。这是纯粹的一堆细节和素材所无法比拟的"③。圣兹伯里的提醒同样适用于理解他者的自传研究。这即意味着，自传研究者在收集必要的自传素材后，"应该把所有这些材料在头脑里过滤"，精选出与研究主题相关的素材，然后对其作分门别类的整理，凝练出研究主题，进而形成初步研究方案。

1. 精选自传研究材料

美国学者欧文·亚历山大（Irving E. Alexander）曾提出精选心理传记资料的九项原则，即首位原则（primacy）、频率原则（frequency）、独特原则（uniqueness）、否定原则（negation）、强调原则（emphasis）、省略原则（omission）、错误原则（error）、孤立原则（isolation）和残缺原则（incompletion）。④细细分析这些原则，不难发现它们同样适用于自传课

---

① 方明生. 日本生活作文教育研究. 上海：华东师范大学博士学位论文，1998：111.

②［加］简·克兰迪宁，迈克尔·康纳利. 叙事探究——质的研究中的经验和故事. 张园，译. 北京：北京大学出版社，2008：109–115.

③ 赵白生. 传记文学理论. 北京：北京大学出版社，2014：8.

④ Irving E. Alexander. *Personality, Psychological Assessment.* Journal of Personality, 1988（3）：269–278.

程研究方法；借着这些原则，课程研究者可以从众多的自传素材中遴选出具有重要意义的资料。

（1）首位原则（primacy）。长期以来，在民间风俗和大众习惯、观念中，人们认为"最先、最早、最初"具有重要意义。在心理学领域，弗洛伊德、阿德勒及其众多的后继者们特都强调早期经验在人格发展中的重要作用。"原初经验"作为心理结构得以建立的基石，也是语言中常见的隐喻；同时，它作为意义延展的关键，也是文化当中的普遍观念。我们可以在主题叙事和人生故事写作中看到它的相关表达。首位原则的重要意义是发现个人在私人文件或面对面的访谈过程中自发形成的原始材料，它是解开个人后续思维发展和人格发展的钥匙。

（2）频率原则（frequency）。在有关重要性的所有指标中，出现的频率可能是最不需要理由来加以证明的。换而言之，在大多数情况下，资料的重复呈现是确定性和重要性提高的标志。在许多事例中，频率是传主有意识的思绪的有力表达。当频率与其他的特征指标联系一起，它较容易揭示出传主的内在观念。例如，笔者在整理湖北省黄冈市某小学六（3）班58名学生撰写的题为"课堂中印象最深刻的一件事"的教育自传时，发现其中有12名学生撰写了一只小麻雀飞进教室，引起全班同学在课堂上哄闹的趣事；另有4名同学用激烈的笔调表达了对考试的厌恶和恐惧之情。

（3）独特原则（uniqueness）。作为筛选材料的指标之一，独特原则能够以不同的方式运用，如以正常的语句描述不同寻常的事件，或者以不同寻常的语句表达独特的事件。独特性不仅是指语言表达的独特性，也是指内容的独特性。如果探查后续事件时发现，一个不同寻常的、料想不到的结果代替了原先明确预期的结果，这应当被视为独特性的特征符号。如阅读著名历史学家何炳棣先生的回忆录《读史阅世六十年》探查其童年教育经历时，可以从中发现几则他记载的独特事件：

我插班三年级。级任老师刘逸民是河北省东光县人,圆脸,面色红润,声音洪亮。因童稚在家不时听父亲讲古代故事,所以时常能答老师所问历史上的问题。记得一天刘老师讲《论语·季氏》,提到"益者三友……友直、友谅、友多闻……"时大声问全班:"谁是友多闻?"使我大吃一惊的是全班小孩子高声喊出:"何炳棣!"当时我既感到自豪又觉得很难为情,那时和事后感受最深的是同班同学那样纯真宽厚,内心里没有一粒尘垢。[1]

…………

跳到五年级后,除了上学期算术(包括珠算)感到相当吃力之外,其余功课都不落后。国文的进步较快,因级任老师董凤衔是前清静海县的秀才,对文言作文的批改极为认真,书法也极工整。有一次他在黑板上解答了算术上一个较难的问题之后,问全班是否都会做了,大家齐声回答:"会做啦。"不知何故他独独认为我热烈大声的回答是轻佻犯规,以讲书用的藤杆狠狠地打了我左手心三下,我大哭失声。直至70多年后的今天内心还是觉得委屈。此后董老师似颇有悔意,但他和我之间的关系始终紧张。[2]

(4)否定原则(negation)。尽管有时候会与频率原则或独特原则一起使用,否定原则也可以作为一项独立的筛选原则加以讨论。弗洛伊德曾提请精神分析师注意否定和抗拒的陈述,因为它并不像表面那样不足为道,而是蕴藏着具有重要意义的潜意识。正如弗洛伊德所说:"否定与被压抑的东西有关,它实际上是解除压抑而不是让被压抑的东西进入意识"[3]。美国著名教育家约翰·古德莱德(John I. Goodlad)在其自传《学

167

① 何炳棣. 读史阅世六十年. 桂林:广西师范大学出版社,2009:30.

② 何炳棣. 读史阅世六十年. 桂林:广西师范大学出版社,2009:31.

③ [美]约翰·里克曼. 弗洛伊德著作选. 贺明明,译. 成都:四川人民出版社,1986:72.

校罗曼诗》（*Romances with Schools*）中叙述了小时候第一天上学时的经历。运用否定原则，即可发现当中有趣的现象。例如，古德莱德写道：

> 毕竟，开学第一天不是很糟糕。随着手摇铃第二次响起，其他教师出现在楼梯顶端。我们很快被分成几个小组。蜂拥进入各自的教室。对于多数孩子来说，这是他们上过的唯一学校，几乎得不到指导。对于着手最初的浪漫的我们来说，周密安排的课程很少留下创造的空间。我们很快就安静而又专心地坐好了。"[1]

尽管古德莱德在字面上写道"开学第一天不是很糟糕"，但后续展开论述的笔调无疑有些沉重：学生"几乎得不到指导"，"周密安排的课程很少留下创造的空间"。事实上，他在叙述第一天上学经历之初，就直接写明了自己当时"充满了恐惧"和"没有从糟糕状态中走出来"的精神状态。[2] 由此，古德莱德在此处所说的"开学第一天不是很糟糕"是一种自我解除压抑的否定性心理暗示。

（5）强调原则（emphasis）。研究者应当仔细阅读研究对象的自传资料，辨明哪些资料被研究者着重强调。被着重强调的资料必然对研究对象具有极其重要的意义。因此，研究者将注意力放在这些资料上，并可进一步追问以及理解文字背后的深层含义。需要注意的是，即便一些看似平常的事件，如果被研究对象诸多强调，那么，这当中必然隐含着非同寻常的因素，这即是研究点所在；同时，对那些貌似重要而研究对象明显一带而过、强调不足的事件，研究者也要多加注意，这同样隐藏了可供研究者充分发掘的意义。一般来说，研究对象在进行自传叙事时，如果想要强调某事，都会事先有意或无意地加以提示，比如会在自传写作文本的句首予以

[1] ［美］约翰·古德莱德. 学校罗曼诗：一种教育的人生. 周志平，等译. 北京：教育科学出版社，2010：6.
[2] ［美］约翰·古德莱德. 学校罗曼诗：一种教育的人生. 周志平，等译. 北京：教育科学出版社，2010：5.

提醒。晚清留美幼童李恩富在其成年后所撰写的自传《我在中国的童年》（*When I Was a Boy in China*）谈及了幼年在中国接受私塾教育的情况，其中就有强调性事件：

> 　　我清楚地记得当年学校里发生的一件事。一天下午，我们的老先生午休的时间稍微长了点，该上课了还没有出现。一些淘气的孩子就开始制造"事端"。刚开始还是寻常的游戏，后来有人开始在教室里放鞭炮，大家都玩得不亦乐乎。这时候，老师怒气冲冲地走了进来。老师的表情不用我说你也可以猜想到了。他睁大自己有病的眼睛，恶狠狠地盯着我们看，想要把罪魁祸首找出来。但是放鞭炮的小孩早就溜回自己座位了，并且装出若无其事的样子。老师的眼睛又有问题，不能马上把他找出来。老师更加生气，一把抓过墙壁上的藤条，咆哮道："谁干的？给我站出来！"没有人作声。你知道他接下来怎么办吗？他把我们每个人都打了一顿。他说，带头干坏事的人一定要得到惩罚，其他的人知情不报，同样该打。说真的，我的启蒙教育真是充满痛苦的记忆啊！[①]

　　（6）省略原则（omission）。研究者应当注意那些被研究对象省略、遗漏的内容。省略原则意味着那些被省略和遗漏的内容具有启迪意义。最明显的被省略的内容是情感。通常，书面文本和口头叙事在叙述行为事件之后会省略情感表达，这种情感省略对理解当事人的内心世界无所裨益。研究者应当详细考察，还原那些被省略、遗失的事件真相和情感原状，进而探寻深层原因。

　　（7）错误原则（error）。研究者应当详查自传叙述事实的真实性，格

---

① ［美］李恩富. 我在中国的童年. 刘畅，译. 福州：福建教育出版社，2013：55.

外留意研究素材中的明显错误之处或歪曲事实之处。如果是研究对象故意犯下错误、故意歪曲事实，那么研究者就要仔细分析其中的原因，探寻事实的真相；如果是研究对象无意间犯下的错误，那么可以借助认知心理学的相关理论对错误记忆（false memory）展开深入研究。①

（8）孤立原则（isolation）。自传素材中常常包含零散的、单独的、无法与自传其他部分相融合的内容，这些内容具有独一无二的研究价值。比如著名主持人孟非在自传《随遇而安》中叙述了自己幼时在重庆上小学的教育经历。孟非幼时在班上很调皮，以致经常遭受老师们的体罚，且引起了众多老师的"很不看好"。但孟非却在自传中描述了一位特别喜欢他、对他友善的老师，筛选这段自传叙事即符合孤立性原则：

> 当然，成绩不错并不能掩盖我太过调皮的光芒，老师们也因此很不看好我，只有我的第一个班主任董老师对我很好。她是一个胖胖的老太太，特别喜欢我，那时候她就跟别的老师说，孟非这小孩儿将来准会有出息。现在看起来，老太太还是相当有眼光的。可惜她老人家已经去世了。我曾经暗暗在心里想，我要是当了皇上，一定追封她老人家为国师。②

（9）残缺原则（incompletion）。残缺原则是指研究者应当重视未完成以及缺失的资料。"总是有生活经验被遗漏在我们藉以生活的故事之外。在问题故事之外，总是存在着被排除的经验片段"③。对此，研究者应当进一步设法收集这些"被排除的生活经验"，将其整合到已有的材料当

---

① "错误记忆指对过去经验和事件的记忆与事实发生偏离的心理现象，又称记忆错觉。"参见张磊与郭力平合作撰写的论文《基于日常生活的记忆研究进展》，发表于《心理科学》2002年第3期。

② 孟非. 随遇而安. 杭州：浙江文艺出版社，2011：9.

③ [英] 约翰·温斯雷德. 学校里的叙事治疗. 曾立芳，译. 北京：中国轻工业出版社，2014：47.

中，以使研究更加完善。

2. 凝练自传研究主题

精选自传研究材料之后，必须对材料中的叙事内容加以深入剖析，从字面意思中凝练出研究主题。如果说自传叙述的是个体的生活经验，那么，主题即是叙事经验的焦点（focus）、意义（meaning）和要点（point）。[①]凝练主题是形成自传研究文本的核心步骤，"主题仿佛经验之网的结点，周围的生活经验犹如网上的纲线，二者进而构成了一个意义整体并保存下来。主题又像星群，构成了我们生活于其间的充盈着意义的宇宙。借助于主题之光，我们能遨游并探索这个宇宙"[②]。加拿大著名教育现象学家马克斯·范梅南提出了三种凝练主题的方法：整体概述法（the wholistic or sententious approach）、精选强调法（the selective or highlighting approach）和细节逐句分析法（the detailed or line-by-line approach）。

171

（1）所谓整体概述法，即是指研究者通过整体阅读，从整体上理解自传叙事文本内容。在此过程中，研究者探询整体文本的基本含义或主要内涵，然后尝试用简练的语句概述整体文本的意涵。

（2）所谓精选强调法，即是指研究者多次聆听或者阅读自传叙事文本，探询哪些语句或语段最接近或揭示所描述的现象及经验的本质，然后对这些语句或语段进行圈点、勾画和标示，以突出强调其重要性。

（3）所谓细节逐句分析法，即是指研究者阅读每一个句子或句群，探询这个句子或句群揭示了所描述现象及经验的哪些方面，然后用简练的语句表述每一个句子或句群的基本意涵。[③]

以笔者收集到的一份由山东省济南市某小学六年级学生撰写的题为

---

① ［加］马克斯·范梅南. 生活体验研究. 宋广文，译. 北京：教育科学出版社，2009：47.

② Max Van Manen. *Researching Lived Experience*. New York: State University of New York Press, 1990:90.

③ Max Van Manen. *Researching Lived Experience*: *Human Science for an Action Sensitive Pedagogy*. New York: State University of New York Press,1990:93.

《发生在课堂的某件事》的自传叙事为例，笔者将尝试着运用上述三种方法分别凝练叙事主题：

> 记得在六年级的一节语文课上，闫老师在上面写字，让我们也写。旁边的同学就和我说话，老师一回头以为是我说话，就扇了我一下头。当时愤怒死了，恨死闫老师了！然后，老师说听写单词，我在心里暗暗地说："哼！我才不写呢，白痴才写呢！"等默写完了，老师要查，我却没写。当时，闫老师扇了我一巴掌。那时痛恨死她了，心里老恨她，心里有一团火，老想发泄出来。①

（1）运用整体概述法凝练主题

通读全文，很容易看出这段自传叙事字面上记述了当事学生因被语文任课老师误会而遭到粗暴的体罚，进而对老师产生愤恨之情并以消极手段抗拒老师的教学任务安排，导致其再次遭到体罚，最终对老师怒不可遏的事件。叙事文本表现出学生对老师强烈的愤懑之情：学生先是不满于老师的误会、不问是非缘由就对其采取简单而粗暴的惩戒措施，而后愈加不满于老师检查听写作业时的粗暴体罚。透过现象究其根本，事情源于老师对课堂行为失范学生的不合理、不正确的对待。在课堂上说悄悄话违反了基本的课堂纪律要求，难免会干扰课堂教学的顺利进行，属于课堂失范行为。对课堂失范行为，老师可采取多种应对方式，其中，粗暴体罚属于不合理、不恰当的反教育行为。但是，当任课老师无意间发现学生行为失范时，没有追问原因以探查实情，更没有通过发挥教学机智灵活处理，而是直接鲁莽地采取违背教育宗旨的粗暴体罚。可以说，正是老师的不合理、不恰当的体罚惩戒激化了矛盾，导致学生产生逆反心理，促使其也简单地

172

---

① 摘自笔者收集到的小学生教育自传，文本语句保持原样，仅修正了几处使用不规范的标点。

采取不合作、不参与的态度回应老师，最终加剧了身心所受到的伤害。在此，笔者尝试着用较为简练的语句表述文本主题："教师粗暴对待课堂行为失范的学生，将导致学生产生逆反心理，并给学生造成身心伤害。"

（2）运用精选强调法凝练主题

此段自传叙述文本具有明显的有关事情起因和当事人心理反应的语句，在此，笔者尝试将它们摘录出来：

老师一回头以为是我说话，就扇了我一下头。

当时愤怒死了，恨死闫老师了！

哼！我才不写呢，白痴才写呢！

当时，闫老师扇了我一巴掌。

那时痛恨死她了，心里老恨她，心里有一团火，老想发泄出来。

173

（3）运用细节逐句分析法凝练主题

首先，认真阅读，掌握语意，并根据语意划分出句子或句群：

［句1］记得在六年级的一节语文课上，闫老师在上面写字，让我们也写。

［句2］旁边的同学就和我说话，老师一回头以为是我说话，就扇了我一下头。

［句3］当时愤怒死了，恨死闫老师了！

［句4和句5］然后，老师说听写单词，我在心里暗暗地说："哼！我才不写呢，白痴才写呢！"等默写完了，老师要查，我却没写。

［句6］当时，闫老师扇了我一巴掌。

〔句7〕那时痛恨死她了，心里老恨她，心里有一团火，老想发泄出来。

之后，字斟句酌，仔细推敲，探查每一个句子或句群的内在含义：

〔句1〕介绍了事件发生的背景、时间和主要人物。传主是六年级学生，而事件发生在"六年级的一节语文课上"，说明这是时隔不久的事情，从时间上印证了传主的记忆深刻。

〔句2〕叙述了事件发生的动因及过程：老师误会学生违反了课堂纪律，并且不问缘由、不顾情境直接采用体罚的方式来惩戒当事学生。由此，学生的身体受到伤害。简言之，老师对课堂行为失范学生采取粗暴的对待措施。

〔句3〕叙述了学生受到委屈和粗暴对待后的极度愤恨之情，"愤怒死"和"恨死"等语词直观地表现了学生对老师的强烈不满和怨恨。这说明学生的心灵受到创伤，强烈的心理反应从情感上印证了传主的记忆深刻。简言之，老师的粗暴教育方式引起了学生强烈的消极情感体验。

〔句4和句5〕叙述了事件的发展阶段：学生因为受到老师的不恰当对待，抗拒老师的指令，不愿意配合老师的行为互动，并"恨屋及乌"，将老师和听从老师命令的同学都视为"白痴"。简言之，学生产生了逆反心理，并采取消极的回应方式，以表达对老师的极度不满。

〔句6〕叙述了矛盾冲突的高潮阶段：老师没有意识到学生不满的心理反应，或者意识到了学生不满的心理反应但没有正确对待，而是再次粗暴体罚学生。由此，学生的身体再一次受到伤害。简言之，学生消极的回应方式加剧了自身身体所受的伤害。

〔句7〕叙述了矛盾冲突的结果：学生更加痛恨老师，心里满是怒火，处于情绪爆发的边缘状态。简言之，老师的再次粗暴对待加剧了学生心灵所受的伤害，学生面临着心理失控的处境。

（三）分析自传经验

主题文本形成之后，需要进行深入的主题分析，以便呈现自传文本的深层含义。正如帕斯卡尔所说："自传作者叙述的不是事实，而是经验：人与事实或事件的交汇"[①]。因此，对自传文本的分析实际上是一种经验分析。康纳利和克兰迪宁曾认为："社会科学是建立在经验研究之上的。经验是起点，是所有社会科学探究的关键术语"[②]。对自传叙事经验的分析有助于把握实质内涵，揭示和显现主题的意义。

杜威的经验观为分析自传文本所蕴含的叙事经验提供了理论支持。"经验在杜威那里，既不是主体对个体的反映，也不是独立的精神实体，而是主体与对象、有机体与环境之间的相互作用，人和世界的统一"[③]。因此，对杜威而言，经验既是个人的，也是社会的，并且这种个体性与社会性总会通过互动的方式呈现出来。要而言之，人是个体化的存在，但"一个个体的存在有一种双重的地位和意义。这个个体属于一个由许多联系着的事情所组成的连续的体系，这些事情支持着它的活动并且形成一个为它所寄寓的世界，它们和它自己的偏爱是一致的，是满足它的要求的"[④]。这即意味着作为自传研究对象的个人实质上具有内在的和外在的、个体的和社会的、私人的和共存的双重特性。除了互动性之外，经验还具有连续性，即每种经验既受之前的经验的影响，也影响着后续的经验；"每种经验既从过去经验中采纳了某些东西，同时又以某种方式改变未来经验的性质"[⑤]。经验的连续性（experiential continuum）具体表现为时间维度的连续性，即过去、现在和未来并非割裂开来，而是联系一体。"无论自身处于连续体的什么位置，想象的现在、过去或未来——每个点都具有

---

① 赵白生. 传记文学理论. 北京：北京大学出版社，2014：25-26.

② Clandinin, D. Jean, Connelly, F. Michael. *Narrative Inquiry: Experience and Story in Qualitative Research.* San Francisco: Jossey-Bass Publishers, 2010: Pxxiii.

③ 彭正梅. 现代西方教育哲学的历史考察. 上海：上海教育出版社，2010：61.

④ ［美］约翰·杜威. 经验与自然. 傅统先，译. 南京：江苏教育出版社，2005：156.

⑤ ［美］约翰·杜威. 杜威教育文集（第五卷）. 吕达，等译. 北京：人民教育出版社，2008：325.

过去经验的基础并引向未来的经验"①。综上所述，依据杜威的经验观，自传叙事经验分析包括两个层面：过去—现在—未来的时间层面和个人—社会的情境互动层面，即分析发生在过去的自传叙事对传主现在及未来生活的影响，分析传主与他者的情境互动对传主的影响。在经验分析中，研究者"不再把自己置身于传主的精神世界之外，而是置身其内。他不再观察，而是鼬探"②。研究者在"鼬探"研究对象的经验时经历了一系列的分析过程，莱斯曼（C. Riessman）详细阐明了这一系列过程③：

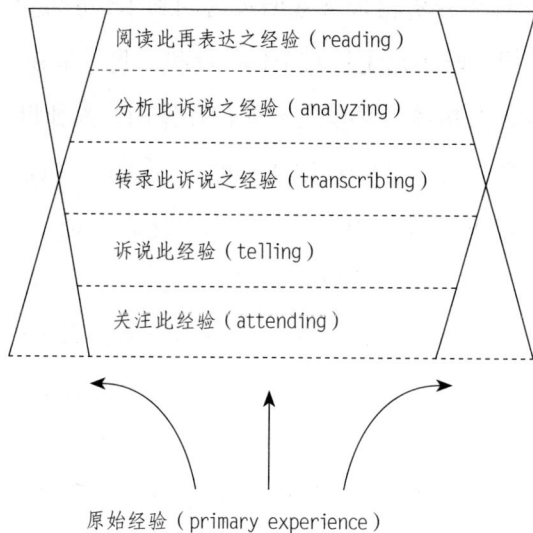

阅读此再表达之经验（reading）

分析此诉说之经验（analyzing）

转录此诉说之经验（transcribing）

诉说此经验（telling）

关注此经验（attending）

原始经验（primary experience）

自传叙事经验分析的方法有许多形式，可以进行话语分析（discourse analysis），也可以进行类属分析（category analysis），抑或是情境分析（context analysis）等。④以凝练自传研究主题章节部分所述案例为例，通过仔细阅读传主所撰写的自传叙事材料，我们可以发现：在语词的层面，传主多次使用诸如"愤怒死""恨死""痛恨死""老恨"之类的表达强烈

---

① ［美］瑾·克兰迪宁.叙事探究——焦点话题与应用领域.鞠玉翠，译.北京：北京师范大学出版社，2012：47.

② 赵白生.传记文学理论.北京：北京大学出版社，2014：173.

③ 陈向明.质的研究方法与社会科学研究.北京：教育科学出版社，2000：275.

④ 陈向明.质的研究方法与社会科学研究.北京：教育科学出版社，2000：290-301.

情感态度的词语。在话语的层面，此则文本表现为层层递进的结构，教师一而再，再而三的粗暴对待致使学生的消极情绪愈演愈烈。在语境的层面，短短不到200字的自传叙事材料中频频出现的"愤怒死""恨死""痛恨死""老恨"等语词渲染了极端愤懑的氛围，一位因受到不当对待而怒火冲天的学生的形象跃然而出。在语用的层面，传主是在应笔者的请求撰写"印象最深刻的课堂亲身经历"时，在自由写作的状态下写出此则自传叙事材料的，这是一种当时"心里有一团火，老想发泄出来"的情感宣泄，也是传主在公开表达对当事老师的不满，对当事老师"扇了我一巴掌"的再次反抗式回应。在主题的层面，此则自传叙事材料说明了教师粗暴对待课堂行为失范的学生，将导致学生产生逆反心理，并给学生造成身心伤害。在内容的层面，我们可以发现当事老师不恰当的教学管理行为是导致事件发生的动因，也是推动事件发展的主线，对此，可以采用相关教育学和心理学的理论剖析教学管理行为。在符号学的层面，我们可以分析教师体罚产生的社会文化原因，教师和学生的人际互动等。

（四）解释自传经验

"解释是对于以文字形式固定下来的生命表现所做的艺术性理解"[①]。对自传文本进行解释，不仅仅是寻求文本资料的字面性解释，而是寻求更深层的现象学、解释学乃至教育学意义的解释，其解释的对象也由自传叙事文本转向了传主本身。自然需要说明，而人则需要理解。"理解是一个从外部给予的符号中认识一种内在物的过程，更确切地说，是一个'从精神生命的即定感性表现中，认识这种生命本身的过程'"[②]。因此，对自传叙事文本的解释实质上是一种理解性解释[③]，其主旨不在于解释作为客观实体

177

---

① 金生鈜. 理解与教育. 北京：教育科学出版社，2001：33.

② 金生鈜. 理解与教育. 北京：教育科学出版社，2001：33.

③ 当代解释学认为，理解并非处在解释之前，理解本身就是解释。伽达默尔说道："正如我们所看到的，解释学的问题是因为浪漫派认识到理解和解释的内在统一才具有其重要意义。解释不是一种在理解之后的偶尔附加的行为，正相反，理解总是解释，因而解释是理解的表现形式。"（参见洪汉鼎著《诠释学——它的历史和当代发展》，人民出版社2005年版第一章第3页）因此，笔者在此处择用"理解性解释"一词。

的文本话语的含义，而在于理解叙事者内在的生命经验。文本的解释绝不是研究者随意的主观臆想，而是有着一系列严格的基本规范。伽达默尔曾描述了理解性的解释得以完成的方式："所有正确的解释都必须避免随心所欲的偶发奇想和难以觉察的思想习惯的局限性，并且凝目直接注意'事情本身'。的确，让自己这样地被事情所规定，对于解释者来说，显然不是一次性的'勇敢的'决定，而是'首要的，经常的和最终的任务'。因为解释在解释过程中必须克服他们所经常经历到的起源于自身的精神涣散而注目于事情本身。"① 由此，研究者需要利用现象学的还原方法来避免主观偏见的影响，以减少自传研究的主观错误。这也意味着，研究者必须摆脱个人一己视域的束缚，而采用"视域融合"的研究视角。"理解既不是解释者完全放弃自己的视域进入被理解对象的视域，也不是简单地把解释对象纳入解释者的视域，而是解释者不断地从自己原有的视域出发，在同被理解对象的接触中不断地检验我们的成见，不断地扩大自己的视域，从而两个视域相融合形成一个全新的视域，这一过程即'视域融合'。"②

同时，需明确的是，文本解释并非一次性的活动，而是一个随着解释者认识加深而不断深化的过程。正如施莱尔马赫所说："我们对一个文本的每一句话和每一部分不断增长的理解，我们通过从头开始并缓慢移动所获得的理解，都是暂时性的。当我们能够把每一个更大的部分看作一个连贯的整体时，理解变得更为完整。但是一旦我们转向一个新的部分，我们就会遭遇到新的不确定性，好像又在昏暗的曙光中启程了。"③ 并且，正如海德格尔所认为的那样，理解总是以前见为基础，新的理解则成为下一次理解的前见，理解的过程即是由前见到理解再到前见的循环过程。伽达默尔继承并发展了施莱尔马赫以及海德格尔的"解释学循环"，在伽达默尔

---

① 转引自洪汉鼎. 何谓现象学的"事情本身"（上）. 学术月刊，2009（6）：33.

② 张习文. 伽达默尔视域融合理论研究. 济南：山东师范大学，2012：1.

③ ［美］肖恩·加拉格尔. 解释学与教育. 张光陆，译. 上海：华东师范大学出版社，2009：48.

看来，人的理解是一个持续不断的循环过程，也是一种持续不断的螺旋式运动。它总是暂时性的和有限性的，总是一种不完全的解释，处于理解—修正—再理解—再修正的持续进程中。因此，对自传叙事经验的理解既需要研究者从多种理论分析视角入手，也需要研究者尽可能全面和深入了解研究对象，更需要研究者在对研究对象的理解过程中促进自我的反思性理解。解释是揭示内在意义的过程，美国学者诺曼·邓金列举了叙事经验解释所需遵循的八则标准：（1）它们有没有生动地澄清经历？（2）它们是不是建立在深度叙事基础上？（3）它们的历史性与关系性内涵是否充分？（4）它们是过程性、交往性的文本吗？（5）它们是否将对于现象的了解都交代清楚了？（6）它们与关于现象的前在理解相关联吗？（7）它们的结构连贯吗？它们包含理解吗？（8）它们是不是开放的？这八则标准可以用来检验自传叙事经验的内在意义是否得到充分地揭示和清晰地呈现。①

179

（五）采取介入行动

"任何解释和它所解释的东西一样悬在空中，而不能给它提供任何支持。解释本身不能决定意义"②。换而言之，解释作为有意识的理智活动，尽管非常重要，但是从根本上说，不是解释而是实践赋予语词以意义。因此，解释并非研究的终极步骤，研究者还需要提出变革的行动议程并采取相应的介入行动改变现状，以帮助人们从那些限制了自我发展的不合理的和不公正的社会政治、经济、文化结构中解放出来。③正如阿普尔提醒教育研究者必须采取切实的行动来变革教育："如果身处教育中的我们不能根据来自底层复杂的声音而有所行动的话，那么我们的所作所为在道

---

① ［美］诺曼·邓金.解释性交往行动主义.周勇，译.重庆：重庆大学出版社，2004：87-89.

② 郁振华.人类知识的默会维度.北京：北京大学出版社，2012：2.

③ 按照解释学的观点，理解与应用具有统一性，应用决不是理解之后才开始的过程，理解和对我们自己境遇的应用，其实乃是同一个解释学事件；一切理解都包含应用。笔者认同此观点，因此，此处表述的"采取介入行动"并非是指发生在"解释自传经验"之后的事件，"四"与"五"只代表行文逻辑的顺序。实际上，研究者可根据情况随时"采取介入行动"。

德上就无法自足，因为最终所产生的结果不是'对话'，而是意识形态的强加"①。这即意味着自传课程研究者必须遵循"行动科学"的理路，同时作为研究者、教育者和介入者而存在，依照行动理论的方法进行教育实务工作。② 例如，在对学生进行自传叙事访谈时，如果发现学生存有明显的心理健康问题，研究者应当协同教师、家长及心理医生采用有效方式进行必要的叙事治疗和心理干预。在分析学生的自传叙事写作文本时，如果发现学生叙述的教育故事包含着负面因素，研究者则可帮助儿童"将自己与问题故事分开"，引导和鼓励学生"透过新的素材或不同角度改写故事"，帮助学生"成为自己生命故事的作者、并创造自己的生活的过程"③。

事实上，自传课程研究是一种实践性的和合作性的研究，是研究者连同教师和学生共同合作开展的研究，而并非外在于教师和学生的研究。在此理念下，作为研究对象的教师和学生也是研究的主体，必须通过自我的行动实现自我的主体解放。"自传课程的方法是一种致力于将人从政治的、文化的和经济的影响下解放出来的方法"④。正如弗莱雷所说，人是自我的解放者，被压迫者在争取自我解放的斗争中必须以身作则。人的自我解放端赖于自我的反思和行动。自传是自我的反思性实践，个体通过自我的反省言说、与他者的交往会话，可以重新发现自我、理解自我和建构自我。"所有的行为必须从自我开始，认识到自我及其在世界中的位置最终将成为政治性的行为，因为一个人在一定程度上理解'自我'之后便能自由地选择行动"⑤。珍妮特·米勒论述了运用自传作为反思与表达教育经验来建构自我身份认同和改造教育现实的可能。在自传省思中，自我的行动预

① [美]迈克尔·W.阿普尔.被压迫者的声音.罗燕，等译.上海：华东师范大学出版社，2006：2.

② [美]克里斯·阿古里斯.行动科学.夏林清，译.北京：教育科学出版社，2012：4.

③ [美]约翰·M.温斯雷德.学校里的叙事治疗.曾立芳，译.北京：中国轻工业出版社，2014：91.

④ William F. Pinar. *Autobiography, Politics and Sexuality*. New York: Peter Lang Publishing, 1994:108.

⑤ William F. Pinar. *Heightened Consciousness, Cultural Revolution and Curriculum Theory*. Berkeley: McCutchan, 1974:38.

示着"打破沉默之声"："对局限我们作为学生、教师、课程创造者的自我概念提出挑战，我们必须创造新鲜的课程与教学的概念，关注并质疑那些支持信以为真的公共与私人、自我与他人、男性与女性、知者与被知者概念二元化的社会性别话语、关系与结构"[①]。因此，必须创造自由的空间和提供必要的外在支持，激发教师和学生的内在主体意识觉醒，让教师和学生在反思与行动中成为反思性实践者，自主探寻外部世界意义和自我存在意义，成为自我的解放者。

四、自传课程方法的取向：走向解放取向

在自传方法的实际运用中，如果实践者忽略了自传方法最根本的价值意蕴，就会导致它沦为一套与自传课程理念背道而驰的技术性操作手段。珍妮特·米勒列举了自传方法在课程研究中被误用的诸多表现。例如，自传被视为确定性地和总结性地描绘"发展的""反思的"和"有效的"教师和学生的方式；又如，自传被视为达成建构教师多重自我、开发课程材料和创新教学方法等目的的工具。正如米勒所指出的，当自传被用于获得解决课程与教学问题的答案时，当通过自传获得的答案在某种程度上被视为业已经过充分探查的、可理解的因此也是负责任的证据时，实证主义教育研究及实践的标准化规范被大大强化。[②]

总的来说，由于研究者哲学观的差异及研究路径的不同，自传研究大体上可以分为三种取向：客观取向、解释取向和解放取向。通常，秉持客观取向的研究者会着重评判研究的效度（validity）、可靠性（reliability）、可信度（truth）、虚假性（falsity）、偏见（bias）、数据（data）、假设（hypothesis）、理论（theory）、个案代表性（case representativeness）和可推广性（generalizability）。解释取向的自传研究则会拒斥客观取向研究的

---

① [美]珍妮特·米勒. 打破沉默之声. 王红宇，等译. 北京：教育科学出版社，2008：57.

② Craig Kridel. *Encyclopedia of Curriculum Studies*. London: SAGE Publications, 2010:63–64.

种种评判，而是从文学、小说的框架看待自传素材。解放取向的自传研究将自传素材当作分析个体社会处境的工具，注重从批判社会学的维度展开解读。自传课程理论所倡导的自传方法秉持解放取向，"着眼于教师和儿童生活的色彩缤纷的世界，企图从'冰冷的纸堆中找出生命的温暖'，接触到我们的心和灵，这种接触是柔软的、私密的，而且是深入的和扣人心弦的；接触到被忽视的学生的生活和生命，使生活经验得以呈现和表达，以多元方式将公共领域和私人领域连结起来，成为生活空间的一部分"①。

（一）客观取向的自传研究

美国知名质性研究专家诺尔曼·邓金详细阐述了自传研究的客观取向，指出客观取向可分为以芝加哥学派（the Chicago School）为代表的古典客观自然史取向和以新德国生活史研究学派（the new school of German life history researchers）为代表的客观解释取向。② 以托马斯和兹纳涅茨基为代表的芝加哥学派社会学家开创性地在社会科学领域中发展了传记研究法。托马斯与兹纳涅茨基合作出版的著作《身处欧美的波兰农民》，被公认为是社会学中传记研究的开山之作。

1. 古典客观自然史取向

古典客观自然史取向的研究者关心研究对象的自传中的客观事件与经验，以及研究对象对这些客观经验与事件的反应。他们相信，对这些客观的事件与经验能够获得正确、真实、有效、一致的解释，对于无法验证的事件应当存而不论。另外，这派研究者相信生命的历程具有顺序性，而研究的主要兴趣在于检验假设以发展理论，这基本上仍属于实证研究的传统。简而言之，持有古典客观自然史取向的研究者试图在生活中寻找理性和秩序，将生命视为一种理性的建构，根据他们的看法，自传研究应该依循下列步骤：（1）选择一系列的研究假设与有待回答的问题，对主要概念

---

① 欧用生. 课程理论与实践. 台北：学富文化事业有限公司，2006：36.

② Norman K. Denzin. *Interpretive Biography*. London: SAGE Publications, 1989:49.

形成暂时性的操作定义，并选择研究对象与研究地点；（2）记录研究对象生活中与研究问题相关的客观事件与经验；（3）根据多种资料来源与多重角度对这些客观事件进行三角检测，以发现确认矛盾、不规则以及不连续之处；（4）请研究对象以编年史或自然发生的顺序针对这些事件进行解释；（5）从内部效度、内部批评、外部效度、外部批评等维度来分析这些报告；（6）确定上述资料来源的效度，排列这些资料被用来进行假设检验时的优先顺序；（7）一面寻找负面的证据，一面进行假设检验；（8）组织整个生命史的初始草稿，并将其呈现给研究对象，观察研究对象的反应；（9）根据这些反应按照其自然顺序重新改写报告，说明哪一些假设受到支持，并总结陈述相关理论启示。①

　　古典客观自然史取向将自传叙事作为研究的资料，试图通过具体的自传个案推导研究群体生命与生活境况的普遍特征。因此，这派学者容易对所观察到的生命事件与经验进行理性化的分析，他们的研究对象并非自传叙事的传主，而是心中预先假定所想看到的人。"事实上，这些学者在很大程度上也受到实证主义的影响，其目的在于从被研究者那里找到'客观的现实'，被研究者的主观世界以'客观化的方式存在着'。尤其是，'他们所希望的还是一种追求通则的科学，书面叙事不过是他们资料的来源而已。他们并没有将叙事提升到今天的本体论地步'。研究者对于自己的角色身份、研究过程以及与被研究对象之间的互动也缺少足够的反省。"②由于深受实证科学的影响，古典取向研究者相信可以获得准确、真实、有效和持续的事件解释。他们将主体变为研究的对象，希冀对主体的自传叙事经验做出客观精确的分析解释；然而，他们却忽视了即便是客观经验也可以具有多种主观意义的解释，并且主观意义在表达过程中也有可能被无意或有意歪曲的事实。因此，古典取向的自传研究

① Norman K. Denzin. *Interpretive Biography*. London: SAGE Publications, 1989:50.
② 鲍磊. 社会学的传记取向：当代社会学进展的一种维度. 社会，2014（5）：179.

在一定程度上缺乏足够的解释力。

2. 客观解释取向

客观解释取向以德国社会学者为代表，包括社会学家科利（kohli）、赫林（Helling）、舒茨（Schutze）与雷曼（Reimann）等人。与古典取向的研究者一样，他们都关心自传资料的信度、效度与可推论性等问题，主要的兴趣仍是假设检验。在方法上，结合了扎根理论以及叙事访谈的方法，获得客观经验的主观意义，并进一步建立理论。客观解释取向研究者对"客观"的界定与古典取向研究者的界定不同，这是区分二者的最大差异所在。客观解释取向的研究者认为资料是社会互动的产物，所以他们不讨论真实性与客观性（truth and objectivity），只讨论可靠性（authenticity）。他们并不以传主为唯一的资料来源，而是多方搜集资料以说明传主意义或行为产生的原因。客观解释取向的自传研究一般遵循以下实施步骤：（1）搜集传主生活中的客观经验，特别是与生命历程阶段有关的经验；（2）利用叙事访谈的策略搜集传主具体的、脉络性的传记资料，再要求传主针对其生命故事不同的部分继续扩充说明；（3）要求传主将其生命理论化，研究者接着对这些自传性叙述进行详细的阅读和解释，对访谈故事的内容加以分门别类，并寻找意义与经验的类型。在此步骤中，个体的传记已经被重新建构；影响个体生命过程的结构因素也被确认；（4）撰写案例摘要描述传主，说明传主生命中的结构性历程、与其生命经验有关的各项理论、以及其生命中独特和普遍的特征；（5）在分析完个案之后，接着对另一个案重复相同的解释过程，最后就不同个案所得的结果进行比较以生成理论。①

客观解释取向研究与古典客观自然史取向研究相比，吸收了常人方法论（ethnomethodology）、社会语言学和叙事分析的最新研究成果。客观

---

① Norman K. Denzin. *Interpretive Biography.* London: SAGE Publications, 1989:56.

解释取向的优点是认识到自传生命史访谈资料是一种交互作用的情境性结果；研究应用了交叉检测的方法，从不同的视角看待同一生命经验，试图从生活故事中发掘多元意义。客观解释取向研究的不足是对生命秉持线性的假设，相信前后事件的因果关联；同时，将生命史视为僵化的资料，导致未必能完全掌握传主的生命经验。

（二）解释取向的自传研究

邓金将解释取向的研究细分为三类，自我传记（self-autobiographies），团体自我故事（group self-stories）和对个人生命经历和生活史的了解。其中，自我传记可以是由传主叙述，研究者不加任何的解释，只是呈现经过编辑的叙述访谈资料；也可以从传主的自传叙述和观点出发，对传主所说的故事进行解释；还可以以研究者对个人生命的解释为主轴，穿插编辑传主的生命叙述，但其目的并非是为社会学或人类学服务，而是在了解传主的生命经验。团体自我故事是指在团体中进行的自我报告活动，每一个团体成员将其生命中重要的事件书写出来，在团体中报告分享，在此过程中，成员不仅更加了解自己的生命史，重新建构自我，也知晓了彼此共同遭遇的问题，创造了团体的文化。解释取向第三种类型是了解个人的生命经历和生活史，即通过分析研究收集到的各种相关文件档案自传资料了解传主的个人情况。邓金是采用解释取向的重要代表人物，提出了"解释性传记"（interpretive biography）的概念，在明确关键性的前提之后，他指出解释取向的研究可以遵循以下几个步骤：（1）首先，研究者记录传主生活中的一系列客观经历，同时应注明传主生活经历中的阶段和经验。生活阶段可能是童年时期、青春期、成人的早期阶段以及老年时期。以编年史的方式来撰写这些生活阶段，或者按照不同经历来撰写生活阶段，如受教育情况、婚姻状况和工作情况。（2）然后，通过访谈的方式即传主以故事或叙事的形式描述其一系列生活经验，研究者收集具体情境中的传记材料。这时的焦点是收集完整故事。（3）围绕能够表现个人生活中那些关键性的事件或者突现的主题，来组织完整故事。（4）以传主提出的解释为基础，研究者探讨这些完整故事的意义，并探寻故事的多重意义。（5）研究者还要在更大的结构内——例如在群体性的社会互动、文化领域、意识形态观念和历史情境之中——解释这些意义，并对传主的生活经验加以阐释。①

解释取向的自传研究主要是受解释学和符号互动论影响。"解释学作为研究人与人、人与社会、人与历史、人与文化之间的沟通，人自身的经验如何通过理解过程得到拓展，以及文化怎样在理解过程中得到创造、更新的理论，其研究范式可以概括为'理解'的范式。"②在解释学看来，人既非实物，也非概念，对人的研究不能通过"证实"的手段，而只能通过"理解"和"阐释"。正如狄尔泰所说，"自然需要说明，而人需要理解。"解释学视域中的理解是一种情境理解，理解的发生端赖于一系列具体的条件。"如果按照解释学的观点来看，人的活动既不像理性主义所建议的那样由理论派生出实践，也不像行为主义所建议的那样将理论付诸实践；解释学的基本原则是某种'情境理解'"③。在此影响下，自传研究注重研究者对被研究者的个人经验和意义做解释性理解和领会；研究者从被研究者的视角出发，通过自己亲身的体验，理解被研究者的生活故事、思想情感和价值观念。发源于20世纪初芝加哥社会学派的符号互动论（symbolic interactionism）也称象征互动论，是一种主张从互动着的日常自然环境去研究人类社会生活的社会学理论，代表学者有乔治·赫伯特·米德（George Herbert Mead）、查尔斯·霍顿·库利（Charles Horton Cooley）和赫伯特·布鲁默（Herbert Blumer）。"以布鲁默为代表的符号互动论者极力反对实证主义的'硬性'或量化的社会学研究方法，主张直接探索丰富、多变、鲜活的经验世界，采用同情内省法（sympathetic

---

① ［美］约翰·W.克里斯韦尔.质的研究及其设计.余东升，译.青岛：中国海洋出版社，2009：57.

② 陈蕾.教育研究中的解释学取向.煤炭高等教育，2007（9）：106.

③ 刘良华.教育行动研究：解释学的观点.教育理论与实践，2001（11）：5.

introspection），提出启发性的概念（sensitizing concepts），基于经验世界来提取理论，并不断返回经验世界检验这些理论的意义"①。在某种意义上，符号互动论恢复了被实证主义所扭曲了的人的物化形象，重视人的内心世界和内部经验，肯定了人的主观能动性。受此影响，研究者应当注重收集被研究者的生活史、自传、信件、日记等反映内心世界真实体验和感受的材料，通过采取同情内省方式来解释性理解被研究者的个人经验。综上所述，客观取向的自传研究与解释取向的自传研究存有明显的差异，前者大体属于实证科学研究取向，主要以检验研究假设和建立理论为主要目的；后者则注重主体意义的理解与解释，不受预设的研究假设所限制，研究的目的在于理解传主的生命意蕴。并且，解释取向的自传研究对研究者而言具有不小的挑战：一方面，研究者需要通过传主本人或者其他渠道收集有关传主的大量信息；另一方面，研究者需要将传主置于广泛的社会或文化思潮中，以便更清晰地理解其历史、情境的材料。②

187

（三）解放取向的自传研究

珍妮特·米勒指出，自传研究之所以愈发受到重视，与批判理论、后现代主义、后结构主义的兴起密切相关。这些理论对以实证主义为主导的社会科学研究提出诸多质疑，指出社会科学研究的目的不在于发现所谓的科学规律，而在于发现社会问题、破解社会矛盾，进而促进社会的发展。因此，它们都极其强调社会科学研究的批判和解放功能。此外，身份政治（identity politics）的发展，更使得自传研究受到重视，生命书写被当作一种工具，以协助个人建构自我的主体性、肯定自我的价值，最终实现自我的解放。由此，解放取向的自传研究认为，弱势群体通过书写自身的传记，可以了解个人主体形成的结构性因素，了解自己的生命受到何种知识或权力关系的影响，经由生命经历回顾和传记叙述书写的解构过程，个人

① 赵万里，徐敬怡.符号互动论视野下的科学社会研究.自然辩证法通讯，2007（6）：48.
② [美]约翰·克里斯韦尔.质的研究及其设计.余东升，译.青岛：中国海洋出版社，2009：57.

可以重新体认自我，理解自身今日处境形成的原因，获得重构自我的力量。"与20世纪二三十年代芝加哥学派引领的传记研究相比，这一取向的视角更为宽广，从把生活故事和传记资料用作某个预测性问题研究的证据文本或例证，转向更为范式性的视角，去关注个人，关注他们的生活、回忆与叙事，并把后者作为构建知识的重要来源。不仅如此，这一取向也改变了研究过程与自我之间的关系，从只是把个人与社会研究之间的经历与情感联系表达出来，转向把传记或自传本身视为社会学分析与理解的基础。"①

追根溯源，自传课程理论秉持解放的兴趣，试图通过自传的方法重建主体性，实现个体的自我解放。"根据派纳的分析，自传课程指向的是'个体的解放'，通过对个体'生活经验'的诠释，提升人的自我意识，把个体从现实中、无意识中、他人的对象化中解放出来，恢复'人的真谛'"②。除了实现人的解放的价值，自传课程也具有促进社会解放的价值。尽管派纳并不完全秉持批判理论的立场，但他依然认为自传具有改造社会的进步意义。他指出，自传具有社会属性，自传之中嵌入了体验的政治、经济、性别和理智的维度，"它是一种策略，其渴望达到的目标不仅仅是对'知识体系'作出贡献，而且也对使用它的人的传记的和理智的解放和由此产生的政治解放作出贡献"③。除了派纳等存在现象学课程论研究者关注课程中的自传之外，一些批判课程理论家也尝试着从解放的旨趣出发探讨课程中的自传相关要素，如迈克尔·阿普尔（Michael W. Apple）对"声音"（voice）的研究、亨利·吉鲁（Henry Giroux）对"写作"（writing）的研究。④ 阿普尔等人探讨了"被压迫者的声音"的问题：

① 鲍磊. 社会学的传记取向：当代社会学进展的一种维度. 社会2014（5）：182.
② 汪霞. 课程研究：现代与后现代. 上海：上海科技教育出版社，2005：63-64.
③ ［美］威廉·派纳. 自传、政治与性别. 陈雨亭，等译. 北京：教育科学出版社，2007：56.
④ "声音（voice）"和"写作（writing）"是将课程理解为自传和传记文本的重要概念。派纳、米勒、格鲁梅特、克兰迪宁、康奈利等人都曾强调"声音"和"写作"的概念。事实上，"声音"和"写作"是自我表达的基本方式，对个体具有存在主体性的重要意义。

考察学校场域中的被压迫者是怎么说话的、在何时说话的，希望能揭示他们究竟说了什么，从而为被压迫者提供一个说话的空间，对他们的话加以记录和批判，这样他们的声音和真知灼见就不会被教育者、学者、政策制定者、政府官员等所漠视。[①] 亨利·吉鲁考察了"写作"的政治学意义，他认为"写作既是一个跨学科的过程，又是一种能够教学生如何对某一学科进行批判的、理性的思考的认识论"[②]。他进而主张采用批判性写作教学方式，唯此，学生就有机会深入一个学科的内部，进行批判性的思考，从而能够对各种学科知识和问题提出自己的理解和解释。概而言之，自传课程理论倡导自传方法的落脚点不在于教育自传的字面含义，而是从中理解个体是如何建构自我、建构主体性的；不是为了冰冷的事实，而是为了人的解放，将"活生生的生命的温暖"视为课程和教学研究的质地，"是对枯燥的研究和空泛的承诺的一种解毒剂"[③]。

189

小结

自传课程理论倡导的自传研究方法兼具反思自我与理解他者的两重性。作为一种自我研究的方法，自传方法包括"回溯—前瞻—分析—综合"四个阶段步骤。其中，"回溯"是指个体重返教育经历的过去、追溯过往的学校生活，"前瞻"是指个体展望未来的教育生活、想象自我的可能发展，"分析"是指个体采用精神分析的方法对通过自由联想而获得关于过去、未来以及现在的学校生活图景进行分析，"综合"是指个体整合零散获得的教育经验、整合心智和身体、形成整体的自我。通过这种自传方法，个体能够深入理解学校教育经验及其对自我发展的作用，并探寻到促使"现实的自我"向"理想的自我"转化的自我重建之路。自传方法还可以

---

① [美] 迈克尔·W. 阿普尔. 被压迫者的声音. 罗燕，等译. 上海：华东师范大学出版社，2006：2.

② [美] 亨利·A. 吉鲁. 教师作为知识分子. 朱红文，译. 北京：教育科学出版社，2006：76.

③ 欧用生. 课程理论与实践. 台北：学富文化事业有限公司，2006：36.

作为一种有效的理解他者的方法，包括收集自传素材、形成自传主题、分析自传经验、解释自传经验、采取介入行动等步骤。通过这种自传方法，教师可以走进学生的内心世界、倾听学生真实的声音、体察学生的日常生活，从而促进对学生的生命理解，并在此基础上反思自我、改进与学生的交往方式、帮助学生实现自我的重建和主体的解放。

自传方法是一种人文主义的方法，充盈着浓厚的人文情怀。它着眼于教师和学生色彩缤纷的生活世界，通过呈现更具体的、更微观的案例突显教师和学生的主体性，企图赋予冰冷的事实以生命的温暖。[①] 因此，自传方法的落脚点不在于弄清教育自传的字面含义，而是透过文字感受个体生命成长的复杂性，理解个体是如何建构自我、建构主体性的。自传方法是一种主体性方法，个体通过自传式反思自我和理解他者，实现自我的重建和主体解放。自传方法也是一种批判性方法，通过批判性反思嵌入自传之中体验的政治、经济、性别和理智的维度，推动私人白我向公共白我的拓展，借由自我的重建和主体的解放为政治解放和社会变革做贡献。简言之，自传方法秉持解放的兴趣，致力于推动教师和学生通过自身的反思性实践活动来革新学校课程与教学、重建自我的主体性和改造寓居其中的社会共同体。

---

① 欧用生. 课程理论与实践. 台北：学富文化事业有限公司，2006：36.

第六章
自传课程的实践阐释——以儿童自传为例

作为一种当代重要的课程理论话语，自传课程理论具有十分重要的实践价值。它有助于改变课堂教学方式，改善教师和儿童的生存境遇，促进教师和儿童的主体解放。自问世之日起，自传课程理论就先后被西方各国教育学者付诸实践，以促进课程教学和学校教育的变革。例如，美国学者格鲁梅特将其用于在岗教师的进修培训，促进教师的自我反省；加拿大学者迈克尔·康纳利将其用于为研究生开设的叙事研究课程，以儿童的自传经验作为起点，课程内容强调儿童的传记、自传回忆、叙事、解释、生活故事、生活史等，引导学生体验课程教学和教育研究之于个体的生命意义；[①]日本学者浅昭茂（Shigeru Asanuma）将其用于儿童的作文教学，鼓励儿童通过撰写日常生活经历，反思自我进而获得自我意识；[②]澳大利亚学者诺尔·高夫将其用于环境教育，促进儿童将生态环境保护与个人的生

---

① Clandinin, D. Jean, Connelly, F. Michael. *Narrative Inquiry: Experience and Story in Qualitative Research.* San Francisco: Jossey-Bass Publishers, 2010:35.

② William F. Pinar. *Contemporary Curriculum Discourses.* New York: Peter Lang, 1999:152.

命成长融为一体。^①可以说，自传课程理论在西方的付诸实践取得了丰硕的成果。

自传课程理论引入我国迄今十余年，在此期间已有部分学者用自传的方法或自传的视角研究和审视我国基础教育新课程改革背景下的课堂教学实践问题。如前所述，自传课程是一种人本主义取向的课程，带有浓厚的人文情怀，其理论主张与新课程改革倡导的理念意蕴相通，最终都指向每一个儿童的生命发展。在深化新课程改革的新时期，以直面鲜活的教育现实和直面具体的生命个体为基点的自传课程理论或可为促进课堂教学的实践变革提供有益启示。然而，自传课程理论在我国的本土实践并非是简单移植来自异域的课程话语，而是立足我国自身的教育语境，"以优秀的文化传统为依托，以本国的课程实践为基础，借鉴国外的研究方法，使之与本土课程理论沟通、融合"^②，唯此才能获得实践工作者的文化认同和行动支持，进而促使自传课程理论在实践的田野中生根发芽。

一、自传课程理论与中国传统课程智慧的契合

自传课程理论是派纳等课程理论家为救治20世纪中后期美国学校教育及课程研究领域出现的种种危机而开创的一条通往人的解放的路径。尽管自传课程理论诞生于西方教育文化背景中，但仔细分析不难发现它的基本理念与中国传统课程智慧存在高度契合。中国哲学主要由儒、道、佛三家构成，与之相应，形成了三种主要传统课程智慧，即儒家课程智慧、道家课程智慧和佛学课程智慧。它们都在不同程度上关涉自传课程理论的要旨。

（一）自传课程理论与儒家课程智慧的契合

"将课程理解为儒学文本"与"将课程理解为自传文本"具有异曲

---

① Noel Gough. *Surpassing Our Own Histories: Autobiographical Methods for Environmental Education Research.* Environmental Education Research, 1999（5）:407.

② 靳玉乐，罗生全. 课程理论的文化自觉. 教育研究，2008（6）：43.

同工之妙，都是"把课程领域从日益膨胀的技术理性和功利主义中救渡出来的一条途径"①。首先，自传课程理论与儒家课程智慧都持有相同的思维方式。在课程哲学层面，自传课程理论超越了主客二分的思维方式，确立了人的主体地位，开辟了由外向内的自我寻求之路。如派纳所说："课程不是由诸多科目（subjects），而是由诸多主体（Subjects）、主体性（subjectivity）构成的。课程的开展就是建构自我、建构主体性生活体验的过程。自传即是自我的建构，建构一个当我们在阅读、写作、说话与倾听时创造与体现着的自我"②。儒家课程哲学同样是一种主体哲学，超越了主客二分的思维方式。"孔子作为传统思想文化的代表，在提出仁学思想的同时，也就确立并肯定了主体思维的基本原则。仁被归结为人的内在德性，要认识和实现仁德，完全是主体自身的事情"③。并且，自传课程理论与儒家课程观对主体的认识持有相同的观点。自传课程理论认为，主体的建构是一个不断解构和建构的过程；与之相同，"儒家的主体不是一固定不变的实体，而是一以终极存有为指归的不停顿的自我转化、自我否定、自我超越、自我实现的活动和过程"④。二者的差异则在于儒家致力于建构的主体是一种"道德主体"，而自传课程并未涉及德性养成问题。

自传课程作为一种经验课程范型，强调个体经验的意义，但它所强调的经验不是原初经验，而是个体自我反思后的经验。在自传课程理论家看来，未经自我反思的原初经验不具备教育意义，如派纳所说："从经验出发，我们致力于在思想和行动中表达这种经验。在这种自我反思过程中经验变成了教育的经验。"⑤因此，自传课程极为强调课程实施中自我反思的

193

① 张华. 走向儒学课程观. 全球教育展望, 2004（10）: 37.

② William F. Pinar. *Autobiography, Politics and Sexuality*. New York: Peter Lang Publishing, 1994:220.

③ 蒙培元. 中国哲学主体思维. 北京: 人民出版社, 2005: 19.

④ 段德智. 从儒学的宗教性看儒家的主体性思想及其现时代意义. 华中科技大学学报: 社会科学版, 2003（3）: 11.

⑤ ［美］威廉·派纳. 自传、政治与性别. 陈雨亭, 等译. 北京: 教育科学出版社, 2007: 46.

作用，其所主张的"回溯—前瞻—分析—综合"式自传过程即是自我反思过程。与之类似，儒家课程观也同样强调自我反思的作用。《论语》多次记载了孔子关于自我反思的言论，例如：

> 子曰：见贤思齐焉，见不贤而内自省。（《里仁》第四·十七）
>
> 子曰：已矣乎！吾未见能见其过而内自讼者也。（《公冶长》第五）

孔子所言的"内自省""内自讼"即是自我反思、自我反省。孔子之后的曾子、孟子、荀子等人也都十分强调自省。如曾子有言："吾日三省吾身"；孟子有言："君子必自反也"；荀子有言："君子博学而日参省乎己，则知明而行无过矣"。儒家认为，反己自省是修身之本。《大学》确立了"格物""致知""诚意""正心""修身""齐家""治国""平天下"的"八条目"，并指明"自天子以至于庶人壹是皆以修身为本"。修身是"八条目"之本，而"自反"则是修身之本。南宋理学家胡宏在《知言·天命》中明确说道："自反者，修身之本也。本得，则用无不利。"儒家的教育目的是培养"君子"，"君子之学，反己而已。反己，则见其不能不愧于天，故不怨；见其不能不怍于人，故不尤"[1]。儒家"学须反己"的特征导致了儒家课程是一种基于自我反思的"内在课程"（inner curriculum），"儒家认为人内心之中具有一种价值自觉的能力，从'为仁由己'、'自我修养'到'内省'、'慎独'直至'自我完善'，儒家教育追求价值之源的努力始终是向内的、向自身的"[2]。显然，这与自传课程具有会通之处。

在课程知识问题上，自传课程理论与儒家课程观存有相似的观点，二者都主张将知识与认知主体相结合。自传课程秉持个人知识论，认为课程知识不是外在于人的、客观中立的教科书知识，而是个体自我转化、建构

---

① 转引自 罗国杰. 中国传统道德. 北京：中国人民大学出版社，1995：374.

② 樊亚峤. 儒学课程思想的后现代转向. 重庆：西南大学博士学位论文，2011：59.

和确证的"自我知识",知识建构的过程即是自我建构的过程,也是主客一体化的过程。儒家同样明确反对主客二分的认识论。"儒家强调在追求知识的过程中个人内在力量的发挥,强调要通过个体对知识的积极建构,以个体体验的方式达到对教育意义的理解和把握。在这种基于个体经验的内部建构过程中,知识具有了不稳定性和无限发展的可能性。"[①]北宋大儒程颐指明了"体会"和"知识"的区别,主张"以体会为心","不可将心滞在知识上"[②]。对此,蒙培元先生作了进一步解释:"如果把心仅仅看作认知之心,把天地万物看作认识对象,以心去认识天地万物,从而获得知识,那就是'滞在知识上',就是小看心了,这是程颐和理学家所不同意的。既然不能滞在知识上,那就只能超越知识之上,'以体会为心'。这当然不是一般的对象认识,只能是一种本体体验型的存在认知"[③]。所不同的地方在于,儒家课程观讲究"德性之知",知识学习与德性养成同为一体、须臾不离,而自传课程理论所说的知识大体属于儒家所谓的"见闻之知"。北宋大儒张载区分了"见闻之知"和"德性之知"的差异,他说道:"见闻之知,乃物交而知,非德性之知。德性所知,不萌于见闻"[④]。程颐对此作了进一步阐释:"闻见之知,非德性之知。物交物则知之,非内也,今之所谓博物多能者是也。德性之知,不假闻见"[⑤]。自传课程理论认为知识是个体与环境交互作用建构而来,这即是张载所说的"物交而知",儒家课程观的"德性之知"亦即"内在体证之知","是道德主体与生俱来的不假修为的自知之明、自我意识……站在本体论的立场,德性之知必然真实无妄;站在修养论的立场,德性之知的真实无妄即是道德主体精神境界的体现。"[⑥]

195

① 樊亚峤,靳玉乐.儒家教育中的主体自觉精神及其现代路向.西南大学学报:社会科学版,2011(9):140.

② 程颢,程颐.二程遗书.北京:人民出版社,2000:72.

③ 蒙培元.中国哲学主体思维.北京:人民出版社,2005:100.

④ 张载.张载集.北京:中华书局,1978:24.

⑤ 程颢,程颐.二程遗书.北京:人民出版社,2000:374-375.

⑥ 杜维明.东亚价值与多元现代性.北京:中国社会科学出版社,2001:59.

此外，自传课程理论和儒家课程智慧都强调自我的超越。自传课程理论家强调个体通过自我反思来重建自我实现自我的超越，即在对过去自我的回忆、对未来自我的想象和对现在自我的审思中实现自我的重建和超越——超越现存的教育制度和社会政治环境，指向个体和社会的解放。这种内向型的自我超越招致了一些传统主义课程研究者的批判。如丹尼尔·坦纳与劳雷尔·坦纳认为自传课程理论"提倡一种'神秘的炼丹术'——转向'自传'式的反省和凝思，通过一种'超越—存在的漂浮'以保证哈贝马斯所指出的'解放兴趣'。这是一种'糟糕的学问'，是'反研究'"①。同样地，儒家课程观也强调自我的内在超越，个体借由"内自省""反求诸己"的修身方式而实现自我的内在超越。孔子曾总结了自己一生的为学经历："吾十有五而至于学，三十而立，四十而不惑，五十而知天命，六十而耳顺，七十而从心所欲，不逾矩。"这个为学的过程即是自我超越的过程：随着年龄的增长，自我的境界在不断提升。儒家的内在超越思想同样招致了质疑，如有学者指出："儒家的超越强调个体的体证，这种体证对个体而言可能是心知肚明的，对他人而言未必就那么清楚明了。这样一来，儒家式的自我超越有时便是只可意会、不可言传，甚至导向神秘主义"②。尽管自传课程理论与儒家课程观都强调自我的内在超越，但自传课程理论是基于经验论来谈自我超越，与之不同，"儒家课程观具有浓厚的先验色彩，它以内心自觉的方式成就了人与世界'合一'的体验，使人走上了一条'内在超越之路'"③。

（二）自传课程理论与道家课程智慧的契合

如前文所述，自传课程理论秉持主体内向思维，尤为关注人的存在问题。与之类似，道家同样提倡主体内向思维和关注人的存在问题。众所周

---

① 转引自 张华. 经验课程论. 上海：上海教育出版社，2004：145-146.

② 姚才刚. "内在超越"与儒学的宗教性. 湖北行政学院学报，2003（4）：76.

③ 安桂清. 整体课程论. 上海：华东师范大学出版社，2007：180.

知，"自然"是道家最为重要的概念，"道法自然"是道家的宏旨，其中所隐含的即是一种"天人合一"的主体思维。正如蒙培元先生所说："就道家思维的主流而言，它所提倡的'自然'，并不是与人相对而存在的自然界及其外部事物的性质和规律，当然也不是作为认识和改造对象的自然界。它只是取其'自然'之义，以说明人的存在，以说明人性。'自然'是内在于人而存在的，'自然'就是人的内在本性。因此，道家的'自然说'，实际上是从'天人合一'出发，最后仍落到人的主体性问题上。它用'自然'来说明人，这本身就是一种天人合一的主体思维"①。更确切地说，这种天人合一的主体思维具有鲜明的内向性特征。道家创始人老子曾谈及修身与治国的关系，认为修身是治国之本。《老子》第五十四章有言：

> 修之于身，其德乃真；修之于家，其德乃馀；修之于乡，其德乃长；修之于邦，其德乃丰；修之于天下，其德乃普。故以身观身，以家观家，以乡观乡，以邦观邦，以天下观天下。吾何以知天下然哉？以此。

这是道家由身及天下、由内圣而外王的思路表征。魏晋时期玄学家王弼在注疏这段文字时说道："吾何以得知天下乎？察己知之，不求于外也"②。显然，这表明了道家的主体内向思维的要领，通过反身内求，反己体察而知天下之道。因此，蒙培元先生在总结道家思维时明确说道："道家思维的基本定势是，从'自然'开始，又回到'自然'，这一切都是通过主体的'反观'之学实现的"③。借由自我反观，道家倡导对自我的认识。老子有言："知人者智，自知者明。"在道家看来，能知人是小智，

---

① 蒙培元. 中国哲学主体思维. 北京：人民出版社，2005：32.

② 王弼. 王弼集校释（上册）. 北京：中华书局，1980：122.

③ 蒙培元. 中国哲学主体思维. 北京：人民出版社，2005：35.

能自知则通达明慧，自知较之于知人而言是更高的智慧，也是最根本的认识。"'明'是一种自我认识，不是一般的对象认识，就完成自己的人性而言，与其说是一种认识，不如说是自我呈现"[①]。并且，道家对知识问题的看法与自传课程理论家类似。《庄子·养生主》中有言："吾生也有涯，而知也无涯。以有涯随无涯，殆已；已而为知者，殆而已矣。"以庄子为代表的道家并非反智主义者，并非反对求知，而是反对以向外的方式求取外在的知识。在庄子看来，人的生命有限，而外在的知识却无限度，有生之年汲汲寻求外在知识，却忘了察己反观，必然无法达到自知之明，且使人陷入困顿不堪的境地。简言之，道家反对向外寻求的对象性认识，而主张向内反观自我。"道内在于人而存在，道就是自然之性，因此，唯一的方法，就是返回到自己的心灵，进行自我体悟、自我认识"[②]。在道家的视域下，课程知识不是外在于人、有待于人孜孜求取的对象，外在于人的知识只会给人带来心灵的困顿，人应首先洞明自我，将知识与自我的生命、与人的心灵相结合。"这样，课程知识对学生来说就不再是目的，而是滋养他们心灵的养分；不再是控制学生的手段，而是引领学生不断走向精神的提升与超越……这样，学生不再是教材的'奴隶'，而是教材的研究者、发现者，他们由此获得了无限的精神解放而创造性地建构着自己的课程"[③]。

针对察己知道、以身体道的"为道"之路，道家提出了"静观""玄览"的具体方法。"静观"即是"致虚极，守静笃"，意指一种反观自身、直觉察己的方法。但须明确的是，"所谓静观，既不是通常所谓感性直观，也不能理解为单纯的理性直观，这里也包含着以自我体验为特征的内视反观"[④]。"玄览"即是"心居玄冥之处，览知万物"，意指涤除"成心""成

---

① 蒙培元. 中国哲学主体思维. 北京：人民出版社，2005：33.

② 蒙培元. 中国哲学主体思维. 北京：人民出版社，2005：36.

③ 李宝庆，靳玉乐. 课程改革：道家哲学的视点. 教育研究，2005（12）：33-34.

④ 蒙培元. 中国哲学主体思维. 北京：人民出版社，2005：102.

见"以至于达到"玄同"之境。"所谓'玄览',与其说是冷静的直观或理智思维,毋宁说是一种宁静的体验和内观"①。因此,道家的"静观""玄览"实质上是一种以自我为主体、通过自我反观来认识事物、体认"自然之道"的方法。"这与现象学'悬置'前见而'回到事物本身'的认识方式颇为类似"②。如果用现代心理学的观点分析,"静观""玄览"是一种类似于运用潜意识自我省察体悟的方法。"形象直觉所造就的悟性,是通过潜意识的触发,是人们精神状态坦然松弛,思维机制处于休息、半休息情况下,突发性的恍然大悟,猜测到真谛的一种体悟活动。应该说,直觉也是有它经验事实作为背景的。它通过长期经验材料的累积,通过深思熟虑,在一种偶然机会中,顿然开悟,获得真谛"③。显然,自传课程理论家的"回溯—前瞻—分析—综合"式自传方法与道家的"静观""玄览"方法意蕴相通,二者都注重直觉省思,强调主体的自我反观,都基于自我反思和自我体验,也都通过潜意识的作用。二者的差别则在于道家的"静观""玄览"方法寓意更深,指向玄妙齐同的"玄同"境界,而自传方法则在于确证自我。

饶有意味的是,自传课程理论中的核心概念"currere"与道家哲学中的核心概念"游"颇为类似。自传课程倡导将课程的语词由名词性的"course"恢复为动词性的"currere":其中,"course"意为"跑道",对应的是将课程视为由学习科目、教科书、教学大纲、学习计划等实体构成的"跑道式课程";"currere"意为"跑的过程",预示着一种自我观照、个性成长和生命解放的过程。"游"是道家人生哲学中最核心的概念。"所谓'游'不仅是主体精神在困顿中获致自由的展现,也是主体心灵在观照

199

---

① 蒙培元. 中国哲学主体思维. 北京:人民出版社,2005:102.

② 安桂清. 整体课程论. 上海:华东师范大学出版社,2007:182.

③ 顾文炳. 易道新论. 上海:上海社会科学院出版社,1996:36.

万物中含蕴美感情怀的流露"①。具体言之，在道家看来，"游"是一个探寻生命本真和精神自由的多层次的身心体验过程，从"游"的体验层次来看，可分为"外游""内游"和"至游"三种类型，三者由外及内，层层深入，由观照外在现实到反观内心精神。所谓"外游"，是指"在纷纭复杂的现象世界中直观事物真相的活动"；所谓"内游"，是指一种内观自我、探索内在生命和主体精神的内在认知方式，"其实质是把人的精神，从现实的桎梏中提升出来，使心灵在自由自适的状态下观照外物"；所谓"至游"，亦即是"游"的最高境界，是心灵的内在超越，"游心于道"。"至游的游，固然还没有脱离游即游戏的意义，但它的实际意义已经转化成对于道的内省想象、感受知觉、直觉妙悟、理解体验等心理哲学和审美心理活动用语了"②。之于课程领域，"游"意味着课程即内在的精神之旅，个体经博览外物到反观自我而后"游心于道"，由此摆脱了"小我"的固弊，实现了终极超越，最终"与道合真"。"Currere"同样蕴含着"课程即内在的精神之旅"的意味，但有所不同的是，它类似于道家的"外游"和"内游"而未企及"至游"，远未达到道家超脱出世的境界。

（三）自传课程理论与佛学课程智慧的契合

"值得提出的是，中国的佛教哲学（即中国化的佛教哲学）也表现出自反式内向思维的特征，特别是在中国社会和思想界产生过重大影响的主要宗派（特别是禅宗）更是如此"③。印度原始佛学否定自我，认为万法皆空，皆无自性，秉持"无我""空性"的观念。佛教东传之后，逐渐与儒家、道家交流融合，吸纳了本土哲学的思想，进而演变为中国佛学。与原始佛学不同，中国佛学确立了"自性"的存在。如魏晋南北朝时

---

① 陈鼓应. 道家的人文精神. 北京：中华书局，2012：57.

② 孙敏明. 庄子"游"的人生哲学研究. 杭州：浙江大学博士学位论文，2011：60—77.

③ 蒙培元. 中国哲学主体思维. 北京：人民出版社，2005：47.

期的道生法师提出"一切众生皆有佛性"的主张，禅宗六祖慧能则更加明确了"自性"，《六祖坛经》有言："一切万法不离自性"；"自性若悟，众生是佛；自性若迷，佛是众生。"禅宗将永恒的佛性化为人的内在本性，主张反观内照、自我觉悟、"明心见性"，"这同儒家在自己心中认识善的本性，道家在自己心中认识'自然'之性一样，都是中国式的主体内向思维"①。就佛学教育观而言，个人学习的目的与其说是"成佛"，毋宁说是澄明自我。因为每个人都具有佛性，佛性是人的内在本性，"修佛"即是向内"修我"，苦心外求则会执迷不悟，遮蔽了自性。"换言之，禅宗教义是一个关于自我和他人的解构/重构的过程。然而，应该认识到禅宗教义并非反对知识建构，而是反对以歪曲的信念和态度来建构知识。它从个体的自我'分裂'（或是'解构'）过程出发，去建构一个人的自我"②。自传课程理论同样主张课程学习的过程是个体洞明自我、重建自我的过程，所不同的是它致力于个体自我的解放和社会的解放而非佛教僧徒所追求的超脱生死轮回的出世涅槃。

此外，自传课程理论所蕴含的知识观与禅宗知识观颇为类似。如前所述，自传课程理论的知识论基础是个人知识论，一方面强调了知识的个人性，另一方面指明了知识的默会维度。禅宗的知识是"不知之知"，"这知识并非出逻辑思维过程和感官直觉证明，而是来源于意识的转变与禅定诸阶段所得到的体验"③。禅宗的知识是一种默会知识，禅宗在继承原始佛教释迦牟尼"拈花示众"与摩诃迦叶"破颜微笑"的心领神会的基础上进一步发展，指出："智与理冥，境与神会，如人饮水，冷暖自知"④。因此，禅宗的认识活动并非指识记佛经的书面知识，而是去"默会心证"。

201

① 蒙培元.中国哲学主体思维.北京：人民出版社，2005：53.
②[美]威廉·派纳.课程：走向新的身份.陈时见，等译.北京：教育科学出版社，2008：25.
③[德]卡尔·雅斯贝尔斯.大哲学家.李雪涛，主译.北京：社会科学文献出版社，2008：92.
④ 转引自冯友兰.中国哲学史.北京：北京大学出版社，2010：214.

"所谓'禅',就是要唤醒那些文化中被'明言'所遮蔽的觉性,让注意力由外在意识回归到'明确知识'所不易触及的部分,对于这种知识,只能用'默会'的方式去体验"①。自传课程主张将教科书知识转化为个人的"自我知识",这类似于禅宗的修行要旨,即"自我知识"之于个人的意义需要个人的"默会心证"。在"默会心证"中,个人"破执""扫相",澄明了内在自性,打破了身心二分的认识迷障。正如禅宗六祖慧能针对神秀身心二分、勤作渐修的佛偈"身是菩提树,心如明镜台,时时勤拂拭,勿使惹尘埃"提出了身心一体、顿悟见性的佛偈:"菩提本无树,明镜亦非台,本来无一物,何处惹尘埃。"

"顿悟"是禅宗六祖慧能提出的极具特色的修习法门。《六祖坛经》有言:"令学道者顿悟菩提,各自观心,自见本性。""顿悟"意味着"不执外修""不假外求",而是反观自我、体悟本心、识见自性。"禅宗认为修禅成佛,就是见性成佛,就是向自己心性去体认,识得自性便成佛道,便是实现了超越。禅宗强调佛就在心中,涅槃就在生命过程之中,理想就在现实生活之中。这样,禅宗就把彼岸世界转移到现实世界,把对未来生命的追求转换为内心反求"②。就禅宗的教育而言,学习者的目标不是记诵佛学教条,而是促进自我的觉悟,其方式在于由外及内地省察自我、观照本心。"禅宗内省观心应用了自由联想,提倡直觉感受、主观意识深化,自由的无逻辑的联想、潜意识的流动,荒诞的象征与暗示,通过自由联想,自己亲自体验此种境界,得到的悟才是自己的"③。比较分析自传课程理论的学习观,可以发现它与禅宗的"顿悟"式修习法门相近。自传课程理论主张课程目标的落脚点不在于课程知识的习得,而在于个体的自我体认——个体借由自我反思来发现自我、理解自我和建构自我。在自我反

① 王宜鹏. 禅宗教育思想及其现代意蕴. 南京:南京师范大学硕士学位论文, 2007:26.
② 方立天. 禅宗概要. 北京:中华书局, 2011:85.
③ 胡秀红. 禅宗教育心理思想特色及其现代意义. 贵阳:贵州师范大学硕士学位论文, 2009:13.

思过程中，个体可应用精神分析心理学自我联想的方法呈现自我并剖析自我，揭示被有意或无意遮蔽的部分，从而理解自我、体认自性。这种自我反思正是禅宗所说的观照自我、直指人心。在学习方式上，自传课程理论和禅宗都注重反思和体验。自传课程理论家主张课程返回生活世界，课程学习与个人生活融为一体，进而将课程转化为自我的存在体验。"中国禅宗学人却把禅由坐禅静思变为日常行事，由心理平衡变为生命体验，从根本上改变了禅的内涵。中国禅宗学人还认为觉悟要由日常行事来体现，由生命体验来提升"①。简言之，自传课程理论与禅宗顿悟观都反对将"知识"当作外在的对象物，一致主张通过自我确证将知识学习与日常生活相联系，将知识学习与个人的自我澄明相结合，将知识转化为觉解自我的智慧。正如《六祖坛经》所说："善知识，智慧观照，内外明彻，识自本心。"

总的来说，自传课程理论与由儒、道、佛三家合一构成的中国传统课程智慧内在契合。首先，二者都极为注重彰显个体的生命价值。自传课程理论的提出即是针对技术理性宰制下的传统课程观将个体生命体验剥离出课程的困局，主张恢复个体生命体验在课程中的合法地位，探寻课程之于个体的生命意义，将课程学习的过程转化为个体的生命历程。建基于中国传统哲学基础之上的中国传统课程智慧是关于"生命"的智慧。现代新儒家牟宗三先生在梳理中国哲学要义时指出中国哲学是关于"生命"的哲学，如他所说："中国文化之开端，哲学观念之呈现，着眼点在生命，故中国文化所关心的是'生命'"②。在他看来，中国传统的义理学问最终都指向"生命"，"属于生命的学问"，儒家讲的"性理"、道家讲的"玄理"和佛教讲的"空理"落脚点都在于"生命"，"都是为了调护润泽生命，为

---

① 方立天. 禅宗概要. 北京：中华书局，2011：60.

② 牟宗三. 中西哲学之会通十四讲. 上海：上海世纪出版集团，2008：10.

了使生命能往上翻而开出的"①。即便从微观的角度分析，中国传统课程智慧依然着眼于"生命"。钱穆先生曾指出，中国人的知识是"生命的知识"，"中国知识兼主观，融情感，不重纯理性。……中国人主从生命内部求知识，不向生命外面求"②。由此，以"生命知识"为核心内容的中国传统课程智慧呈现出浓郁的"生命精神"。

其次，二者都表现为一元论的主体思维。自传课程理论恢复了个体的主体地位、主张通过个体的主体参与及多元互动对话以消解教师与学生、教师与课程、学生与课程、认知与行动、内在自我与外在世界对立的二元论。中国传统课程智慧同样表现为主客一体的主体思维特征。"就其基本指向而言，它是自我反思型的内向思维，即收回到主体自身，通过自我反思获得人生和世界的意义；就其基本定势而言，它是情感体验型意向思维，即从内在的情感需要出发，通过意向活动，确立主体的存在原则；就其基本程式而言，它是主体实践型经验思维，即以自我完成、自我实现的主体实践为根本途径"③。

再次，二者都指向个体自我的内在超越。自传课程理论主张通过自我反思实现自我的解放，这也是自我的内在超越。就中国传统课程智慧而言，它同样十分强调主体的"内在超越"，因为中国古代思想源起之时就具有"内在超越"的趋向。众所周知，"道"是中国传统哲学的核心概念。余英时先生指出："先秦诸子的'道'，在内涵上虽各有侧重，但其有超越世界的功能则在各家是一致的，也就是价值根源的所在。……个人如果要接触'道'，第一步必须内转，向一己的'心'中求索"④。简言之，个体悟道的方式是通过反观自我，即"内在超越之路"，最终指向"心"与

① 牟宗三. 中西哲学之会通十四讲. 上海：上海世纪出版集团，2008：20.

② 钱穆. 晚学盲言（下）. 北京：三联书店，2005：830-852.

③ 蒙培元. 中国哲学主体思维. 北京：人民出版社，2005：2.

④ 余英时. 论天人之际. 北京：中华书局，2014：197-205.

"道"的合一亦即"天人合一"。

二、儿童自传课程意涵的实践考察

自传课程理论与我国传统课程智慧的契合为它在我国本土的实践扫清了观念上的障碍。笔者在进行理论省思的同时返归实践，尝试将自传课程理论付诸实践，以期探察自传课程理论的实践价值，发掘自传课程理论对促进我国当前课程与教学实践革新的现实意义。笔者有幸获得上海市、山东省与湖北省等地多位一线教师和教研员的倾力帮助，并与他们携手合作，结成研究共同体，而后分别在山东省济南市某小学和湖北省黄冈市某小学开展了主题为"儿童自传中的课堂教学印象"的实践研究，旨在走进儿童的内心世界，理解儿童真实的课程体验，探查课程教学对儿童的影响。

"儿童自传中的课堂教学印象"写作要求

敬请描述自己亲身经历的课堂教学情景，题目不限，体裁不限，字数不限，尽可能保持真实。提示：

1. 最难忘的一件事/一堂课……

2. 最高兴的一件事/一堂课……

3. 最伤心的一件事/一堂课……

4. 最无奈的一件事/一堂课……

5. 最有趣的一件事/一堂课……

6. ……

敬请自由发挥！谢谢参与！

本人保证所得自传资料仅用于学术研究，不作他用，不随意外泄。并且，在使用自传资料时，本人将严格遵守学术规范，对自传当中提及的当事人做匿名处理。

在实践研究过程中，笔者共收集到213份由四、五、六年级三个学段的小学生撰写的有关各自课堂教学经历的自传。随后，笔者与一线教师一起认真研读这些自传，分析它们所蕴义的课程与教学意义。"从研究者的观点看，学生们按照他们的经历描写他们的体验能够让研究者接近课堂生活的主体性。生活体验的描述是写出来的描述，研究者借助于这些体验来审视特定现象可能具有的意义，有了这些描述，研究者就能够对这些轶事进行反思，在初步的阅读中，寻找看不到的东西，更加深入地理解该情境以及该事件对学生的意义。"①

总的来说，这些自传描绘了当前学校教育中课堂教学的鲜活图景，呈现了一个个鲜活的儿童独特的内在教育体验，揭示了儿童在课堂场域中的身心处境、知识学习和人际交往等状况。笔者从日本教育家佐藤学"学习的三位一体论"——"学习是构筑世界、构筑伙伴、构筑自身的三位一体的实践"②的分析框架中获得启示，进而将所收集的儿童自传大致分为存在性自传、认知性自传和社会性自传三种类型。其中，儿童存在性自传是指主要叙述儿童自我体认经历的自传，涉及儿童的自我身份认同问题；儿童认知性自传是指主要叙述儿童课堂学习经历的自传，涉及儿童的知识学习问题；儿童社会性自传是指主要叙述儿童课堂交往经历的自传，涉及儿童的社会交往问题。

（一）自我身份的体认：儿童存在性自传的探微

"教育产生着身份，或者至少是制造着身份认同"③。身份认同（identity）是个体对自我身份的认知以及对与自己具有相同性的事物认

---

① 陈向明. 质性研究：反思与评论. 重庆：重庆大学出版社，2008：14.

②［日］佐藤学. 学习的快乐. 钟启泉，译. 北京：教育科学出版社，2004：20.

③［法］阿尔弗雷德·格罗塞. 身份认同的困境. 王鲲，译. 北京：社会科学文献出版社，2010：47.

知，加拿大著名哲学家查尔斯·泰勒（Charles Taylor）将它表述为对"我是谁"这一关涉人安身立命的存在性认知的根本问题。身份认同包含自我身份认同、性别身份认同、种族身份认同、职业身份认同等多种层次和类型，其中最主要的是自我身份认同（self-identity）。自我身份认同以"自我"为核心，强调的是自我的身体和心理体验。[1] 美国著名心理学家埃利克·埃里克森（Erik H. Erikson）在著作《童年与社会》（*Childhood and Society*）中指出：人的自我心理发展可分为八个阶段，其中最主要的任务是建立自我的身份认同。"如果在孩提时代没有充分考虑自我的定义，那么，或者会导致不成熟的承诺，或者会导致自我同一性的弥散，结果都是没有能力认识'我是谁'"[2]。自我身份认同主要包括自我的身体认同和自我的心理认同，分别对应身体自我和心理自我。通过阅读儿童的自传，分析儿童在课堂中的身体自我和心理自我的体验，即可探察儿童在课堂当中的真实身份处境。

1. 儿童在课堂中的身体自我体验

"身体是我的世界、我的一切体验的核心、中心，没有它我就不能活……身体也是梅洛·庞蒂所称的'自然性自我'，活在世界上，在世界上行动，也体会着世界。如果我的身体感到鲜活、真切有质感，我/主我也会这样觉得。因此，是身体让我的作为某种'我/主我'的感觉有了一定的质料，凭借这个可见的客体，我才能变成'客我'或'针对他人之我'"[3]。简言之，对身体的认知是儿童体认自我、形成自我身份认同的基础。儿童心理学和学习科学研究表明，儿童在课堂中的学习活动与自身的身体活动密切相关。然而，在应试教育的重压下，儿童的学习活动与身体活动逐渐分离，导致儿童的心智发展与身体发展并非趋向一致乃至割裂对

---

① 陶家俊. 身份认同导论. 外国文学，2004（2）：37-38.

② 张淑华，李海莹，刘芳. 身份认同研究综述. 心理研究，2012（5）：23.

③ [美] 伊恩·伯基特. 社会性自我. 李康，译. 北京：北京大学出版社，2012：95.

立，进而扰乱了儿童的自我身份认同。

"在儿童进学校以前，他用手、眼和耳来学习，因为手、眼、耳是儿童做事过程的器官，他从做事中理解意义"[1]。当儿童进入学校，他们的眼、耳、鼻、口、手等器官以及他们的视觉、听觉、嗅觉、触觉等官能则有可能处于失调发展的状态。之所以如此，是因为受身心分离的二元论的规约，身体活动通常被认为有碍于心智的发展；在传统的课堂教学中，儿童的身体"不是作为获得有教育作用的经验的有机参与者，而是作为心灵的外部的进口和出口"[2]，进而导致其成为学校规训和教师管控的对象。笔者收集的诸多儿童自传中有不少都提到身体受管控的事例。例如，山东济南市某小学四年级学生在自传中写道：

> 有一天上午的数学课，老师边讲我边把重要的公式抄了下来。写着写着，突然只听见数学老师一声怒吼："A，你在写什么？把手背过去。"老师凶巴巴地看着我，我当时伤心极了，就想："老师，您误会我了，我是为了好好学习，难道我也得受惩吗？"啊！我好委屈！[3]

在此处案例中，教师之所以"怒吼"，是因为发现学生在"写什么"，"手没背过去"。推导教师的心理，大致是觉得学生的手在乱动，没有认真用耳听讲、用心思考，违背了听课纪律要求。"从日常生活经验来看，相比于身体的其他部位，手的活动最为频繁。管住学生的手，是应试教育背景下传统教学维护课堂教学纪律的首要任务。……手，对于整个身体姿态的规定与走向，起到了引标性作用。只要管住学生的手，其他的身体

①［美］约翰·杜威.民主主义与教育.王承绪，译.北京：人民教育出版社，2008：156.
②［美］约翰·杜威.民主主义与教育.王承绪，译.北京：人民教育出版社，2008：156.
③ 笔者在此隐去了当事人的名字，用"A"予以代替；并修正了原文几处标点符号，其他文本不变。

部位，都在可操纵的范围之内"①。因此，在传统型课堂教学中，学生静坐听讲时的双手摆放姿势有着严格的统一规定，如双手自然下垂，紧贴身旁；或者双手放在背后腰间处，左手握住右手的手腕，右手呈半握状自然合拢；又或是双手掌心向下平放课桌上，左手在下、右手叠放在左手上，右手手指贴于左手臂弯处。教师通过学生双手的动作可直观判断学生的学习状态。倘若学生没有遵照教师的指令恰当地放置双手，则会遭到教师的批评或责罚。更确切地说，教师希望在其讲课时，学生能够全神贯注、心无旁骛地听讲，牢记自己讲解的每一句话。这是杜威形容的"静听"式教育，也是保罗·弗莱雷形容的"储蓄式教育"："教师讲，学生听——温顺地听；教师制定纪律，学生遵守纪律"②。在这种形态的教育中，学生的身体被严格管控，不仅仅是双手，他们的眼耳鼻口以及双腿也都受到管控，其一举一动都需要经过教师的批准和调教。以笔者为例，笔者至今仍清楚地记得自己刚念小学时，各科教师要求牢记的几句课堂口令：

209

> 一二三，坐端正！
>
> 小耳朵，认真听！
>
> 小眼睛，看黑板！
>
> 小嘴巴，不说话！
>
> 小小手，放背后！

每当教师要讲解重要内容或者认为课堂纪律需要维持时，他们总会突然提高声调大声说出口令的前半句，而台下的同学总会在第一时间不由自主地大声说出口令的后半句，然后迅速端正坐姿、竖耳倾听、眼睛直视前方、双手背在身后；课堂上随即出现鸦雀无声的境况。每当有学生双手乱

---

① 熊和平. 学生身体与教育真相. 杭州：浙江大学出版社，2014：179.

② ［巴］保罗·弗莱雷. 被压迫者教育学. 顾建清，等译. 上海：华东师范大学出版社，2007：25.

动做小动作、眼睛左顾右盼或者与其他人说悄悄话时，教师发现后总会予以呵斥批评乃至施以惩罚。在笔者收集到的儿童自传当中，有许多儿童叙述了因身体某个部位的动作被老师判定为违背课堂纪律要求而遭受批评和责罚的情景，例如：

> 有一天上课时，A老师正在讲课，而我的同桌却跟我说话。我跟他说上课时间不能说话，老师却看到了我。老师去叫我罚站，我想解释，可老师不听。我当时心里既气愤又委屈，心里想着：她原来是这么坏，这么不明是非，这么不肯听我解释。①

> 有一次上音乐，我前面的同学后过头来跟我说话，我没理他。赵老师走过来用书打了我一下，也不听我解释。我想：这个老师真烦！她以为她是谁啊！②

> 这一节课是科学课，我们正在抄科学的考试题。突然，背后有人打了我一下，我便回过头去问是谁打的，A便说是B打干的。我气不打一处来，我说了一句干什么；可是老师听见了，一气之下把我写在了黑板上。我想这不怪我啊。③

> 上英语课正读英语单词的时候，俺的屁股突然好痒。所以，俺就随手挠了挠，之后就不由自主地Look了一下俺的同位。之后让老师Look到了，说："你看你同位干吗？你同位的脸上有单词吗？上课之

---

① 摘自山东省济南市某小学六年级学生撰写的自传。笔者在此隐去了老师的名字，用"A"予以代替；并修正了原文几处标点符号，其他文本不变。

② 摘自山东省济南市某小学五年级学生撰写的自传。笔者修正了原文几处标点符号，其他文本不变。

③ 摘自山东省济南市某小学四年级学生撰写的自传。笔者在此隐去了当事人的名字，分别用"A"和"B"予以代替；并修正了原文几处标点符号，其他文本不变。

前就让你的脸上写满单词再上课。"俺无奈呀！羞羞……①

　　以上四则代表性案例暂且不论教师对学生的误解，先只单纯分析教师对学生违规的处置。前三则案例记叙了教师发现当事学生在理应"闭口不谈"保持安静的时候"管不住嘴巴"，说悄悄话或大声喧哗以致没有认真听讲并扰乱了课堂教学秩序，进而分别对他们采取"罚站""敲打""记名字"的惩戒措施。第四则案例则记叙了教师发现当事学生在理应"开口发声"的时候东张西望，没有遵守教学指令并妨碍了同桌学生的学习，进而对其采取当众言语斥责的惩戒措施。由此可以看出，当教师认为学生的身体动作超出限定的范畴，就会认为它是妨碍教学顺利开展的违规或失范行为，进而对其采取某种形式的干预，以期督促学生能够循规蹈矩并维持课堂教学的纪律。对此，杜威精辟地指出："学校中'纪律问题'的主要根源，在于教师必须常常花大部分时间抑制学生的身体活动，这些活动使学生不把心思放在教材上。学校很重视宁静；鼓励沉默，奖励呆板一律的姿势和运动；助长机械地刺激学生的理智兴趣的态度。教师的职责在于使学生遵守这些要求，如有违反就要加以惩罚"②。

　　事实上，为了便于管控学生，教室通过某种空间布局被有意改造成为规训的场所。从宏观维度来看，当今时代的教室总体布局采用了建筑学、美学、教育学、心理学等多学科的研究成果，通过建构宽敞透亮、窗明几净的空间为学生创造良好的学习环境。然而，如果从微观的角度来解构，"不难发现，现行的教室空间大多从政治学与管理学的目的出发，通过空间内物件的摆放、图符的悬挂等手段从物理视角上建立起一个刚性的身体规则。学生从踏入教室的一刻，其身体便不再自由，他无法随心所欲地行走、伸展手臂、旋转身体。室内物件的摆放不是为了让身体舒适地栖

211

---

① 摘自山东省济南市某小学四年级学生撰写的自传。笔者修正了原文几处标点符号，其他文本不变。

② ［美］约翰·杜威.民主主义与教育.王承绪，译.北京：人民教育出版社，2008：155.

居，而是为了管制携带着'原始性'的身体。这是对柏拉图以来确立的割裂身心的认识论的延续"①。就国内教育现状而言，多数教室采用秧田型的桌椅矩阵布局形态，在教室的前方摆放有讲台，与讲台相向的是纵横排列学生的桌椅。上课时，教师站在讲台前讲课，学生端坐在各自的课桌前听课，师生相向面对，学生一举一动尽收于教师眼底。讲台是教室的核心位置，类似于福柯在《规训与惩罚》中所提及的"边沁的全景敞视建筑"中的"中心瞭望塔"，教师伫立于其前，监督检视每一个学生的行为举止，"对于学生，可以观察其表现，评定其能力和特点，进行严格的分类，而且可以根据正常发展情况，将'懒惰和固执者'与'低能弱智者'区分开"②。要而言之，在秧田型的教室场域中，"教室的空间安排强制了老师和学生之间的二元对立。如同边沁所说的监狱中的看守和囚犯之间的金字塔式对立一样，教室中的成熟与幼稚的等级对立把教学关系强迫成了正常与反常、中心都市和外省市之间的对立，并减少了改造或使其文明化的可能。不论其意图如何，这种对立，如同保罗·弗莱雷所论证的，是压迫者与被压迫者之间的对立"③。

当儿童的身体长期遭受严格管控和规训，久而久之，他们极有可能出现英国当代著名存在主义心理学家莱恩（R.D.Laing）形容的"存在性不安"，进而导致"非身体化的自我"："在非身体化状态中，个体感到其自我或多或少与其身体分离。个体感到其身体是一个客体，与世界中其他客体一样，而不是自身存在的核心。身体不再是他真实自我的核心，而成为某个虚假自我的核心。在这种情形中，被分离的、非身体化了的、'内在的'、'真正的'自我，有可能怀着温柔、体贴、有趣或厌恨的心情，观望着虚假自我。这样一种自我与身体的分离，使得非身体化的自我不可能直

① 熊和平.学生身体与教育真相.杭州：浙江大学出版社，2014：139.
②［法］米歇尔·福柯.规训与惩罚.刘北成，杨远婴，译.北京：三联书店，2003：228.
③［美］威廉·斯潘诺斯.教育的终结.王成兵，等译.南京：江苏人民出版社，2006：83.

接参与现实生活"①。"非身体化的自我"是一种"分裂的自我",是人的精神病症的突出表现,导致了人的自我身份认同的混乱。"在一个漫长的过程中,受压抑的人们慢慢被迫接受并习惯外来势力强加给的外来价值体系,由此形成了负面的、阴性的、否定性的自我身份认同"②。

2. 儿童在课堂中的心理自我体验

"心理自我是内部的自我,是个体内在的或主观的存在"③。较之于外在的身体自我,心理自我对自我身份认同更具决定性意义,"我们每个人都有自己独特的'自我认同',这种认同的真正稳定的内核就是'内在的自我'"④。并且,内在的心理自我更难以被他者察觉。例如,某些儿童在课堂中的行为可能会表现为身体相对静止而精神特别活跃的"神游""做白日梦""胡思乱想""思想开小差"等内在心理活动。这些心理体验难以为人所知,唯有通过当事人自身的阐述才能暴露于外。在儿童自传中,他们常常无意识地将自己在课堂上的心理体验呈现出来,进而在某种程度上揭示了内在的心理自我。例如,一名六年级学生在自传中叙述了自己的注意力被下雨所吸引以致上课"开小差"的情景:

> "丁零零",雨水伴着上课铃来了。不知怎的,这节课我竟不想听,好像雨水有什么神秘的力量把我吸引。
>
> 我双手托着下巴,微微侧过头:窗户已经被雨打的朦胧了,隐隐约约可以看到树已经被风吹得摇晃了。我的思绪一下子飘到了很远很远,目光聚集在那一棵大树上——
>
> 细小的树枝已经被风折断,雨无情的洒着,许多树叶被打落,树

---

① [英]R.D.莱恩.分裂的自我.林和生,等译.贵阳:贵州出版社,1994:59.

② 周志怀.海峡两岸持续合作的动力与机制.北京:九州出版社,2012:176.

③ [美]乔纳森·布朗.自我.陈浩莺,等译.北京:人民邮电出版社,2004:21-22.

④ [加]马克斯·范梅南等.儿童的秘密.陈慧黠,等译.北京:教育科学出版社,2012:122.

干的颜色被雨染得很深很深。另一边，一个树枝摇摇欲坠，可它并没有落下来，是什么支撑着它呢？嗯，应该是顽强的生命力和意志力才使它没有被雨打落吧。①

实际上，在课堂教学中，教师的举止言谈、周遭环境的变化和儿童自身的意识活动都会影响儿童内在心理自我的形成，进而导致他们形成了积极的或消极的自我身份认同。儿童发展心理学的现有相关研究表明：教师在儿童自我概念发展中发挥极其重要的作用，"教师对学生行为的评价、情绪反应和行为表现直接影响学生的自我概念"②。可以说，在众多影响因素中，教师是影响儿童自我身份认同的关键因素。就教师的举止言谈而言，一句话、一个眼神、一个动作都有可能对儿童的自我身份认同产生重大影响。例如，一名四年级学生在自传中写道：

214

> 有一天上语文课时，老师说："请同学们，画下这篇课文关于罗丹的语言或动作。"我仔细地把每一句都画了下来，准备举手回答问题时，那一个同学已经开始回答了。我举了好久才叫到我，我有点没认真听她讲，结果给说重复了。老师就说："A，你没长耳朵呀！同学都说了你还说。"我当时十分委屈，心想：我积极回答问题还有错，我再也不回答问题了，更何况还当着同学的面。我恨死她了。我就算回答错了，也不能这样说我，说一声下一次认真听同学说也可以呀！③

---

① 摘自湖北省黄冈市某小学六年级学生撰写的自传。笔者在此修正了原文几处标点符号，其他文本不变。

② 于璐等. 儿童自我概念的发展及影响因素研究进展. 中国行为科学医学，2005（3）：279.

③ 摘自山东省济南市某小学四年级学生撰写的自传。笔者在此隐去了当事人的名字，用"A"予以代替；并修正了原文几处错别字和标点符号，其他文本不变。

在此案例中，教师的不当言辞伤害了学生的自尊心，打击了学生学习的积极性，导致学生产生逆反心理和愤懑之情。"我再也不回答问题了"是学生对教师言语不当的针锋相对，也是对自我的消极体认和自我放弃的表现。简言之，负面的心理体验极易导致心理自我的沉沦，最终有可能导致个体陷入自我迷失的深渊。因教师言辞不当导致学生自我受挫的事例在现实中屡见不鲜。著名主持人崔永元就曾在公开出版的自传中记述了儿时上学因数学老师的严厉批评而导致自己患上"数学恐怖症"的事例：

> 大概是到了发育的年龄，我整天想入非非，经常盯着黑板发愣。数学老师把教鞭指向右边又指向左边，全班同学的头都左右摇摆，只有我岿然不动。于是他掰了一小段粉笔，准确无误地砸在我脸上。
>
> 数学老师说，你把全班同学的脸都丢尽了。
>
> 嗷，全班一片欢呼，几个后进生张开双臂，欢迎我加入他们的队伍。
>
> 从此，我数学一落千丈，患上数学恐怖症。[①]

如果说教师粗暴的言辞或者对学生的污名化斥责有可能导致学生缺乏自我认同，那么，教师和风细雨般的话语将润泽学生的心灵，有助于学生形成积极的自我体认。例如，一名六年级学生在自传中记叙了因为得到教师的鼓励而找到自信的经历：

> 我是一个胆小的女孩，上课不敢发言。每一次上课，我都很害怕老师会点我名字。
>
> 这天下课，我正和同学有说有笑，在一旁改作业的语文老师突然问我："A，你上课怎么不回答问题呢？老师又不是老虎，而且你回答

---

① 崔永元. 不过如此. 北京: 华艺出版社, 2001: 7.

问题很好呀！""可……可是我害怕没有回答好问题。"我小声地说。"没事儿，胆子大一点，别害怕。"

这一节课是语文课，我跟往常一样，没一些异样。这时，老师让同学来读书，同学们都积极举手。我想：这只是一次读书，没有什么问题吧！我一边想着，一边举起了手。

老师注视着同学们，眼含着一种犹豫。突然，老师看见了总不发言的我也举了手，眼睛似乎一下子亮了，便让我起来朗读课文。刚开始，我有些紧张，读得结结巴巴。我有些为难地看了看老师，发现老师正笑眯眯地望着，耐心地听我读着课文。我心中的害怕消失了，课文读得越来越流畅了。

晚上回到家中，看见老师给妈妈发的短信，表扬了我上课积极回答问题。

其实很多时候，哪怕我只在课堂中回答过一次问题，老师都会很认真地把我名字写入表扬的名单。①

此则案例表明，教师的温言善语是学生寻获自信的关键。在此案例中，教师用幽默风趣的话语鼓励学生"胆子大一点，别害怕"，争取在课堂上积极发言；当学生发言不畅时，教师耐心倾听，和颜悦色，没有表现任何不满，从而提升了学生的信心；当学生发言结束后，教师通过向家长表扬其课堂表现或将其名字写入表扬名单的方式来肯定其表现；由此，学生的自信心日益增长，在自我肯定中加深了对自我的积极认同。

又如，一名六年级学生在自传中生动地记叙了自己在回答老师提问时的内心活动：

---

① 摘自湖北省黄冈市某小学六年级学生撰写的自传。笔者在此隐去了当事人的名字，用"A"予以代替；并修正了原文几处错别字和标点符号，其他文本不变。

那天，我们正在上课，老师说："下一个题A来回答"。当时我的心好像一下子心跳加快了。我非常紧张，心里想着："放松，放松，不要紧张，这个问题非常简单，说出来就可以了。"老师说："A，你在那里咋了？还发愣呢！"

当时，我的心又加快了。我在心跳加快中，把问题回答了出来。当我坐下时，好像一切都恢复了平静。那时，我的心里又紧张而又快乐，觉着自己终于回答过问题，觉着自己非常骄傲、非常自豪，觉着自己心里有一种说不出的甜味。①

在此案例中，教师注意到学生"发愣"的外在表现，却无法察觉学生"心跳加快"和"非常紧张"的心理，而正是非常紧张的心理导致学生一时之间说不出话来。从教师及在场其他同学的视角来看，这是一件微不足道的关于课堂提问的小插曲：某名学生可能因为"走神"或是不知道问题答案的原因而发愣了一会儿，然后在教师的催促下给出了正确答案；但从当事学生的视角来看，回答问题的过程波澜起伏，仿如一幕起承转合、情节紧凑的精彩戏剧：起于教师突然点名发问，承于自己措手不及以致心跳加快、内心非常紧张进而自我疏导，转于教师催促提醒导致心跳加快愈发紧张，合于自己最终回答出问题而倍感欣喜。这幕戏剧如此激动人心，以至于亲历者在事后记忆犹新。通过解读自传作者的心理体验，可以发现自传作者由此建构了一种积极的、肯定性的自我身份认同，正如他所说："我的心里又紧张而又快乐，觉着自己终于回答过问题，觉着自己非常骄傲、非常的自豪，觉着自己心里有一种说不出的甜味。"如果用马斯洛存在心理学的理论来分析，这实际上是作者经历的一次高峰体验。

总的来说，学校是儿童形成自我身份认同的重要场所。"儿童进入小

217

---

① 摘自山东省济南市某小学六年级学生撰写的自传。笔者在此隐去了当事人的名字，用"A"予以代替；并修正了原文几处错别字和标点符号，其他文本不变。

学阶段后，认知能力、心理的随意性和目的性不断提高，进入自我概念发展的重要时期。①此时，教师作为儿童生活中的重要他人发挥核心作用。"对此，教师应当适时革新教育教学观念、变革日常教学行为，以期帮助儿童在课堂中形成积极愉悦的身心体验，进而形成肯定性的自我身份认同。具体言之，教师首先要解放儿童的身体，对儿童身体的处置从行为心理学的简单应用转向身体现象学的理解与阐释，帮助儿童建构积极的身体自我。"通过身体现象学的反思，教师倾听来自学生内部的声音，可以关注到课堂姿态的呈现方式的身体体验，由此切实'看到'每一个学生"②。当教师尝试着用现象学的视角来观照儿童的身体，就会重新发现身体和儿童，形成对身体以及儿童的全新理解。这即意味着："'开小差''动手动脚'不再与求知效率、课程伦理有必然的联系。体罚失去了形体伦理学、官能心理学、生理解剖学的支撑，学生的身体开始解放"③。此外，教师要解放儿童的心灵，促使儿童从过去的心理伤害中解脱并避免再次伤害儿童的心理。"心理伤害的后果是在自己周围建立一道墙，来抵抗进一步的痛苦，并因此变得担惊受怕或与世隔绝。这种伤害是由'自我'的形象以及它有限的能量引起的"④。与此同时，教师要帮助儿童达到自我实现，促进儿童产生高峰体验，因为"处在高峰体验中的人具有最高程度的认同，最接近其真实的自我，最富有个人特色……在高峰体验中，认同的意义臆造成分减少到最小限度，而发现的成分增加到最大限度"⑤。

（二）课程知识的学习：儿童认知性自传的探微

知识是课程的内核，知识教学是课堂教学的核心要务。作为学习的主体，儿童是如何进行知识学习的？儿童在知识学习过程中发生了心智变

① 于璐等.儿童自我概念的发展及影响因素研究进展.中国行为科学医学，2005（3）：279.
② 熊和平.学生身体与教育真相.杭州：浙江大学出版社，2014：189.
③ 熊和平.学生身体与教育真相.杭州：浙江大学出版社，2014：184.
④ ［印］克里希那穆提.教育就是解放心灵.张春城，等译.北京：九州出版社，2010：37.
⑤ ［美］马斯洛.自我实现的人.许金声，等译.北京：三联书店，1987：256.

化？儿童喜欢什么样的知识教学方式？儿童厌恶哪种知识教学方式？教师的知识教学给儿童的心智发展带来哪些影响？……诸如此类的问题值得关注。通过阅读儿童的认知性自传，可以走进儿童内在的学习世界，了解他们的学习状况，触摸他们的学习体验，聆听他们对知识学习的所思所想，进而探察儿童进行知识学习的机理。

在个人知识论的视域下，儿童是知识的学习者，也是知识的建构者，他们基于各自独特的认知思维和生活体验参与知识的建构，将公共知识转化为个人知识，形成了自己的个性化理解。[①] 个人知识建构和个性化理解形成的过程是心智发展的过程，也是精彩观念诞生的过程。例如，一名四年级学生记述了英语课上学习单词的片段：

> 英语老师让我们读一些有意义的单词，单词是一些小动物的。我们在读单词的时候，把鹅读成了duck；英语老师说鹅不是duck，鸭子才是duck。我们都笑了，老师也笑着说："鹅是鹅，鸭子是鸭子。鹅是goose，鸭子是duck。"
>
> 我心里想这样可以分出这两个单词：鹅比鸭子大，所以goose比duck长；而且，鹅的汉语拼音是e，对应的就是goose；鸭子"嘎嘎"叫与duck的发音很像。这一节课非常有趣，又开心。[②]

在此案例中，教师指正了学生的错误，告诉学生"鹅是goose，鸭子是duck。"然而，教师并没有进一步阐述goose与duck这两个单词的具体用法及差异，也没有帮助学生掌握区分二者的方法。显然，这无法确保学生牢记"鹅是goose，鸭子是duck"进而避免再次出错。饶有意味的是，自传

[①] 余文森. 个体知识与公共知识. 北京：教育科学出版社，2010，218.

[②] 摘自山东省济南市某小学四年级学生撰写的自传。笔者在此修正了原文几处错别字和标点符号，其他文本不变。

作者展开联想，通过比较鹅与鸭子的实物，结合英语单词的词形构成和读音，以及汉语音韵与英语发音等方面的异同，在形象地区分了单词的差异的同时又保证了双语学习中词汇与词义的对应。无疑，自传作者的学习充满了"奇思妙想"，并诞生了"精彩观念"。从宏观层面来看，这一"精彩观念的诞生"符合儿童语言学习的基本特征。儿童语言学的研究业已表明："儿童先掌握物体——词的外部结构，然后掌握符号——符号所指对象的内部关系；儿童做出的发现实际上并不是突然的发现，这种发现的确切时刻是能够被探究的"①。借着研读儿童的自传，我们还需要从微观层面来探究儿童的"精彩观念"亦即"儿童做出的发现"的内在产生原因。在本案例中，自传作者之所以能做出精彩发现，关键点在于联想到真实的鹅与鸭子，将抽象的单词还原为具体的实物，贯通了语言学习和日常生活的联系，从而促使知识学习变得鲜活生动起来。事实上，唯有将课堂中的知识学习与日常生活经验相结合，才有可能突破特定课堂时空场域的局限，实现学科世界与生活世界的统一，拓展知识生成和转化的空间。"任何学科要对学生有意义，必须要基于学生的生活世界进行创造性转化，必须变成学生的学科，否则，对学生而言就是机械的教条"②。这即意味着教师应当转变知识教学观念，须意识到儿童的知识学习并非是将教师告知的"现成知识"原封不动地记诵接受的过程；真实的知识学习是儿童基于自身的生活经验创造性转化学科知识的过程，必定伴随着新思想、新发现、新体验和新观念的诞生。因此，教师应当倾听儿童的观念，并创造条件尽可能地帮助和促进儿童在已有思想观念的基础上创生出更为精彩的新观念。正如美国教育家达克沃斯所说："我们越能帮助儿童诞生他们的精彩观念，越能帮助他们对自己由于拥有这些精彩观念而感到高兴，那么，在未来的某一

---

① [苏] 列夫·维果茨基. 思维与语言. 李维, 译. 杭州：浙江教育出版社, 1998：31.

② 张华. 研究性教学论. 上海：华东师范大学出版社, 2010, 14.

天，他们发现以前从未有人发现的精彩观念的可能性就越大"①。

儿童在知识学习过程中不仅伴随有精彩观念的诞生，也会伴随有美妙的身体体验。进而言之，知识的学习不仅是心智的运思，也是身体的参与。一些老师已经自觉或不自觉地将"身体"纳入知识教学中，让学生感受到不一样的学习体验。例如，有学生在自传中写道：

有一天，我们上语文课。

上课了，同学们都纷纷坐在了自己的座位上。今天这一课学的课文是《搭石》。后来，语文老师就让同学们表演书上的人是怎么样走搭石的。而且，他们直到走地非常像的时候才停了下来。

我们今天不仅学到了知识，而且也学到了怎样走搭石。②

有一次上数学课的时候，老师教我们记月份的大小。老师先告诉我们一月、三月、五月、七月、八月、十月和十二月是大月，每月有31天；二月很特殊，平年是28天，闰年有29天；其他的月份是小月，每月有30天。然后，他让我们记了一会儿，点了A来说每个月的大小。A说得有些结结巴巴，但说对了。还好老师没有点我，因为我也不熟练。

这时候，老师告诉了我们一个很神奇的记忆方法。他说可以把两只手握拳并拢靠在一起，从左手的小指关节算起，小指关节代表一月，关节凸起来，表示是大月；相邻两个手指关节之间的地方低下去

---

① [美]爱莉诺·达克沃斯.精彩观念的诞生.张华，等译.北京：高等教育出版社，2005：18.
② 摘自山东省济南市某小学四年级学生撰写的自传。笔者在此修正了原文几处标点符号，其他文本不变。
《搭石》一文的主要内容是：作者的家乡有一条小溪，"进入秋天，天气变凉，家乡的人们根据水的深浅，从河的两岸找来一些平整方正的石头，按照二尺左右的间隔，在小溪里横着摆上一排，让人们从上面踏过，这就是搭石。"作者通过描绘乡民"摆搭石""走搭石"的情景来颂扬乡民之间友善和睦的情感，以及那些热心快肠、为人着想的人。

了，表示是小月。这样算下来，左手刚好是一月大、二月平、三月大、四月小、五月大、六月小、七月大。接下来是右手靠着左手，第一个刚好是右手食指关节，代表八月大，然后算下来就是九月小、十月大、十一月小、十二月大，十二月刚好在右手无名指关节上。我自己数了好几次，都是这样。我从来没想到用双手也可以学数学。这个方法很有意思，要是别人再问我月份大小，我可以很快地回答出来。①

显然，上述两则材料反映的教学方式有别于传统教学方式。传统知识教学主要是教师讲授学生静听的方式，学生的身体基本不参与知识学习过程。究其原因，是由于身心二元论的影响。在身心二元论的视域下，认知被视为独立于身体之外的心灵表征和加工过程，知识是心灵对客观事物本质的如实反映，是客观中立的。这实际上是一种离身认知观（disembodied cognition），即身体和心智是分离对立的，心智与认知是不需要身体介入的独立的封闭活动，"正如计算机对信息进行输入、加工、再输出那样，人的身体也只是一个载体，它只是一个计算的工具，对于理解主要的认知过程来说是没有必要的"②。在离身认知观的影响下，学校中的课堂教学随之成为离身教学（disembodied teaching），身体基本被排除在知识教学过程之外，眼和耳仿如教师所授知识的输入通道，口和手仿如知识的输出通道，身体本身不参与心智的运思过程。然而，当代具身认知（embodied cognition）理论认为，"认知是由身体的物理状态和感觉运动系统的图式构成的，记忆、思维、情感等高级心理过程并非抽象符号的加工过程，而是通过具身的认知模拟完成的。换言之，认知是身体的认知，人们通过身体

① 摘自山东省济南市某小学六年级学生撰写的自传。笔者在此隐去了当事人的名字，用 "A" 予以代替；并修正了原文几处标点符号，其他文本不变。

② 唐佩佩，叶浩生. 作为主体的身体：从无身认知到具身认知. 心理科学，2012（3）：3.

认识世界"①。在具身认知理论的观照下，身体成为极其重要的课程与教学资源乃至嵌入到课程与教学自身中。由此，课程与教学都内在具有具身性，成为"具身课程"（embodied curriculum）与"具身教学"（embodied teaching），"强调将身体的经验放进知识和学习内，这种求知方式就称为具身知识（embodied knowledge），这种经验的求知方式不限于身体，包含感觉、知觉、身心的行动和回应，它的求知、感觉和行动方式包含更广泛的人的经验"②。简言之，上述两则材料反映的正是具身教学方式。在具身教学中，儿童的身体不是供人驱驰、任人摆布的躯体，而是认识世界、探究世界、"获得有教育作用的经验的有机参与者"③。知识不是外在于人，而是人身心合一与世界互动作用中的建构。这即意味着儿童的身体体验与知识学习融为一体，身体的模仿表演可以让他们身临书本文字所描绘的世界、体会语言文字所反映的感情之真与人性之美、进而实现知情意行合一，双手的巧妙运用可以让他们摆脱死记硬背的重负，感受自然科学的神奇和学习的乐趣。

相反，如果教师只注重采取死记硬背的灌输式教学，将儿童视为知识的存储器，漠视儿童在知识学习过程中的主体性，其结果必然导致儿童丧失知识学习的快乐，迫使他们无法体会知识之于个体认识客观世界和感受自我生命成长的重要意义，最终产生厌学的心埋。笔者在实践研究过程中，赫然发现山东省济南市某小学四（二）班35名学生中有10名学生不约而同地在自传中表达了对科学课的无奈和厌烦之情。例如：

无奈的科学课

前几次上科学课，老师让我们做实验，做得非常开心。然而，有

① 叶浩生.身心二元论的困境与具身认知研究的兴起.心理科学，2011（4）：1003.

② 欧用生.课程研究新视野.台北：师大书苑，2010：126.

③ ［美］约翰·杜威.民主主义与教育.王承绪，译.北京：人民教育出版社，2008：156.

一次老师让我们抄期末的题，那非常多，我估计要抄好几节课呢！要知道有好几大题，一大题有六七个小题。于是，我就抄，抄呀抄，抄不到一半的时候，我的手一点力气都没有了。我们才抄了三大题，老师说下节课还要抄。唉，我非常无奈。

无聊的科学课

第一次，我觉得科学课很有趣，接下来发生的事情让我的心情一瞬间改变。无聊……无聊……马上考科学了，老师让我们抄来抄去，抄就抄吧！没想到还要背，还要把桌子分来分去。我知道，科学老师为我们好，可是也不用那样子吧？我的感受很伤悲呀！我恨不得都快点抄完或者不抄。我一上科学课就犯困，也不知道为什么。

我希望科学老师让我们读一读就好了。

最难过的一件事

这一个月是我非常难过的一个月。

因为在科学课上，老师让我们抄复习资料，当时我们整整抄了三四张草稿纸，我们当时的心情是赶紧下课吧，我都要被活活的给抄死了。几乎每一节课都这样，没有一点自由和快乐，一上科学课，我就在想：为什么必须要抄呢？

我愿意把每节科学课，换成语、数、英这三门主课，因为这三科至少有一点自由和快乐，不用每天都抄一大篇复习资料。

这就是我最难过的一件事。

生气的事

一次科学课，科学老师拿来一个U盘拷下来一个文件。然后，老师说这是期末复习，就让我们抄下来。我心里想抄就抄吧，可是抄了一小段的时候我就抄不下去了，因为就抄了一小段就用了我一张稿纸。我实在是抄不动了就休息了一会儿，可是老师看见了就让我快点写。我就继续写，又写了一会儿我一点也写不动了，就又休息了一下。突然，老师又来叫我快点写；可我真的写不动了，就跟老师说能不能休息一会儿，可是老师把我说了一顿。我很生气，心想："休息一会儿也不行吗？又不会死人。"终于，科学课结束了，我终于解放了。

最伤心的事

科学课写一堆的题，大约1000多字。写得手疼了，想休息一会儿。可是，科学老师看见我停笔上去就捏了我脖子。可疼了！心里想：以后就和科学老师唱反调！①

上述自传材料再现了教师的课堂教学是如何一步步销蚀儿童的学习兴趣，进而导致儿童发生从乐学到厌学的逆转的全过程。之所以前后出现如此大的反差，其直接原因在于教师对科学教育出现认识偏差，采取了不恰当的课程评价方式以及课堂教学方式，将探究性实验教学变成了强制性死记硬背，抑制了学生的主体参与，导致学生无法体验到知识学习的乐趣。当前，世界科学教育正发生着由"传递中心的科学教育"走向"探究中心的科学教育"的教育范式转型。探究中心的科学教育视域中的科学教学是一种"以问题为导向、以儿童的自主与合作探究为特征、以过程体验为旨归"的探究教学②；然而，在传统的传递中心科学教育观的规约下，科学教学则成了师生授受现成科学知识的活动，"教师通过'以奖励做诱因、

---

① 以上五则材料均来自山东省济南市某小学四年级学生撰写的自传。笔者在此修正了原文几处错别字和标点符号，其他文本不变。

② 李雁冰.论中小学科学探究学习的评价问题.全球教育展望，2009（11）：87.

以惩罚做威胁'的训练方式让儿童'掌握'科学知识或技能"①。更进一步分析，可以发现教师的知识观是导致其课堂教学行为出现偏差，进而影响儿童知识学习过程和结果的主要原因。美国著名课程论研究学者、科学教育专家约瑟夫·施瓦布（Joseph J. Schwab）曾明确指出，知识绝非永久不变的定论而是具有探究性，由个体在探究活动中建构而来，并指向对未知事物的探究。因此，科学知识绝不能变成死记硬背的知识，"取而代之的是，知识将具有可操作性——通过对科学探究的各种实例进行分析、比较、对照以及评论等实践操作，来获得、实践及完善这些知识"②。如果教师将知识异化为脱离具体情境、排斥儿童个人生活经验、有待死记硬背的"信息"③，儿童必将成为知识的旁观者而非参与者，知识学习随之成为苦不堪言的劳役，那么，儿童自然而然对知识学习望而却步并产生各式各样的抵制与抗拒。

228

总的来说，儿童课程知识学习的过程是儿童通过个人参与来转化教科书知识、建构个人知识的过程。儿童的知识学习不仅仅是心智的运思，还包括身体的参与，是身心合一的具身学习。当儿童在课堂教学中充分享有亲身参与的机会，课程知识学习的过程与儿童身心协调发展的过程有机融合，儿童的认知思维、想象力、创造精神等都能得到良好发展，进而促使儿童不断诞生精彩观念。一旦儿童被剥夺课程知识学习的主体地位，其身体和心智丧失了参与其中的机会，儿童则将成为课程知识的旁观者，课程知识则将成为儿童的"身外之物"；"以现成知识的习得与巩固为基本"的知识学习不仅会销蚀儿童内在的学习兴趣，也会导致儿童的学习劳而无

---

① 李雁冰.我国科学课程教学的困境与超越.教育研究与实验，2012（5）：67.

②［美］约瑟夫·施瓦布.科学、课程与通识教育.郭元祥，等译.北京：中国轻工业出版社，2008：76.

③ 日本教育家佐藤学指出："切断语脉、意义中立化、文体非人称化的知识，是教科书知识的标志性特征，这种知识，与其称为'知识'，不如称为'信息'来得妥当。在制度化的学校里，知识由于去语脉化、中立化、抽象化而变化为信息，追求效率性的传递与一元化的评价就有了可能。"参见［日］佐藤学.学习的快乐——走向对话.钟启泉，译.北京：教育科学出版社，2004：41.

功，成为一种抑制生命自由成长的重负。对此，教师须革新课程知识观，即摈弃客观主义课程知识观以及与之相伴的灌输主义课堂教学观，在强调知识的普遍性、客观性、公共性之余还注重发扬知识的情境性、具身性和个人性，将抽象的、概括化的教科书知识与个体日常生活经验相结合，还原知识的生命形态，促使知识活化起来。"如果教师不对这些符号化的结果性知识作加工处理，把它们直接搬到课堂教给儿童，那么儿童面对的就是显性的、外在于自己的知识世界，他们只能以被动方式接受这些抽象的现成知识，很难有知识形成过程的真实经历和实践体验"①。进而言之，唯有革新课堂教学方式，变"离身教学"为"具身教学"，变传递式教学为探究式教学，创设鼓励儿童身心参与、自由表达和自主探究的教学情境，儿童才能实现经验的生长、知识的建构和主体性的发展，并在此过程中体验到知识之于个体生命成长的意义。

（三）课堂生活的交往：儿童社会性自传的探微

课堂是学校教育活动发生的场所，也是教师和学生寓居的生活时空。教师和学生在课堂上过一种什么样的生活，不仅关系到课堂教学的实践效果问题，也关系到教师和学生的社会行为发展和社会化问题。因此，课堂生活既是师生开展知识教学活动的专业生活，也是师生进行人际交往的社会生活。②事实上，交往是课堂生活的基本活动形式，课程教学本身也是一种交往，"是师生在课堂情境中以教学资料如文本、话题等为中介，彼此交流信息、思想和情感，并产生相互影响的一种特殊交往形式，是师生在多边多向的人际关系网络中展开的交往过程"③。从儿童的视角来看，课堂生活交往的过程即是儿童社会性发展的过程④。已有研究表明，师生

227

---

① 吴亚萍，周志华.还原知识的"生命形态".人民教育，2009（19）：48.

② 王鉴.课堂生活及其变革研究.课程·教材·教法，2013（4）：26.

③ 查啸虎.课堂交往：现实偏误及其矫正.中国教育学刊，2008（9）：52.

④ 庞丽娟，颜洁.论教师指导儿童社会性发展的原则.学前教育研究，1997（3）：15.

之间的交往对儿童社会性发展的影响作用最大。通过阅读儿童的社会性自传,可以走进儿童的日常课堂生活世界,观察儿童在课堂生活交往中遭遇的冲突困境及其反应,进而探析儿童是如何在同教师的交往过程中发展社会自我(social self)、实现角色社会化。

"课堂生活的展开过程是师生的创造性的冲动不断激发的过程,是师生在交往的过程中不断进行生命的碰撞、灵魂的沟通、精神的交融过程"①。在师生交往过程中,儿童对教师的自我呈现充满了角色期待,希望教师能够表现出温和友善、和蔼可亲的一面,"希望教师更偏爱自己,给自己更多的表扬与肯定机会,等等"②。当教师的角色行为与儿童的预期相一致,则有助于儿童形成积极的情感体验,加强自我确证和对教师的角色认同,进而促进对自我角色的认识。例如,一名四年级的小学生在自传中提到了教师的"笑"带给自己的欢乐:

> 星期五下午,崔老师在我们班说说笑笑,我们也在笑。
>
> 那是让我最开心的,因为崔老师是第一次在教室里笑的。那时我也很开心,和老师一块笑。③

我国先秦时期的教育典籍《学记》曾明确提到师道尊严的要求:"凡学之道,严师为难。师严然后道尊,道尊然后民知敬学。"受师道尊严观念的影响,教师在日常课堂教学生活中的角色更多呈现出严肃庄重、不苟言笑的面目。教师通常被视为知识和规范的象征,教师的一言一行是儿童模仿学习的榜样。为了树立良好的示范和个人权威形象,教师通常在课堂教学中郑重其事、一本正经。上述案例显示,教师第一次在课堂中的

---

① 田汉族,高玉英.课堂教学生活:一种教育人类学的阐释.湖南师范大学教育科学学报,2004(5):12.
② 吴康宁.课堂教学社会学.南京:南京师范大学出版社,1999:74.
③ 摘自山东省济南市某小学四年级学生撰写的自传。笔者修正了原文几处标点符号,其他文本内容不变。

"笑"给学生留下了深刻的印象，并在无意间促使他产生了一次"最开心"的"高峰体验"。不难发现，学生对教师的"笑"亦即对教师"温暖的情感角色"的满心期待溢于言表。无独有偶，"儿童诗人"朱夏妮在读六年级时曾写了一首题为《老师的笑》的诗歌：

老师的笑

你的笑可以让我欢欣

就像被铁网锁住的人

手指能穿过它

有外面一切带来的感觉

可惜那只有一下①

这首诗同样表达了学生对"老师的笑"的期待。老师的笑不仅给学生带来了欢欣的体验，更给学生带来了自由的希望，让被沉重的学业负担所束缚的学生——"就像被铁网锁住的人"，可以挣脱枷锁，获得心灵自由的慰藉。然而，"老师的笑"如同昙花一现，在回归平常严肃面目之后给人带来了强烈的压抑，学生依然是困守学校的囚徒。当教师以漠然刻板的角色呈现在学生面前，必然导致学生产生负面的心理体验，进而影响学生的角色认识。吴康宁教授曾指出："教师角色的复杂性加大了学生角色认识的困难，相对于教师温暖的情感角色来说，教师的形式上公正的工具角色带给学生的是冷淡、疏远的感受，这容易导致学生产生程度不同的挫折感"②。显然，挫折感的心理体验不利于学生的自我确证，有碍于心理自我的积极建构，进而有可能导致形成否定性的自我身份认同。简言之，"温暖的情感角色"是学生对教师的角色期待。除了教师角色的自我呈

---

① 朱夏妮.初二（七）班.北京：东方出版社，2014：28.

② 吴康宁.课堂教学社会学.南京：南京师范大学出版社，1999：75-76.

现，教师在与学生交往过程中帮助学生树立积极的自我认识、建构积极的身份认同，也能给学生留下温暖的情感角色体验。例如，一名学生在自传中写道：

> 每次综实课我几乎都不大说，因为综实的学号是52，等于就是"我2"。后来，我有一次问老师，老师对我说："没关系，学号不代表什么。"那时候，我觉得林老师和我爷爷一样是那么的和蔼可亲。后来的综实课，我的发言越来越积极，也好不容易得到了一个"清莲"奖励。[1]

按照符号互动论的观点，"学号"是一种指代学生身份的符号，具有指示性和替代性意义。"学号是52，等于就是我2"，在亚文化的影响下，"52"变成了一种污名。为了避免自身的污名化，学生采取了上课闭口不言的方式隐匿自己，避免自己成为蒙受污名者。然而，学生的这种行为方式表明他某种程度上已经接受了污名，正是因为潜意识对污名的认可才导致自身采取不同"常人"（normals）的行为方式——通常而言，学生会参与课堂教学的互动，以寻求教师的肯定和鼓励。当学生在面临成为"常人"和成为"蒙受污名者"两种对立社会身份冲突的困境时，教师及时洗刷了学生的污名，恢复了学生的"常人"身份，避免了学生的自我角色分裂，从而赢得了学生的心理认同，"觉得林老师和我爷爷一样是那么的和蔼可亲"，这实际上是学生将教师当作"自己人"的表现。[2]当教师帮助学生获得自我确证后，学生形成了积极的自我身份认同，进而在课堂上表现十分积极，主动参与社会互动。上述案例或许只是一个特殊的典型事例，但其所蕴含的寓意在日常课堂生活中时有体现，它表明了师生交往中温暖的

---

① 摘自山东省济南市某小学六年级学生撰写的自传。笔者修正了原文几处标点符号，其他文本内容不变。
②［美］欧文·戈夫曼. 污名：受损身份管理札记. 宋立宏，译. 北京：商务印书馆，2010：9-27.

情感角色体验有助于学生形成积极的自我身份认同。这即意味着，教师在课堂生活中、在与学生交往时，需明晰学生的角色期待以及自身的角色定位，调适自己的角色行为，进而帮助学生确证自我。

值得注意的是，在课堂语境中，教师的角色行为亦即教师的课堂行为特别是针对学生个体的课堂行为也是影响学生社会自我形成的重要因素。"社会自我指的是我们被他人如何看待和承认"[1]。个体如何看待他人对自己的看法影响到个体社会自我的形成以及个体对自身社会角色的体认。显然，作为儿童生命当中的重要他者，教师积极性的课堂行为，如对学生的表扬、奖励、称赞、鼓励、关注等可以激发他们形成正面的社会自我、强化学生对自我的认识。例如有学生写道：

> 我有一件最开心、高兴的事。我记得好像是四年级，连上了两节美术课。第一节我们要画画。玩完后，给老师看，老师当时看见了，说："真漂亮，真像，将来你一定是个画家！"
>
> 当时我听了十分高兴，因为除了培训班，在学校的美术老师里，她是给我最大鼓励的一位老师。[2]

231

上述案例中，教师及时给予学生正向反馈，给学生带来愉悦的体验。"将来你一定是个画家"，某种程度上这是一种教师期望，有可能引发课堂中的皮格马利翁效应。美国学者罗森塔尔通过实验发现，教师在课堂中充当皮格马利翁的角色，对学生传递期望有助于提高学生成就。教师期望作为一种教育上的自我实现预言，对学生自我感念、动机和归因等心理因素发挥影响效用，有助于学生强化自我概念、形成自我角色期待，以致建

---

① ［美］乔纳森·布朗.自我.陈浩莺，等译.北京：人民邮电出版社，2004：20.

② 摘自山东省济南市某小学六年级学生撰写的自传。笔者修正了原文几处标点符号，其他文本内容不变。

构积极的自我身份认同。①换言之，当教师采取积极性的课堂行为，他实际上是在扮演皮格马利翁的角色，并通过自身的角色行为促进了学生的自我塑造。

反之，如果教师采取消极性的课堂行为，如对学生的忽视、厌恶、存有偏见、不适当的批评、粗暴责罚等不利于构建和谐师生关系，降低学生对教师的认同甚至激起学生对教师的抵制，引发师生之间的冲突，给学生造成身心伤害，进而影响学生社会自我概念的形成和社会角色的体认。例如，一名学生在自传中表达了对教师不当体罚的强烈愤懑之情：

> 有一次，我在上语文课。我在读语文，老师却觉得我和A说话。老师用书打了我和A一个耳光。当时，我不知怎么了，老师就打我。我和A心里想：把这一个耳光还回去，把她打趴下，说改了。②

上述案例表明，教师不当的责罚会导致学生产生逆反心理。"把这一个耳光还回去，把她打趴下，说改了"，这与其说是学生臆想的阿Q式报复，毋宁说是学生真实的反抗心理。更进一步分析，这反映了学生的角色冲突，预示着学生面临"分裂的自我"的心理困境。通常情况下，学生在课堂生活中的正式社会角色表现为受教于教师的学习者，对作为指导者的教师表现出尊重崇敬的心理体认和听从模仿的行为体认。然而，此案例显示，学生丧失了对教师应有的心理体认，通过假想将教师"打趴下，说改了"来表达对教师的蔑视，进而突显自我的存在感，由此扮演了隐性的负功能角色。这种隐性的负功能角色与学生显性的正式角色产生了角色冲

---

① [美] 罗森塔尔，雅各布森. 课堂中的皮格马利翁. 唐晓杰，等译. 北京：人民教育出版社，2010：185-184.

② 摘自山东省济南市某小学六年级学生撰写的自传。笔者在此隐去了当事人的名字，用字母予以代替；并修正了原文几处错别字和标点符号，其他文本内容不变。

突，是学生的自我发生分裂的表现。事实上，笔者所收集到的自传中，反映教师粗暴的课堂行为对学生社会自我概念的形成及社会角色的体认产生负面作用的案例屡见不鲜。例如一名学生直接以《最痛恨的老师》为题叙述了某位课任老师肆意体罚自己的事例，并抒发了自己的怨恨不满之情：

> 我真是恨她，我明明是去上厕所了，连上厕所都不肯吗？尿裤里她洗啊！我恨不得……马上打她，她不配当老师！①

甚至还有学生在遭受了教师的不当责罚后，假想通过"模仿家长的字给校长写封信"的方式"报复"教师：

> 当时我的心里充满了对她的恨，心里想：我讨厌你！如果把你打我们班同学的事情告诉校长，嘿嘿，你就……想着想着也就放学了，我如果毕业了的话，就模仿家长的字给校长写封信的话，你就放假了——乱想的。②

可以说，教师的消极性课堂行为是导致学生自我分裂、行为失范的直接原因。并且，这种消极性课堂行为有可能抵消课堂教学的正功能，乃至对学生的身心及社会自我产生负面的影响。

此外，教师对学生的不公平对待也是阻碍学生发展社会自我的重要因素。在应试教育的背景下，教师通常对成绩好的学生给予更多的关注和机会，对成绩差的学生则关注不够；相比较而言，教师对成绩好的学生抱有高期望，对成绩差的学生则不抱期望或给予低期望。"在师生交往方面，包括表扬和批评在内的教师的评价，是课堂里最有力的社会化变量，也是

233

---

① 摘自山东省济南市某小学六年级学生撰写的自传。
② 摘自山东省济南市某小学六年级学生撰写的自传。

课堂里知识标定的最显著特征。研究证明，教师往往对低期望的学生批评得多，表扬得少；对高期望的学生往往表扬得多，批评得少"①。这种有失公平的区别对待给成绩一般的学生和成绩差的学生带来了莫大的心理危机，受此影响，他们可能会产生自卑情结抑或是愤世嫉俗，从而影响自我体认。日本曾有学者研究了成绩与自我的关系问题，指出："在自我形象中，成绩所具有的分量增长了，孩子们都具有唯学力的价值观。结果，成绩好的孩子不仅得到现实承认，而且未来的前途也光明。然而，随着成绩下降，自我形象也会黯然失色。这种看法程度不同地在全体小学生中固定下来"②。这一结论在笔者收集到的自传中也有所体现，例如有学生因为在期末测验中考了119.5分的好成绩获得老师的夸奖而倍感自豪，也有学生因为数学测验成绩不佳而懊恼神伤，感觉"心里受了一次沉重的打击，很伤心，好想哭……心里就像刀割一样，很痛很伤心"③。在成绩分数影响学生自我认识的情形下，如果教师在课堂教学中偏袒所谓成绩优异的学生或优等生，那么成绩普通的学生以及成绩欠佳的学生的自我形成难免会受到抑制。并且，"如果教师在课堂教学中对学生的态度明显表现出喜厌有别、褒贬有异的倾向性，则课堂中便容易产生'不公平'的非制度规范"④。例如，有学生在自传中表达了对教师偏袒纵容"优等生"的无奈与不满：

> 那样不好，那样不听课，还表扬？一曲一人一跳绳，打我凌志天天有，问她乃是何处人？无可奈何老师去，似曾相识她好烦。公道问天何处有，老师眼里都是沙。……

① 吴康宁. 课堂教学社会学. 南京：南京师范大学出版社，1999：229.
②［日］尾关周二. 共生的理想. 卞崇道，等译. 北京：中央编译出版社，1996：27.
③ 摘自山东省济南市某小学六年级学生撰写的自传.
④ 吴康宁. 课堂教学社会学. 南京：南京师范大学出版社，1999：221.

　　人有悲欢离合，月有阴晴圆缺。优等生也有不听讲，可为什么我
总是替罪羊？要不是我不想，A只有哭的份。优秀生，所受的保护也
多，所以他们的这种秘密，我知道。A都快把我逼上……我都想换位
子了。①

　　又如，教师在课堂提问时对"好学生"的过多关注和明显倾向也容易
促使其他学生产生"不公平"的心理，导致他们更加不愿意参与课堂教学
中的交往互动：

　　在那一节英语课上，老师提问题我们来答，谁答得快给谁发糖
吃。那时我心里想：我喜欢吃糖，可是肯定没我的份。老师你太坏
了，拿这个来吸引我们，切！在答的过程中，我十分卖力，但是我还
是一无所获。只有A、B、C等几个好学生得到了。我想：老师肯定向
着她们。我那么卖力，还得不到，下次我再也不卖力答了。②

　　总的来说，课堂不仅是连接儿童世界与成人世界的中介，也是儿童
个体与社会群体互动交往的场域。在课堂这一社会性场域中，儿童通过与
他者的交往互动建构了社会自我，促进了角色社会化。作为课堂生活的组
织者，教师在儿童生命成长中扮演了重要他者的角色：教师在课堂生活中
的自我呈现及角色行为是影响儿童自我角色塑造和自我身份认同的重要因
素，教师带给儿童的角色体验则是起决定性作用的主导因素。当教师扮演
"温暖的情感角色"，带给儿童"温暖的情感角色体验"又或采取积极性

---

　　① 摘自湖北省黄冈市某小学六年级学生撰写的自传。笔者在此隐去了当事人的名字，用"A"予以代替。
作者在自传中提到了优秀生A上课无故推拉自己课桌捣乱，并用跳绳抽打自己，"折腾了半天"却得到老师表
扬的事例。因篇幅较长，笔者在此节选了结尾部分。"凌志"是作者的名字，"一曲一人一跳绳，打我凌志天天
有"即是指优秀生A用跳绳抽打作者的事件。

　　② 摘自山东省济南市某小学六年级学生撰写的自传。笔者修正了原文几处标点符号，其他文本内容不变。

的课堂行为，则有助于儿童建构积极的社会自我，形成自我角色期待；反之，如果教师扮演"冷淡的工具角色"，采取简单粗暴的消极性课堂行为，则有可能引发儿童的角色冲突、造成儿童的自我分裂。不仅如此，课堂也是儿童学习社会制度规范的主要场所，作为行为示范者的教师如果言行失当、处事不公，则会产生负面效应，进而影响儿童的社会性发展。

三、自传课程理论的实践反思与展望

在实践研究过程中，笔者进一步深化了对自传课程理论的理解。无论是自传课程理论蕴含的动态的、过程性的课程观，还是它倡导的自传研究方法，都有助于促进课程与教学实践的变革，不仅拓展了教师的教育视野，也增强了儿童的主体参与。通过撰写自传，儿童讲述了个人的课程故事，倾吐了潜藏已久的心声，重构了课程经验；通过阅读儿童自传，教师走进了儿童的内心世界，真切感受到学校教育对儿童生命成长的影响，进而反思和改进自己的教育行为。可以说，自传课程为教师和儿童提供了深入交流对话的契机：儿童通过撰写自传致力于了解我是谁，我是如何以及为何发展为现在的情状；教师通过回应儿童的自传，从而与儿童开展了对话。在对话中，自我、他者和世界发生了重构。[①]

与此同时，笔者初步发现了自传课程理论有待进一步深化完善之处。如前所述，自传课程的理论基础十分广博，涉及文学领域中的自传写作，哲学领域中的现象学、存在主义，社会学领域中的符号互动论、现象学社会学，心理学领域中的精神分析心理学，历史学领域中的个人生活史研究……这对自传课程实践者而言未免是一种挑战，要求实践者必须具备宽广的学术视野和深厚的理论积淀，否则难以周全地理解和把握自传课程的内涵。坦率地说，笔者在进行自传课程的实践考察时偶有力所不逮的感

---

① William H. Schubert. *Curriculum: Perspective, Paradigm and Possibility.* New York: Macmillan College Publishing Company, 1986:33.

觉，只能边实践边摸索边学习边完善。对身处教学一线的小学教师而言，自传课程理论的付诸实践无疑是一项巨大的挑战。因为它要求教师具备精深的素养，能够通过对儿童自传文本进行话语分析，或者在与儿童的自传式访谈中进行精神分析，进而从儿童自传叙事中挖掘出更深层的意蕴，并及时采取相应的介入行动。正如舒伯特在评价自传课程理论时所说："它需要精神病医生、精神分析学家或其他专业治疗者很强的专业知识。"[①] 同时，对儿童而言，自传方法意味着内在自我的暴露，由此导致儿童面临着内在自我可能被他人侵犯的风险。如果儿童在学校遭遇了痛苦的经历，一旦他们重新回忆或叙述过往的痛苦经历，则有可能造成二次心理伤害。即便儿童没有遭遇难以回首、难以启齿的经历，他们在自传叙事中的自我呈现和自我揭示既是一种对自我的重构，也是一种对自我的解构。这种自我的解构充满了复杂性和不确定性，有可能导致儿童产生自我怀疑。因此，一线教师在开展自传课程的实践研究时必须趋利避害，慎之又慎。

237

自传课程理论不仅提出了很高的实践要求，其理论本身也具有不足之处。自传课程反对客观主义知识观，主张发挥主体的参与作用，将抽象的、固化的教科书知识转化为个人知识乃至自我知识，这较之于传统的"没有认识主体的"客观主义课程知识观是一种超越。但是，自传课程所强调个人知识乃至自我知识与我国儒家课程智慧所强调的"德性之知"相比则具有明显的欠缺。如前所述，自传课程理论与我国儒家课程智慧要旨契合，都反映了一元论的主体思维，强调自我的反思内省。但二者也有明显的差别：一方面，自传课程理论所说的主体性是人本主义哲学框架内的主体性，儒家课程智慧所说的主体性是一种"道德主体性"，主体问题与道德问题合二为一。正如牟宗三先生所言："用一句最具概括性的话来说，就是中国哲学特重'主体性'（Subjectivity）与'内在道德性'（Inner-

---

① William H. Schubert. *Curriculum: Perspective, Paradigm and Possibility.* New York: Macmillan College Publishing Company, 1986:33.

morality）。中国思想的三大主流，即儒、释、道三教，都重主体性，然而只有儒思想这主流中的主流，把主体性附加以特殊的规定，而成为'内在道德性'，即成为道德的主体性"①。另一方面，自传课程理论主张的自我反思更主要是一种意识流的运思；儒家课程智慧主张的自我反思指向个体修身，讲究"吾日三省吾身"，并且这种修身是为了道德的养成，如"见贤思齐，见不贤而自省"。正是因为对道德性的强调，儒家的课程知识是一种"德性之知"而非"见闻之知"，具有内在道德性。钱穆先生指出："儒家知识从德性起。……一切知识行为由天赋德性来。……德性知识，本末始终，一贯相承。德性为本为始，知识为末为终。……知识从德行来，而还以完成其德性"②。通过儒家课程的学习，人可以成为德才兼备的"君子"。

与之相反，自传课程强调的"自我知识"是"物交而知"的"见闻之知"，而非"德性之知"③。自传课程的课程知识观以及自传课程理论本身都未涉及道德，这不能不算是一种欠缺。当代著名伦理学家然阿拉斯代尔·麦金泰尔在其著作《德性之后》中指出当代人类面临着深刻的道德危机，"德性已经发生了质的改变，并从以往在社会生活中的中心位置退居到生活的边缘"，"当代的道德语言——在很大程度上也是道德实践——处于严重无序状态"④。在此情形下，关于人的德性养成显得尤为重要。除了专门的道德教育，在课程中融合德性，将知识与德性融贯，也是一种有效的德性养成思路。因此，如何真正会通中西课程思想，融贯自传课程理论与儒家课程智慧，将自传课程强调的"自我知识"转化为"德性之知"，将自传课程倡导的自我反思与道德修身相结合，从而促使知识学习的过程

238

---

① 牟宗三.中国哲学的特质.长春：吉林出版集团有限责任公司，2010：5.

② 钱穆.晚学盲言（下）.北京：三联书店，2005：830-831.

③ 宋代大儒张载在著作《正蒙·太心》中有言："见闻之知，乃物交而知，非德性所知；德性所知，不萌于见闻。"

④ ［美］阿拉斯代尔·麦金泰尔.德行之后.龚群，等译.北京：中国社会科学出版社，1995：322.

同时成为德性养成的过程，这是自传课程理论未来的深化研究方向。

此外，自传课程理论主张通过反思重建自我，进而实现自我的超越。这种自我超越主要是指个体对现实世界社会生活进行批判反思，达致个体的主体解放。自传课程理论致力于自我超越的课程旨趣与我国传统课程智慧的主张相比，存在明显的理论阙如，并进一步导致了课程教学实践的缺失。尽管自传课程理论与我国传统课程智慧都讲求个体自我的内在超越，但是我国传统课程智慧的境界远超于自传课程理论。我国传统课程智慧特别是儒家课程智慧主张人通过自我超越体证"天道"，最终指向"天人合一"。"天人合一是中国传统哲学最根本的思维模式，这既是整体思维，又是自我超越的形上思维"[①]。可以说，我国传统课程尤其是儒家课程是一种"天人合一之学"，致力于涵养人的"天地之性"。宋代大儒张载有言："形而后有气质之性，善反之，则天地之性存焉。"大意是说，人的形体生命生成了"气质之性"，但气质之性之外还有"天地之性"；"天地之性"源于"天道""天德"，是人之为人的形上者；人通过自反可超越有限的形体，超越气质之性而获得"天地之性"。"实现了天人之性，也就与'天德'合一，达到形而上的存在，形体生命虽有限，而精神境界却达到了无限"[②]。因此，我国传统课程尤其是儒家课程"不在于增加积极的知识，而在于提高心灵的境界——达到超乎现世的境界"[③]。与之相较，自传课程理论对人的精神境界缺乏洞见。

正是因为"天人合一"式"天地境界"的阙如，自传课程理论在实

239

---

① 蒙培元. 中国哲学主体思维. 北京：人民出版社，2005：146.

儒释道两家都讲求天人合一，其中儒道两家是主流，儒家更是"主流中的主流"。儒道两家的天人合一观略有差异。儒家主张的"天人合一"富有强烈的道德意义，而道家主张的"天人合一"无道德意义或者说超道德意义，道家更重"自然"，"道法自然"。由于我国传统教育为儒家所主导，因此，笔者在此偏重于论述儒家的天人合一观。

参见张世英. 天人之际. 北京：人民出版社，2005：14-43.

② 蒙培元. 中国哲学主体思维. 北京：人民出版社，2005：150.

③ 冯友兰. 中国哲学简史. 涂又光，译. 北京：北京大学出版社，2011：4.

冯友兰先生认为存在自然境界、功利境界、道德境界和天地境界四种人生境界，天人合一指向天地境界。

践中也有所疏漏，突出表现为忽略了对"自然"的观照。中国哲学中的"天"大体是指形而上的宇宙本体，类似于道家所说的"自然"。道家的"自然"是一种宇宙本体，也意指具体的自然界。自然之于人，则是人具有"自然性"。自传课程兼顾了个人与社会维度却忽略了自然维度，强调人的自主性和社会性却忽略了自然性。自然是人赖以生存与发展的基础，"人作为主体，其人格理想是自然性、社会性与自主性的健全发展"①。自然理应与个体自我、社会一道成为课程的内在要素和开发向度，由此培养人保护自然的行为习惯、发展人的自然性。"着眼于人的自然性之发展的课程不只是指向对自然的认识、控制与利用，更是为了使人在精神上与自然融为一体，发展人的自然体验，谋求人与自然的和谐发展"②。自传课程理论没有涉及人与自然的关系，没有意识到通过课程来发展人的自然性，这无论对改善人寓居其中的自然生态，还是对完善人的主体人格都是一种观照不足。因此，如何拓展自传课程的自然维度，如何将自然纳入自传课程内容，如何在通过自传课程发展人的自主性和社会性的同时发展人的自然性，将成为笔者未来进一步研究和思考的问题。

小结

自传课程理论诞生于西方教育文化背景中，是当代西方主要课程话语之一。自传课程理论在我国付诸实践，并非是简单的话语移植，而应当立足我国自身的教育文化语境。通过比较分析，可以发现：自传课程理论与我国儒家课程智慧、道家课程智慧和佛学课程智慧三家合一的传统课程智慧内在相契，它们都表现为一元论的主体思维，都强调个体的生命价值，都指向个体自我的内在超越。具体言之，首先，自传课程理论强调自我反思与儒家课程智慧主张"吾日三省吾身""君子博学而日参省乎己"

---

① 张华. 经验课程论. 上海：上海教育出版社，2004：224.
② 张华. 经验课程论. 上海：上海教育出版社，2004：264.

的内涵相近，并且二者课程知识观的基础都是本体体验型的存在认知。其次，自传课程理论主张通过潜意识精神分析反思自我的方法与道家的"静观""玄览"相近，二者都注重直觉省思和自我反观；自传课程理论中的核心概念"currere"与道家哲学中的核心概念"游"意蕴相通，之于课程领域，二者都意味着"课程即内在的精神之旅"。再次，自传课程理论强调个体自我体认和自我确证与佛学课程智慧主张的"各自观心，自见本性"主旨一致，都是为了彰显个体的自性；此外，二者都主张将知识学习与个人的自我澄明相结合，将知识转化为觉解自我的智慧。

自传课程理论与我国传统课程智慧契合，这为它在我国本土实践的可能扫清了观念上的障碍。在获得部分一线教师和教研员的观念认同及行动支持后，笔者先后在山东省济南市某小学和湖北省黄冈市某小学开展主题为"儿童自传中的课堂教学印象"的实践研究，旨在通过倾听儿童的自我言说来理解课程教学之于儿童的生命意义。笔者共收集到213份由四、五、六年级三个学段的儿童撰写的有关各自课堂教学经历的自传。这些自传大致可分为主要叙述儿童自我体认经历、涉及儿童的自我身份认同问题的存在性自传，主要叙述儿童课堂学习经历、涉及儿童的课程知识学习问题的认知性自传，主要叙述儿童课堂生活交往经历、涉及儿童的社会交往问题的社会性自传三种类型。通过认真研读自传以及与教师的深度访谈，笔者发现：（1）教师对课堂教学纪律的维护主要体现为对儿童身体的控制，导致儿童面临"非身体化的自我"的风险；教师的举止言谈、周遭环境的变化和儿童自身的意识活动都会影响儿童内在心理自我的形成，进而导致他们形成积极的或消极的自我身份认同。（2）儿童在课程知识学习过程中并非单纯复制教科书知识，而是充满了奇思妙想，是一个精彩观念诞生和个人身心参与知识建构的过程；教师将知识变成有待死记硬背的教条并采用灌输主义的教学方式是销蚀儿童学习兴趣的主要原因，导致儿童产生各式抗拒和抵制。（3）课堂生活的交往过程也是儿童发展社会性的过

241

程，作为儿童课堂生活中的重要他者，教师扮演的"温暖的角色"及采取的积极性课堂行为有助于儿童明晰社会自我概念、形成积极的社会角色体认；反之，教师扮演的"冷淡的角色"及采取的消极性课堂行为会导致儿童的角色冲突和自我分裂。鉴于自传课程理论对"德性之知"和"自然"的观照不足，笔者在后续的研究中将深入思考如何真正会通中西课程思想，将知识学习与德性养成融贯一体，将自我、社会与自然有机整合。

结　语

在课程领域，以拉尔夫·泰勒为主要代表的传统主义者"将课程理解为制度性文本"，将人视为抽象的人，过于强调抽象宏大的概念范畴而忽略了课程中具体存在着的个人的内在生命体验，最终导致了课程"目中无人"的困境。有鉴于此，威廉·派纳等人复归了课程的人文主义传统，注重发掘课程之于个人的生命意义，"将课程理解为自传文本"，进而构建了自传课程理论，以期救治课程领域的危机。自传课程理论主张暂时悬置外部的公共世界，用自传方法由外而内地理解课程，彰显个体生命体验的价值，将课程视为个体建构自我、建构知识、建构主体性的过程。借由课程内涵的革新，自传课程理论推动了课程领域的概念重建。

首先，它重建了课程价值观。在技术理性的宰制下，传统课程观具有鲜明的控制性特征。一方面，教师较之于儿童具有绝对的权威，儿童处于规训之中，逐渐丧失了作为生命个体而存在的灵动性和独立性；另一方面，教师和儿童的教学活动被既定课程所控制，课程被奉为圭臬，教师是课程的传递者，儿童是课程的接受者，教师和儿童都沦为"被压迫者"。自传课程理论秉持解放的兴趣，在批判控制取向的传统课程观的同时，试图将"控制的幽灵"从课程中驱逐出去。为此，自传课程指出：教师和儿童是课程的主体、是课程的建构者和体验者，教师和儿童是主体间的交往关系而非主客二分的对象关系；课程的内在价值优先于课程的工具价值；课程不仅包含理性的知识，还必须观照生命成长；生命个体通过自我反思存在体验能够重建自我、实现主体的解放进而为社会的解放做贡献。

其次，它重建了课程知识观。自拉莫斯绘制"知识地图"、将知识"教科书化"以来，客观主义知识观在学校教育日益盛行，最终导致学校教育窄化为知识教育进而化约为知识授受活动，"塑造知识人"由此成为学校教育的信条。客观主义知识观是一种"没有认识主体的知识观"，认为知识是客观事物本质的如实反映，个人的情感、经验等所谓主观因素则被视为与知识对立的干扰因素。在客观主义知识观的规约下，课程知识窄化为"教科书化"的知识，知识教学的过程简化为教师向儿童传递教科书知识的操作活动，教师和儿童降身为课程知识的"旁观者"乃至彻底沦为课程知识的"存储器"。针对课程当中"只见知识不见人"的境况，自传课程理论重建了课程知识观，超越了客观主义知识观的范畴，指出课程知识不是教科书所承载的静态知识，而是教师和儿童立足一定情境在互动交往中建构的个人知识，是个体建构的"关于自我、由于自我并为了自我"的自我知识；教师和儿童是课程知识的"参与者"，知识教学的过程是个体"通过知识获得解放"的过程。

再次，它重建了课程方法论。课程领域由来已久的"方法化运动"造成了效率至上的程序主义课程方法论的蔓延，课程设计和组织方法被化约为一套简便易行的标准化操作程序，课程设计和组织被视为对既定学习内容的结构化和程序化，教育过程的复杂性、课堂教学的情境性、教师和儿童生命的灵动性及师生交往的互动性受到不同程度的遮蔽，从而导致了以"泰勒原理"为主要代表的程序主义课程方法论的反历史和反理论品格。为了克服程序主义课程设计和组织方法的弊端，自传课程理论构建了一种以经验为中心的经验主义课程方法论。自传课程理论主张将个体的生命体验视为课程设计与组织的素材内容，个体是自我存在体验课程的设计和组织者，组织过程是一个基于具体课堂教学情境的开放的动态过程，组织方式则是个体在反思中回溯过去的经验、展望未来的经验并使之融贯于现在的经验，进而对全部经验进行整合重组。由此，自传课程方法论实现了方法与内容、主体与方法的统一。同时，自传课程理论倡导一种基于人本主义立场的质性课程研究方法，基于人的生存境遇并为着人生命发展，尊重教师和儿童的研究主体地位，着眼于教师和儿童色彩缤纷的生活世界，赋予冰冷的事实以生命的温暖[①]，是对实证主义研究方法的超越。

在此基础上，自传课程理论也推动了课堂教学的重建。传统的"权威式的传授知识"[②]的教学方式发生转变，走向了对话教学，教学过程即是师生在教学情境中围绕教学内容展开对话的过程。当课程意味着个人所感所思的存在体验及个人建构的自我知识，是个人自传性反思自我的旅程，是个人与他者的复杂会话，那么，"从教学的角度来说，这意味着教师必须询问学生：'这对你来说有何意义？'……它把教育经验从被他人塑造转为与他人对话"[③]。由此，儿童的学习意味着儿童表达个人的观点、形成个人的理解、建构个人的意义，教师不再是教科书知识的"传声筒"，而是俯下身段倾听儿童心声的倾听者。在师生对话中，课堂教学具有了生成性、探究性的意蕴，师生摆脱了僵化的固态知识授受活动的束缚，获得了身心的解放。简言之，在自传课程理论的推动下，当课堂教学从灌输教学转向对话教学，"课堂教学有可能更贴近每个学生的实际状态，有可能让学生思绪飞扬、兴趣盎然，有可能使师生积极互动，摩擦出创造的火花，涌现新的问题和答案"[④]。

综而观之，致力于主体解放的自传课程理论充盈着浓郁的生命意识

245

---

① 欧用生. 课程理论与实践. 台北：学富文化事业有限公司，2006：36.

② 联合国教科文组织. 学会生存. 华东师范大学比较教育研究所，译. 北京：教育科学出版社，2009：172.

③ William E. Doll. *Curriculum Visions*. New York: Peter Lang, 2002:37.

④ 叶澜. 重建课堂教学价值观. 教育研究，2002（5）：16.

和人文情怀，顺应了以人为本的时代发展潮流。它不仅提出了别具一格的理念主张，也建构了行之有效的实践方法，为课程领域摆脱技术理性的桎梏提供了一种可能的思路。"新观念有如大海的波涛，不断拍击着人类意识的岩岸，它虽然进行缓慢，却有惊人的效果"①。让我们继续拓展自传课程理论与实践研究，为推动我国课程理论研究和深化基础教育课程改革探寻有益启示。同时，也让我们书写自己的教育自传，在心灵考古中反思自我、理解自我、悦纳自我、重建自我，进而过上一种自得其乐的教育生活。

---

① 朱建民.现代形上学的祭酒——怀特海.台北：允晨文化实业股份有限公司，1982：93.

参考文献

一、中文文献

[1] [苏] 阿·克拉斯诺夫斯基. 夸美纽斯的生平和教育学说 [M]. 陈侠，等译. 北京：人民教育出版社，1957.

[2] [奥] 阿尔弗雷德·舒茨. 社会世界的意义构成 [M]. 游淙祺，译. 北京：商务印书馆，2012.

[3] [奥] 阿尔弗雷德·舒兹. 舒兹论文集（第一册）[M]. 卢岚兰，译. 台北：桂冠出版公司，2002.

[4] [奥] 阿尔弗雷德·许茨. 社会实在问题 [M]. 霍桂桓，译. 杭州：浙江大学出版社，2011.

[5] [法] 阿尔弗雷德·格罗塞. 身份认同的困境 [M]. 王鲲，译. 北京：社会科学文献出版社，2010.

[6] [德] 埃德蒙德·胡塞尔. 欧洲科学的危机与超越论的现象学 [M]. 王炳文，译. 北京：商务印书馆，2001.

[7] [美] 埃利奥特W. 艾斯纳. 教育想象 [M]. 李雁冰，等译. 北京：教育科学出版社，2008.

[8] [美] 埃文·塞德曼. 质性研究中的访谈：教育与社会科学研究者指南 [M]. 周海涛，译. 重庆：重庆大学出版社，2009.

［9］［英］艾弗F·古德森. 专业知识与教师专业生涯［M］. 刘丽丽，译.
　　北京：北京师范大学出版社，2007.

［10］［美］艾伦·C. 奥恩斯坦. 课程：基础、原理和问题［M］. 柯森，
　　译. 南京：江苏教育出版社，2004.

［11］［英］艾沃·古德森. 环境教育的诞生［M］. 贺晓星，等译. 上海：
　　华东师范大学出版社，2001.

［12］［英］艾沃·古德森. 教师生活与工作的质性研究［M］. 蔡碧莲，
　　等译. 北京：教育科学出版社，2013.

［13］［美］爱莉诺·达克沃斯. 精彩观念的诞生［M］. 张华，等译. 北
　　京：高等教育出版社，2005.

［14］［德］安德烈亚斯·萨尔塞多. 父母全能［M］. 彭逸，译. 南京：江
　　苏人民出版社，2012.

［15］安桂清. 整体课程论［M］. 上海：华东师范大学出版社，2007.

［16］［巴］保罗·弗莱雷. 被压迫者教育学［M］. 顾建清，等译. 上海：
　　华东师范大学出版社，2007.

［17］［巴］保罗·弗累勒. 十封信——写给胆敢教书的人［M］. 熊婴，
　　等译. 南京：江苏人民出版社，2006.

［18］鲍磊. 社会学的传记取向：当代社会学进展的一种维度［J］. 社会，
　　2014（5）.

［19］曹明海. 语文教学解释学［M］. 济南：山东人民出版社，2007.

［20］车文博. 车文博文集（第六卷）［M］. 北京：首都师范大学出版
　　社，2010.

［21］车文博. 弗洛伊德主义原著选辑（上）［M］. 沈阳：辽宁人民出版
　　社，1988.

［22］陈伯璋. 潜在课程研究［M］. 台北：五南图书出版公司，1985.

［23］陈鼓应. 道家的人文精神［M］. 北京：中华书局，2012.

［24］陈向明. 质的研究方法与社会科学研究［M］. 北京：教育科学出版社，2000.

［25］陈雨亭. 把自我当作教育的出发点和落脚点［N］. 中国教育报，2011-9-27（5）.

［26］陈雨亭. 教师研究中的自传研究方法［D］. 上海：华东师范大学博士学位论文，2006.

［27］陈雨亭. 内向型校本教研［J］. 教育发展研究，2014（Z2）.

［28］陈雨亭. 内在声音的表达：中小学教育研究的重点［J］. 新课程，2007（8）.

［29］陈雨亭. 如何研究学校教育情境中的自我［J］. 全球教育展望，2009（5）.

［30］陈雨亭. 试论自传教育研究方法的功能［J］. 全球教育展望，2007（4）.

［31］陈雨亭. 试论自我分析式自传研究方法［J］. 全球教育展望，2012（4）.

［32］谌启标. 教师自传研究与专业成长［J］. 中国教育学刊，2006（8）.

［33］［日］川合康三. 中国的自传文学［M］. 蔡毅，译. 北京：中央编译出版社1999.

［34］丛立新. 知识、经验、活动与课程的本质［J］. 北京师范大学学报：社会科学版，1998（4）.

［35］［美］大卫·科珀. 存在主义［M］. 孙小玲，等译. 上海：复旦大学出版社，2012.

［36］代琴. 自传课程：穿越成人生活世界的教育之旅［J］. 当代教师教育，2010（4）.

［37］［美］戴维·博姆. 论对话［M］. 王松涛，译. 北京：教育科学出版社，2007.

[38]［美］丹尼尔·夏克特. 找寻逝去的自我［M］. 高申春，译. 长春：吉林人民出版社，2011.

[49]单文经. 课程与教学新论［M］. 台北：心理出版社，2004.

[40]［德］狄尔泰. 历史理性批判手稿［M］. 陈锋，译. 上海：上海译文出版社，2012.

[41]丁念金. 课程论［M］. 福州：福建教育出版社，2007.

[42]［美］杜普伊斯. 历史视野中的西方教育哲学［M］. 朱承，彭正梅，译. 北京：北京师范大学出版社，2008.

[43]［美］杜维明. 东亚价值与多元现代性［M］. 北京：中国社会科学出版社，2001.

[44]［德］恩斯特·卡西尔. 人论［M］. 甘阳，译. 上海：上海译文出版社，1986.

[45]［德］Γ. 克罗恩. 教学论基础［M］. 李其龙，等译. 北京：教育科学出版社，2006.

[46]樊亚峤. 儒学课程思想的后现代转向［D］. 重庆：西南大学博士学位论文，2011.

[47]樊亚峤，靳玉乐. 儒家教育中的主体自觉精神及其现代路向［J］. 西南大学学报：社会科学版，2011（9）.

[48]方立天. 禅宗概要［M］. 北京：中华书局，2011.

[49]方明生. 日本生活作文教育研究［D］. 上海：华东师范大学博士学位论文，1998.

[50]［法］菲利普·勒热讷. 自传契约［M］. 杨国政，译. 北京：三联书店，2001.

[51]冯建军. 论教育学的生命立场［J］. 教育研究，2006（3）.

[52]冯加渔. 赫尔巴特课程思想研究［D］. 武汉：华中科技大学硕士学位论文，2011.

［53］冯加渔. 论非结构化教学［J］. 课程·教材·教法，2013（4）.

［54］冯友兰. 中国哲学史［M］. 北京：北京大学出版社，2011.

［55］傅敏. 课程本体论：概念、意义与构建［J］. 西北师范大学学报：社会科学版，2004（3）.

［56］［德］伽达默尔. 哲学解释学［M］. 夏镇平，等译. 上海：上海译文出版社，2004.

［57］高清海. 人的"类生命"与"类哲学"［M］. 长春：吉林人民出版社，2006.

［58］顾林正. 从个体知识到社会知识——罗蒂的知识论研究［M］. 上海：上海人民出版社，2010.

［59］郭晓明. 课程知识与个体精神自由［M］. 北京：教育科学出版社，2005.

［60］郭元祥. 课程设计与学生生活的重建［J］. 教育科学研究，2000（5）.

［61］［德］哈贝马斯. 认识与兴趣［M］. 郭官义，等译. 上海：学林出版社，2002.

［62］［美］海尔曼·萨特康普. 罗蒂和实用主义［M］. 张国清，译. 北京：商务印书馆，2003.

［63］何炳棣. 读史阅世六十年［M］. 桂林：广西师范大学出版社，2009.

［64］［英］赫·斯宾塞. 斯宾塞教育论著选［M］. 胡毅，等译. 北京：人民教育出版社，1997.

［65］［美］赫伯特·施皮格伯格. 现象学运动［M］. 王炳文，译. 北京：商务印书馆，2011.

［66］［德］赫尔巴特. 普通教育学·教育学讲授纲要［M］. 李其龙，译. 北京：人民教育出版社，1989.

［67］［美］亨利·吉鲁. 教师作为知识分子［M］. 朱红文，译. 北京：教

育科学出版社，2006.

［68］洪汉鼎. 何谓现象学的"事情本身"（上）［J］. 学术月刊，2009
（6）.

［69］洪汉鼎. 诠释学——它的历史和当代发展［M］. 北京：人民出版
社，2001.

［70］胡春光，王坤庆. 自传文本课程：历史背景、理论基础与课程诉求
［J］. 教育研究与实验，2011（3）.

［71］黄光雄，蔡清田. 课程发展与设计［M］. 台北：五南图书出版公
司，2009.

［72］［法］加斯东·巴什拉. 梦想的诗学［M］. 刘自强，译. 北京：三联
书店，1996.

［73］［加］简·克兰迪宁，迈克尔·康纳利. 叙事探究——质的研究中的
经验和故事［M］. 张园，译. 北京：北京大学出版社，2008.

［74］姜同河，杨道宇. 派纳存在体验课程的理论逻辑及其批判［J］. 外国
教育研究，2010（4）.

［75］姜勇. 个人生活史与教师发展初探［J］. 外国中小学教育，2004
（3）.

［76］［美］杰恩·弗利纳. 课程动态学——再造心灵［M］. 吕联芳，等
译. 北京：教育科学出版社，2013.

［77］［美］杰罗姆·布鲁纳. 故事的形成［M］. 孙玫璐，译. 北京：教育
科学出版社，2006.

［78］靳玉乐，罗生全. 课程理论的文化自觉［J］. 教育研究，2008（6）.

［79］金生鈜. 理解与教育［M］. 北京：教育科学出版社，2011.

［80］［加］瑾·克兰迪宁. 叙事探究——焦点话题与应用领域［M］. 鞠
玉翠，译. 北京：北京师范大学出版社，2012.

［81］［加］瑾·克兰迪宁. 叙事探究——原理、技术与实例［M］. 鞠玉

翠，译. 北京：北京师范大学出版社，2012.

［82］［英］卡尔·波普尔. 客观知识——一个进化论的研究［M］. 舒炜光，译. 上海：上海译文出版社，1987.

［83］［美］卡尔·罗杰斯. 罗杰斯著作精粹［M］. 刘毅，等译. 北京：中国人民大学出版社，2006.

［84］［德］卡尔·雅斯贝尔斯. 大哲学家［M］. 李雪涛，主译. 北京：社会科学文献出版社，2008.

［85］［德］卡尔·雅斯贝尔斯. 什么是教育［M］. 邹进，译. 北京：三联书店，1991.

［86］［法］卡伦·霍妮. 神经症与人性的成长［M］. 陈超然，等译. 上海：上海锦绣文章出版社，2008.

［87］［美］卡罗尔·吉利根. 不同的声音［M］. 肖巍，译. 北京：中央编译出版社，1999.

［88］［英］凯瑟琳·波克. 我喜欢的学校——通过孩子们的心声反思当今教［M］. 祝丽莉，等译. 北京：中国轻工业出版社，2006：120.

［89］［美］克里斯·阿吉里斯. 行动科学［M］. 夏林清，译. 北京：教育科学出版社，2012.

［90］［印］克里希那穆提. 教育就是解放心灵［M］. 张春城，等译. 北京：九州出版社，2010.

［91］［捷］夸美纽斯. 大教学论·教学法解析［M］. 任钟印，译. 北京：人民教育出版社，2011.

［92］［捷］夸美纽斯. 夸美纽斯教育论著选［M］. 任钟印，等译. 北京：人民教育出版社，1991.

［93］［美］拉尔夫·泰勒. 课程与教学的基本原理［M］. 罗康，等译. 北京：中国轻工业出版社，2008.

［94］黎淑燕. 教育自传：保存自己教育信念的教育经历［J］. 人民教育，

2003（Z3）.

［95］李臣之，郭晓明. 西方课程理论思潮［M］. 北京：人民教育出版社，2012.

［96］［美］李恩富. 我在中国的童年［M］. 刘畅，译. 福州：福建教育出版社，2013.

［97］李家成. 关怀生命：当代中国学校教育价值取向探［M］. 北京：教育科学出版社，2006.

［98］李淑梅. 以兴趣为导向的认识论［J］. 南开学报：哲学社会科学版，2007（1）.

［99］李文阁. 回归现实生活世界［M］. 北京：中国社会科学出版社，2002.

［100］李雁冰. 论中小学科学探究学习的评价问题［J］. 全球教育展望，2009（11）.

［101］李雁冰. 我国科学课程教学的困境与超越［J］. 教育研究与实验，2012（5）.

［102］李瑜青. 论存在主义人学研究的特征［J］. 学术界，1989（3）.

［103］李召存. 知识的意义性及其在教学中的实现［J］. 中国教育学刊，2006（2）.

［104］李子健，黄显华. 课程：范式、取向、设计［M］. 香港：香港中文大学出版社，2002.

［105］［苏］列夫·维果茨基. 思维与语言［M］. 李维，译. 杭州：浙江教育出版社，1998.

［106］联合国教科文组织. 学会生存［M］. 赵中建，等译. 北京：教育科学出版社，2009.

［107］梁福镇. 改革教育学［M］. 台北：五南出版公司，2004.

［108］廖哲勋. 我对当代课程本质的看法（上）［J］. 课程·教材·教法，

2006（7）.

［109］廖哲勋. 我对当代课程本质的看法（下）［J］. 课程·教材·教法，2006（8）.

［110］林语堂. 林语堂自传［M］. 南京：江苏文艺出版社，1995.

［111］刘良华. 改变教师日常生活的"叙事研究"［J］. 全球教育展望，2003（4）.

［112］刘良华. 教育行动研究：解释学的观点［J］. 教育理论与实践，2001（11）.

［113］刘良华. 教育研究方法（第2版）［M］. 上海：华东师范大学出版社，2014.

［114］刘良华. 教育自传［M］. 北京：高等教育出版社，2010.

［115］刘良华. 教育自传中的个人知识［J］. 北大教育评论，2008（1）.

［116］刘良华. 叙事教育学［M］. 上海：华东师范大学出版社，2011.

［117］［法］卢梭. 忏悔录［M］. 李平沤，译. 北京：商务印书馆，1986.

［118］［美］鲁迪·拉各斯. 知识优势［M］. 吕巍，等译. 北京：机械工业出版社，2002.

［119］鲁洁. 教育：人之自我建构的实践活动［J］. 教育研究，1998（9）.

［120］鲁洁. 人对人的理解：道德教育的基础［J］. 教育研究，2000（7）.

［121］鲁洁. 一个值得反思的教育信条：塑造知识人［J］. 教育研究，2004（6）.

［122］陆忆松. 教育自传中老一代优秀外语教师的素质研究［J］. 浙江教育学院学报，2010（1）.

［123］陆有铨. 现代西方教育哲学［M］. 北京：北京大学出版社，2012.

［124］陆有铨. 躁动的百年［M］. 济南：山东教育出版社，1997.

255

［125］［美］罗伯特·索科拉夫斯基. 现象学导论［M］. 高秉江，译. 武汉：武汉大学出版社，2009.

［126］［美］罗伯特·塔利斯. 杜威［M］. 彭国华，译. 北京：中华书局，2014.

［127］［英］罗素. 人类的知识［M］. 张金言，译. 北京：商务印书馆，2010.

［128］［美］罗森塔尔，雅各布森. 课堂中的皮格马利翁［M］. 唐晓杰，等译. 北京：人民教育出版社，2010.

［129］［德］马丁·布伯. 人与人［M］. 张健，等译. 北京：作家出版社，1992.

［130］［德］马丁·海德格尔. 存在于时间［M］. 陈嘉映，等译. 北京：三联书店，1980.

［131］［德］马丁·海德格尔. 林中路［M］. 孙周兴，译. 上海：上海译文出版社，2012.

［132］［加］马克斯·范梅南等. 儿童的秘密［M］. 陈慧黠，等译. 北京：教育科学出版社，2012.

［133］［加］马克斯·范梅南. 生活体验研究［M］. 宋广文，译. 北京：教育科学出版社，2000.

［134］［美］马斯洛. 自我实现的人［M］. 许金声，等译. 北京：三联书店，1987.

［135］［美］迈克尔·W. 阿普尔. 被压迫者的声音［M］. 罗燕，等译. 上海：华东师范大学出版社，2006.

［136］［美］迈克尔·波兰尼. 个人知识——迈向后批判哲学［M］. 许泽民，译. 贵阳：贵州人民出版社，2000.

［137］［美］迈克尔·波兰尼. 科学、信仰与社会［M］. 王靖华，译. 南京：南京大学出版社，2004.

［138］［美］迈克尔·波兰尼. 社会、经济和哲学——波兰尼文选［M］. 彭锋，等译. 北京：商务印书馆，2006.

［139］孟非. 随遇而安［M］. 杭州：浙江文艺出版社，2011.

［140］蒙培元. 中国哲学主体思维［M］. 北京：人民出版社，2005.

［141］牟宗三. 中西哲学之会通十四讲［M］. 上海：上海世纪出版集团，2008.

［142］牟宗三. 中国哲学的特质［M］. 长春：吉林出版集团有限责任公司，2010.

［143］［美］米切尔. 弗洛伊德及其后继者［M］. 陈祉妍，译. 北京：商务印书馆，2007.

［144］［法］米歇尔·福柯. 规训与惩罚［M］. 刘北成，杨远婴，译. 北京：三联书店，2003.

［145］［美］内尔·诺丁斯. 关怀现象学［J］. 中国德育，2006（2）.

［146］［美］内尔·诺丁斯. 学会关心［M］. 于天龙，译. 北京：教育科学出版社，2004.

［147］［美］奈尔·诺丁斯. 教育哲学［M］. 许立新，译. 北京：北京师范大学出版社，2009.

［148］［美］诺曼·K·邓金. 解释性交往行动主义［M］. 周勇，译. 重庆：重庆大学出版社，2004.

［149］欧用生. 课程理论与实践［M］. 台北：学富文化事业有限公司，2006.

［150］欧用生. 课程研究新视野［M］. 台北：师大书苑，2010.

［151］［加］帕克·帕尔默. 教学勇气［M］. 吴国珍，译. 上海：华东师范大学出版社，2011.

［152］彭正梅. 德国教育学概观［M］. 北京：北京大学出版社，2011.

［153］彭正梅. 现代西方教育哲学的历史考察［M］. 上海：上海教育出

版社，2010.

［154］钱穆.晚学盲言（下）［M］.北京：三联书店，2005.

［155］［美］乔纳森·布朗.自我［M］.陈浩莺，等译.北京：人民邮电出版社，2004.

［156］［美］乔治·H.米德.心灵、自我与社会［M］.赵月瑟，译.上海：上海译文出版社，1997.

［157］［美］琼·温克.批判教育学——来自真实世界的笔记［M］.路旦俊，译.长沙：湖南教育出版社，2008.

［158］［英］R.D.莱恩.分裂的自我［M］.林和生，等译.贵阳：贵州出版社，1994.

［159］［法］让·华尔.存在主义简史［M］.马清槐，译.北京：商务印书馆，1964.

［160］［法］让·皮亚杰 发生认识论原理［M］.王宪钿，译.北京：商务印书馆，1981.

［161］［法］让-保罗·萨特.存在主义是一种人道主义［M］.周煦良，译.上海：上海译文出版社，1988.

［162］［法］让-保罗·萨特.萨特思想小品［M］.黄忠晶，译.上海：上海社会科学院出版社，1999.

［163］［法］让-保罗·萨特.萨特自述［M］.黄忠晶，译.郑州：河南人民出版社，2000.

［164］［法］让-弗朗索瓦·利奥塔.后现代状态：关于知识的报告［M］.车槿山，译.南京：南京大学出版社，2011.

［165］任钟印.西方近代教育论著选［M］.北京：人民教育出版社，2001.

［166］戎庭伟.论教育空间中儿童的主体化：福柯之眼［D］.杭州：浙江大学博士学位论文，2011.

［167］石中英. 波兰尼的知识理论及其教育意义［J］. 华东师范大学学报：教育科学版，2001（6）.

［168］石中英. 教育学的文化性格［M］. 太原：山西教育出版社，2007.

［169］石中英. 知识转型与教育改革［M］. 北京：教育科学出版社，2001.

［170］［瑞］S. 马克隆德. 教育史［M］. 张斌贤，译. 西南师范大学出版社，2011.

［171］时延辉. 威廉·派纳的自传式课程理论研究［D］. 重庆：西南大学硕士学位论文，2006.

［172］［奥］斯蒂芬·茨威格. 昨日的世界：一个欧洲人的回忆［M］. 舒昌善，等译. 桂林：广西师范大学出版社，2004.

［173］［奥］斯台芬·茨威格. 描述自我的三作家［M］. 关惠文，译. 北京：华夏出版社，2004.

［174］宋学丰. 存在主义视野下学生观的观照与反思［D］. 沈阳：沈阳师范大学硕士学位论文，2013.

［175］苏鸿. 课程探究的人学之维［J］. 湖南师范大学教育科学学报，2007（2）.

［176］［瑞］T. 胡森 等. 教育大百科全书（第七卷）［M］. 丛立新，等译. 重庆：西南师范大学出版社，2006.

［177］［印］泰戈尔. 泰戈尔谈教育［M］. 白开元，译. 北京：商务印书馆，2013.

［178］唐芬芬. 学徒观察期师范生实践知识的形成与发展探究［J］. 现代教育科学，2014（5）.

［179］［美］唐纳德·舍恩. 反映的实践者［M］. 夏林清，译. 北京：教育科学出版社，2007.

［180］田平. 窄记忆和宽知识［J］. 自然辩证法，2008（4）.

［181］佟德.提出研究假设的作用［J］.教育科学研究，2006（1）.

［182］屠莉娅.课程研究的学科化与国际化［J］.全球教育展望，2008（12）.

［183］汪霞.建构课程的新理念—派纳课程思想研究［J］.全球教育展望，2003（8）.

［184］汪霞.课程研究：从现代到后现代［D］.上海：华东师范大学博士学位论文，2002.

［185］汪霞.课程研究：现代与后现代［M］.上海：上海科技教育出版社，2005.

［186］王成兵.一位真正的美国哲学家［M］.北京：中国社会科学出版社，2007.

［187］王牧华.课程研究的生态主义向度［D］.重庆：西南大学博士学位论文，2004.

［188］王锁栓.教育自传视角下的教学课堂构建：反思与洞见［J］.内蒙古师范大学学报，2013（12）.

［189］王鉴.课堂生活及其变革研究［J］.课程·教材·教法，2013（4）.

［190］［美］威廉·雷诺兹.课程理论新突破［M］.张文军，译.杭州：浙江教育出版社，2008.

［191］［美］威廉·派纳.课程：走向新的身份［M］.陈时见，等译，北京：教育科学出版社，2008.

［192］［美］威廉·派纳.理解课程（上）［M］.张华，等译.北京：教育科学出版社，2003.

［193］［美］威廉·派纳.理解课程（下）［M］.张华，等译.北京：教育科学出版社，2003.

［194］［美］威廉·派纳.自传、政治与性别［M］.陈雨亭，等译.北

京：教育科学出版社，2007.

［195］［美］威廉·斯潘诺斯. 教育的终结［M］. 王成兵，亓校盛，等译. 南京：江苏人民出版社，2006.

［196］［美］威廉·托德·舒尔茨. 心理传记学手册［M］. 郑剑虹，等译. 广州：暨南大学出版社，2011.

［197］［日］尾关周二. 共生的理想［M］. 卞崇道，等译. 北京：中央编译出版社，1996.

［198］魏建培. 教师专业成长途径：教育自传［J］. 教师教育研究，2009（3）.

［199］［德］沃尔夫冈·布列钦卡. 教育科学的基本概念［M］. 胡劲松，译. 上海：华东师范大学出版社，2001.

［200］吴式颖，任钟印. 外国教育思想通史（第八卷）［M］. 长沙：湖南教育出版社，2002.

［201］吴康宁. 课堂教学社会学［M］. 南京：南京师范大学出版社，1999.

［202］［德］西格蒙德·弗洛伊德. 弗洛伊德后期著作选［M］. 林尘，等译. 上海：上海译文出版社，2005.

［203］［德］西格蒙德·弗洛伊德. 弗洛伊德文集·性爱与文明［M］. 夏光明，等译. 合肥：安徽文艺出版社，1996.

［204］［德］西格蒙德·弗洛伊德. 精神分析引论［M］. 高觉敷，译. 北京：商务印书馆，1986.

［205］［德］希尔伯特·迈尔. 课堂教学方法（理论篇）［M］. 尤岚岚，译. 上海：华东师范大学出版社，2011.

［206］［美］小威廉姆·E·多尔. 后现代课程观［M］. 王红宇，译. 北京：教育科学出版社，2006.

［207］［美］小威廉姆·E·多尔. 课程愿景［M］. 张文军，译. 北京：教

育科学出版社，2008.

［208］［加］肖恩·加拉格尔. 解释学与教育［M］. 张光陆，译. 上海：华东师范大出版社，2009.

［209］谢邦秀，熊和平. 教学自传研究及其方法论立场［J］. 教育发展研究，2014（10）.

［210］谢登斌. 当代美国课程话语研究［D］. 上海：华东师范大学博士学位论文，2005.

［211］辛继湘. 新课程与教学价值观的重建［J］. 课程·教材·教法，2003（4）.

［212］熊和平. 课程、知识与认识论［J］. 教育理论与实践，2005（7）.

［213］熊和平. 课程：从圈养到游牧再到传记［J］. 比较教育研究，2004（11）.

［214］熊和平. 课程与生活［D］. 长沙：湖南师范大学博士学位论文，2007.

［215］熊和平. 知识、身体与学校教育：自传视角［J］. 教育学报，2014（6）.

［216］熊和平. 学生身体与教育真相［M］. 杭州：浙江大学出版社，2014.

［217］徐崇温. 存在主义哲学［M］. 北京：中国社会科学出版社，1986.

［218］许芳懿. William Pinar课程理解典范之探究［D］. 高雄：高雄师范大学博士学位论文，2005.

［219］许芳懿. 存在体验课程与自传［J］. 教育研究学报，2010（1）.

［220］许锡良. "教育自传"的正效应［N］. 中国教育报，2008-4-30（10）.

［221］［古希腊］亚里士多德. 尼各马可伦理学［M］. 廖申白，译. 北京：商务印书馆，2010.

［222］［美］亚瑟·K. 埃利斯. 课程理论及其实践范式［M］. 张文军，译. 北京：教育科学出版社，2007.

［223］杨小微. 课程：学生个体精神生命成长的资源［J］. 华中师范大学学报：社会科学版，2006（5）.

［224］叶澜，郑金洲. 教育理论与学校实践［M］. 北京：高等教育出版社，2001.

［225］［美］伊恩·伯基特. 社会性自我［M］. 李康，译. 北京：北京大学出版社，2012.

［226］殷鼎. 理解的命运［M］. 北京：三联书店，1988

［227］［法］于丽娅·克里斯特娃. 反抗的未来［M］. 黄晞耘，译. 桂林：广西师范大学出版社，2007.

［228］余文森. 个体知识与公共知识［M］. 北京：教育科学出版社，2010.

［229］余英时. 论天人之际［M］. 北京：中华书局，2014.

［230］郁振华. 克服客观主义：波兰尼的个体知识论［J］. 自然辩证法通讯，2002（1）.

［231］郁振华. 人类知识的默会维度［M］. 北京：北京大学出版社，2012.

［232］袁雪生. 追求诗性与真实的统一：论自传中的自我书写问题［J］. 社会科学家，2008（1）.

［233］［美］约翰·S. 布鲁巴克. 教育问题史［M］. 单中惠，等译. 济南：山东教育出版社，2012.

［234］［美］约翰·W. 克里斯韦尔. 质的研究及其设计：方法与选择［M］. 余东升，译. 青岛：中国海洋出版社，2009.

［235］［美］约翰·杜威. 杜威教育文集（第五卷）［M］. 吕达，等译. 北京：人民教育出版社，2008.

［236］［美］约翰·杜威. 经验与自然［M］. 傅统先, 译. 南京: 江苏教育出版社, 2005.

［237］［美］约翰·杜威. 确定性的寻求［M］. 傅统先, 译. 上海: 世纪出版集团, 2005.

［238］［美］约翰·杜威. 民主主义与教育［M］. 王承绪, 译. 北京: 人民教育出版社, 2008.

［239］［美］约翰·杜威. 学校与社会·明日之学校［M］. 赵祥麟, 等译. 北京: 人民教育出版社, 2008.

［240］［美］约翰·加尔文. 基督教要义［M］. 钱曜诚, 等译. 北京: 三联书店, 2010.

［241］［美］约翰·麦克尼尔. 课程导论（第六版）［M］. 谢登斌, 等译. 北京: 中国轻工业出版社, 2007.

［242］［美］约翰·温斯雷德. 学校里的叙事治疗［M］. 曾立芳, 译. 北京: 中国轻工业出版社, 2014.

［243］［美］约翰·古德莱德. 学校罗曼诗: 一种教育的人生［M］. 周志平, 等译. 北京: 教育科学出版社, 2010.

［244］［美］约翰·里克曼. 弗洛伊德著作选［M］. 贺明明, 译. 成都: 四川人民出版社, 1986.

［245］［美］约瑟夫·施瓦布. 科学、课程与通识教育［M］. 郭元祥, 等译. 北京: 中国轻工业出版社, 2008.

［246］张海钟. 精神分析学派与女性心理学的发展［M］. 兰州: 兰州大学出版社, 2006.

［247］张华, 石伟平, 马庆发. 课程流派研究［M］. 济南: 山东教育出版社, 2000.

［248］张华. 活动课程的"概念重建主义"理论探究［J］. 外国教育资料, 1996（1）.

［249］张华. 经验课程论［M］. 上海：上海教育出版社，2004.

［250］张华. 经验课程研究［D］. 上海：华东师范大学博士学位论文，1998.

［251］张华. 论课程领导［J］. 教育发展研究，2014（2）.

［252］张华. 美国当代"存在现象学"课程理论初探［J］. 外国教育资料，1997（5）.

［253］张华. 研究性教学论［M］. 上海：华东师范大学出版社，2010.

［254］张华. 走向课程理解：西方课程理论新进展［J］. 全球教育展望，2001（7）.

［255］张华. 走向儒学课程观［J］. 全球教育展望，2004（10）.

［256］张荣伟. 我们需要怎样的教育［M］. 北京：教育科学出版社，2012.

［257］张汝伦. 哲学释义学，还是意识形态批判？［J］. 福建论坛，1987（3）.

［258］张淑华，李海莹，刘芳. 身份认同研究综述［J］. 心理研究，2012（5）.

［259］张世英. 天人之际［M］. 北京：人民出版社，2005.

［260］张载. 张载集［M］. 北京：中华书局，1978.

［261］赵白生. 传记文学理论［M］. 北京：北京大学出版社，2014.

［262］赵敦华. 西方哲学简史［M］. 北京：北京大学出版社，2001.

［263］赵万里. 符号互动论视野下的科学社会研究［J］. 自然辩证法通讯，2007（6）.

［264］［美］珍妮特·米勒. 打破沉默之声：女性、自传与课程［M］. 王红宇，等译. 北京：教育科学出版社，2008.

［265］中正大学教育学研究所. 教育学研究方法论文集［M］. 台北：丽文文化事业公司，1999.

[266] 钟鸿铭. William Pinar自传式课程研究法之探析 [J]. 课程与教学研究季刊, 2008 (11).

[267] 钟启泉. 现代课程论 [M]. 上海: 上海教育出版社, 1989.

[268] 钟启泉. 课程的逻辑 [M]. 上海: 华东师范大学出版社, 2008.

[269] 钟志贤. 面向知识时代的教学设计框架 [D]. 上海: 华东师范大学博士论文, 2004.

[270] 周国平. 岁月与性情——我的心情自传 [M]. 北京: 人民文学出版社, 2009.

[271] 朱建民. 现代形上学的祭酒——怀特海 [M]. 台北: 允晨文化实业股份有限公司, 1982.

[272] [法] 朱丽娅·克里斯特瓦. 反抗的意义和非意义 [M]. 林晓, 译. 长春: 吉林出版有限责任公司, 2009.

[273] 邹进. 现代德国文化教育学 [M]. 太原: 山西教育出版社, 1992.

[274] [日] 佐藤学. 学习的快乐——走向对话 [M]. 钟启泉, 译. 北京: 教育科学出版社, 2004.

[275] [日] 佐藤正夫. 教学原理 [M]. 钟启泉, 译. 北京: 教育科学出版社, 2002.

二、外文文献

[1] Charles Taylor. *Sources of the Self: The Making of the Modern Identity* [M]. Boston: Harvard University Press, 1989.

[2] Chela Snadoval. *Methodology of the Oppressed* [M]. Minneapolis: University of Minnesota Press, 2000.

[3] Clandinin, D. Jean, *Connelly, F. Michael. Narrative Inquiry: Experience and Story in Qualitative Research* [M]. San Francisco: Jossey-Bass Publishers, 2010.

［4］Colin J. Marsh, George Willis. *Curriculum: Alternative Approaches, Ongoing Issues*（*3rd Edition*）［M］. New Jersey: Prentice-Hall, 2003.

［5］Colin J. Marsh. *Key Concepts for Understanding Curriculum*［M］. London: Routledge, 2004.

［6］Craig Kridel. *Encyclopedia of Curriculum Studies*［M］. New York: SAGE Publications, 2010.

［7］Craig Kridel. *Writing Educational Biography*［M］. New York: Routledge Press, 1998.

［8］Daniel Tanner, Laurel N. Tanner. *Emancipation from Research: The Reconceptualist Prescription*［J］. Educational Researcher, 1979（6）.

［9］David Hamilton. *On the Origins of the Educational Terms Class and Curriculum*［A］. Bernadette Baker. New Curriculum History［C］. Rotterdam: Sense, 2009.

［10］E. C. Wragg. *The Cubic Curriculum*［M］. New York: Routledge, 1997.

［11］Edwin Stiller. *Dialogische Fachdidaktik Band*［M］. Paderborn: Sch: ningh. 1999.

［12］Evanthia Lyons. *Analysing Qualitative Data in Psychology*［M］. London: Sage Publication. 2007.

［13］F. Michael Connelly, D. Jean Clandinin. *Teachers as Curriculum Planners: Narratives of Experience*［M］. New York: Teachers College Press, 1988.

［14］F. Michael Connelly. *The Sage Handbook of Curriculum and Instruction*［M］. New York: SAGE Publications, 2007.

［15］George Lakoff, Mark Johnson. *Metaphors We Live By*［M］. Chicago: The University of Chicago Press, 2003.

267

［16］Harold . B. Alberty. *Reorganizing the High-School Curriculum* ［M］. New York: Macmillan, 1962.

［17］Irving Alexander. *Personality, psychological assessment, and psychobiography* ［J］. Journal of Personality, 1988（3）.

［18］Ivor F. Goodson. *Biography, Identity and Schooling* ［M］. London: The Falmer Press, 1991.

［19］Ivor F. Goodson. *The Making of Curriculum* ［M］. London: The Falmer Press, 1988.

［20］Linda Anderson. *Autobiography* ［M］. New York: Routledge Press, 2007.

［21］Luther H. Martin. *Technologies of the Self* ［M］ Amherst: University of Massachusetts Press, 1988.

［22］M. Grumet. *Autobiography and Reconceptualization* ［J］. The Journal of Curriculum Theorizing, 1981（2）.

［23］Marilyn N. Doerr. *Currere and the Environmental Autobiography* ［M］. New York: Peter Lang Publishers, 2004.

［24］Max Van Manen. *Researching Lived Experience* ［M］. New York: State University of New York Press,1990.

［25］Mitrano, B. *Feminism and Curriculum Theory: Implications for Teacher Education* ［J］. Journal of Curriculum Theorizing, 1981（2）.

［26］Nel Noddings. *The Challenge to Care in Schools: An Alternative Approach to Education*（*Second Edition*）［M］. New York: Teachers College Press, 2005.

［27］Noel Gough. *Surpassing Our Own Histories: Autobiographical Methods for Environmental Education Research* ［J］. Environmental Education Research, 1999（5）.

［28］Norman K. Denzin. *Interpretive Biography* ［M］. London: SAGE Publications, 1989.

［29］P. Trifonas. *Revolutionary Pedagogies: Cultural Politics, Instituting Education, and the Discourse of Theory* ［M］. New York: Peter Lang, 2000.

［30］Pattie C. S. Burke. *Women and Pedagogy: Education Through Autobiographical Narrative* ［M］. New York: Educator's International Press, 2009.

［31］Paul Freire. *Pedagogy of the Oppressed* ［M］. Harmondsworth: Penguin, 1972.

［32］Ralph W. Tyler. *Basic Principles of Curriculum and Instruction* ［M］. Chicago: The University of Chicago Press, 1949.

［33］Rene Descartes. *Discourse on Method* ［M］. Indianapolis: Hackett Publishing Company, 1998.

［34］Robert Folkeflik. *The Culture of Autobiography* ［M］. Stanford: Stanford University Press, 1993.

［35］Robert J. Graham. *Currere and Reconceptualism: the Progress of the Pilgrimage 1975−1990* ［J］. Journal of Curriculum Studies, 1992 (1).

［36］Robert J. Graham. *Reading and Writing the Self: Autobiography in Education and the Curriculum* ［M］. New York: Teachers College Press, 1991.

［37］Sara Delamont. *Handbook of Qualitative Research in Education* ［M］. Cheltenham: Edward Elgar, 2012.

［38］Sartre Jean−Paul. *Essays in Existentialism* ［M］. Secaucus: Citadel Press, 1977.

［39］Schubert, W. H. *Currere and Disciplinarity in Curriculum Studies:*

Possibilities for Education Research ［J］. Educational Researcher, 2009
（2）.

［40］Stephen S. Triche. *Reconceiving Curriculum: An Historical Approach*
［D］. Baton Rouge: Louisiana State University, 2002.

［41］W. Schubert. *Reflections From the Heart of Education Inquiry* ［M］.
Albany: State University of New York Press，1991.

［42］William E. Doll. *A Post-Modern Perspective on Curriculum* ［M］.
New York: Teachers College Press, 1993.

［43］William E. Doll. *Chaos, Complexity, Curriculum, and Culture: A
Conversation* ［M］. New York: Peter Lang Publishing, 2006.

［44］William E. Doll. *Curriculum Visions* ［M］. New York: Peter Lang,
2002.

［45］William F. Pinar. *Heightened Consciousness, Cultural Revolution and
Curriculum Theory* ［M］. Berkeley: McCutchan, 1974.

［46］William F. Pinar. *Curriculum Theorizing: The Reconceptualists* ［M］.
Berkeley: McCutchan Publishing Corporation, 1975.

［47］William F. Pinar, M. R. Grumet. *Toward a Poor Curriculum* ［M］.
Dubuque: Kendall Publishing, 1976.

［48］William F. Pinar. *Autobiography, Politics and Sexuality* ［M］. New
York: Peter Lang, 1994.

［49］William F. Pinar. *Curriculum: Toward New Identities* ［M］. New York:
Routledge, 1998.

［50］William F. Pinar. *Contemporary Curriculum Discourses* ［M］. New
York: Peter Lang, 1999.

［51］William F. Pinar. *Understanding Curriculum* ［M］. New York: Peter
Lang, 2002.

[52] William F. Pinar. *What is Curriculum Theory?* [M] . New York: Routledge, 2004.

[53] William F. Pinar. *Curriculum in a New Key: The Collected Works of Ted T. Aoki* [M] . New York: Lawrence Erlbaum, 2005.

[54] William F. Pinar. *The Synoptic Text Today and Other Essays* [M] . New York: Peter Lang, 2006.

[55] William F. Pinar. *Internationalism in Curriculum Studies* [J] . Pedagogies: An International Journal, 2006 (1) .

[56] William F. Pinar. *Relocating Cultural Studies into Curriculum Studies* [J] . JCT, 2006 (2) .

[57] William F. Pinar. *Intellectual Advancement Through Disciplinarity* [M] . New York: Sense Publishers, 2008.

[58] William F. Pinar. *The Worldliness of a Cosmopolitan Education: Passionate Lives in Public Service* [M] . New York: Routledge, 2009.

[59] William F. Pinar. *The Unaddressed 'I' of Ideology Critique* [J] . Power and Education, 2009 (2) .

[60] William F. Pinar. *The Character of Curriculum Studies: Bildung, Currere, and the Recurrent Question of the Subject* [M] . New York: Palgrave Macmillan,2011.

[61] William F. Pinar. *What is Curriculum Theory?* (*second edition*) [M] . New York: Routledge, 2012.

[62] William F. Pinar. *Curriculum Studies in the United States* [M] . New York: Palgrave Macmillan, 2012.

[63] William H. Schubert. *Curriculum: Perspective, Paradigm and Possibility* [M] . New York: Macmillan College Publishing Company, 1986.

[64] William M. Reynolds. *Expanding Curriculum Theory* [M] . Mahwah:

271

Lawrence Erlbaum Associates, 2004.

三、电子文献

［1］给教育部部长的一封信［EB/OL］. http://www.zww.cn/zuowen/569450.html.

［2］［法］加尔文. 基督教要义（第三卷）［EB/OL］. http://www.jidujiao.com/shuku/files/artic/full/0/333.html

［3］人民网. 24岁女老师自杀　遗书称被学生威胁"累垮了"［EB/OL］. http://edu.ifeng.com/news/de_2012_06/05/15053442_0.shtml

［4］搜狐博客. 上行下效——领导怎么压迫我们，我们就怎么压迫学生［EB/OL］. http://wosicun.blog.sohu.com/161737388.html

［5］石定乐. "都云作者痴"［EB/OL］. http://www.uus8.org/a/2/0525/003.htm

［6］网易新闻. 小学女生喝药自杀　遗书称：是老师她逼我的［EB/OL］. http://news.163.com/10/0529/01/67QKURO700014AED.html

［7］吴增定. 回到事情本身？——略述胡塞尔"自我"概念的演进［EB/OL］. http://www.aisixiang.com/data/32348.html? page=6

［8］张海鹰. 山西一高中生捅杀老师　称让人意识到老师的混蛋［EB/OL］. http://news.163.com/08/1021/04/4OOIC8TH00011229.html

［9］庄启文. 学校本位课程发展中的课程领导与课程再概念化［EB/OL］. http://www.docin.com/p-840335295.html

272

后　记

　　恰如本套"儿童学研究丛书"主编张华教授所言："教育学即儿童学。只有当广大教师乃至全社会学会捍卫儿童权利、理解儿童认识并探究儿童方法的时候，中国社会才有希望。"本书所述即是笔者关于理解儿童认识并探究儿童方法的初步尝试。

　　于我而言，书稿虽已落笔完成，但学术研究才渐起帷幕。从四岁上学启蒙受教到而今高校从教，三十年的学校生涯在我身上留下了难以磨灭的印记，业已转化为支持自己从事教育研究的内驱力。每每回首自己幼年过往悲喜交加的学习成长经历，抑或反思自己从事专业研究以来深入各类小学实践研习时关于当今儿童学习成长的所见所闻，总会激起我对儿童教育的关切和对儿童研究的倾注。

　　特别感谢导师张华教授引领我走进儿童研究学术领域，并指导我将儿童研究与课程研究相关联，从而启发我寻找到了别具意义的研究主题。高山仰止，景行行止。他的博学广识和开明睿智是我此生孜孜努力的方向，他的谆谆教诲和殷殷期望亦是激励我明辨笃行的智源。时至今日，他又时常督导提点我继续前行，并倾力推荐本书公开出版。师恩如山，诚哉斯言！

　　在书稿撰写过程中，我还先后得到了国内外多位师长的指导和帮助。

衷心感谢师母李雁冰教授、硕士导师周艳教授、加拿大英属哥伦比亚大学（The University of British Columbia）教育学院的威廉·派纳（William F. Pinar）教授和小威廉·多尔和唐娜·楚伊特（William E. Doll, Jr. & Donna Trueit）教授伉俪的悉心赐教！衷心感谢澳大利亚拉筹伯大学（La Trobe University）教育学院的尼尔·高夫（Noel Gough）教授及我国台湾地区宜兰大学博雅教育中心的钟鸿铭博士热情提供研究文献传递帮助！山东省济南市赵金凤老师在研究过程中倾力相助，在此一并真诚感谢！

同时，本书的出版面世得益于山东教育出版社的鼎力支持。在此，特别感谢出版社蒋伟编审和苏文静编辑两位老师的辛勤付出！

一路走来，我的家人始终如影随形，守候我成长。他们关心我、包容我、鼓励我、支持我，无论是在我遭遇困顿还是在我挑灯苦读之时，他们始终与我同在，伴我同行。先祖父母健在之日，满心对我抱有殷切期望，也始终相信我能学有所成。祖考祖妣虽学历不高，但崇学重教，企慕诗书传家。孩童时代在二老膝下的耳濡目染令我不自觉遗传了他们的文化基因，某种程度上这也是促使我选择投身教育、希望以教育为志业的家庭动因。我的父母含辛茹苦生我养我，育我成人，穷心尽力为我创造优质学习生活环境，甘愿用一生精血铺就我前行的人生道路。父辈任劳任怨，我又岂敢不劳而获？每每思及于此，内心的懈怠总会一扫而空。我的姊妹家人则因为担心我疲于研究而时时为我操心，总会慷慨无私地为我提供各种支持。骨肉相依，血脉情深。生活在这温暖的家庭中，我由衷地感受到幸福！

需要坦承的是，由于本人学识有限，书中难免存有疏漏不足之处，目前所述权作引玉之砖。诚请各位读者同仁不吝批评指正，在此先行道谢！

课程之旅，道不远人。吾将上下而求索。

冯加渔

2018年3月